영혼은 왼쪽 이성은 오른쪽

Soul in the Left, Reason in the right

영혼은 왼쪽
이성은 오른쪽

마음에 꽃이 피면 나비가 날아온다

쑨하오(孫浩) 지음 | 박정원 옮김

CONTENS

- 서문

Chapter 03. 사랑과 결혼 사이

Chapter 06. 상처와 관용 사이

Chapter 08. 타인과 자신 사이

서문

영혼은 아무리 생각해도 감성적인 것 같다. 그래서 어떤 사람은 이성적일수록 영혼과 멀어진다고 말한다. 이런 생각은 아마도 영혼에 대한 가장 큰 편견이자 오해일 것이다.

감성은 인간적인 행위를 이끌어내며 친화적인 형태의 또 다른 권위를 세운다. 감성은 모성의 상징이다. 감성적인 언어는 더 큰 호소력을 가지며, 남다른 고집과 인식으로 감정을 표현한다. 또한 감성은 일종의 생활태도로써, 삶을 더욱 자유롭고 홀가분하게 만들어준다.

이지(理智)는 이성과 지혜의 결합이다. 이성과 지혜는 비록 정도의 차이는 있지만 우리 모두가 지니고 있는 것이다. 우리는 종종 어리석은 사람을 보고 이성을 잃었다고 말한다. 이 말은 그 사람에게 이성이 없다는 게 아니라, 단지 그 순간에 이성을 잃었다는 뜻이다. 그리고 우리는 범죄자가 이성을 상실했다고도 말한다. 같은 이유로, 이 범죄자에게도 원래는 이성이 있었다. 따라서 똑똑한 사람과 어리석은 사람의 본질적인 차이는 지능의 높고 낮음이 아니고, 좋은 사람과 나쁜 사람의 본질적인 차이 역시 본성의 선함과 악함이 아니다. 이들의 차이는 이성의 끈을 잡았는지 놓쳤는지에 있다.

한편 모든 일에는 균형이 있어야 한다. 감성과 이성 역시 마찬가지다. 감성이 지나치면 모든 일에 감정적으로 접근하는 바람에 간단한 일을 복잡하게 만들고 스스로를 옭아매는 함정에 빠질 수 있다. 따라서 감성적인 사람은 좀 더 이성적으로 자신을 통제하는 법을 배워야만 생활이 엉망진창이 되는 것을 막을 수 있다.

반대로 지나치게 이성적인 사람은 작은 일까지 세세히 따지고 이익을 중시하느라 감정을 소홀히 하는 경우가 있다. 이익에 영혼의 손발이 묶인 것이다. 계산적이고, 잔꾀가 많고, 마음이 복잡한 사람은 인간의 가장 원시적인 본성인 기쁨과 행복을 느끼지 못한다. 이렇듯 이성의 각도에 너무 오래 머무르면 균형을 잃게 된다. 균형을 잃은 그 빈자리에 감성을 채워 넣어야만 저울이 평형을 유지할 수 있다.

감성은 액셀과 같고, 이성은 브레이크와 같다. 둘이 공존해야만 인생을 제대로 된 방향으로 이끌 수 있다. 엑셀을 밟을 때는 브레이크의 위치를 기억해 두었다가 방해물을 만나면 확실하게 브레이크를 밟아야 한다. 그래야 무사평안하게 인생의 길을 걸어갈 수 있다.

저울의 양끝에는 각각 이성과 영혼이 놓여있다. 영혼은 왼쪽, 이성은 오른쪽에서 인생의 포인트마다 점을 찍고 인생 곡선의 아름다움을 이끌어낸다. 다양한 계절 속에서 어떤 사람은 세상의 풍파에 모습을 감추고, 어떤 사람은 다른 곳에서 재미를 찾으려 한다. 그리고 또 다른 사람은 기를 쓰고 제자리에서 안정감을 찾는다. 인생은 너무나 빠르게 흐른다. 살면서 언제나 이 사실을 기억하라. 영혼은 왼쪽에, 이성은 오른쪽에 있다!

Chapter 01
꿈과 현실 사이

믿음은 맹목적인 자신감이나 거만함, 남들이 다
욕하는데 혼자만 자신을 대단하게 여기는 것이 아
닌 이성적인 자신감이다. 그리고 이러한 자신감을
가지려면 끊임없는 노력이 뒷받침 되어야 한다.

꿈은 성공의 어머니다

젊은 시절의 꿈은 황금빛 씨앗이다. 이 씨앗은 싹을 틔우고 자라서 맨 처음 품었던 꿈을 열심히 이루어낸다. 이 씨앗은 미래의 세계가 어떤 모습일지 모르고, 나중에 어떤 시련이 닥칠지도 예측하지 못한다. 그러나 이 씨앗은 하나의 신념으로서, 우리가 계속해서 앞으로 나아갈 힘을 준다.

"2010년 4월, 샤오미를 막 설립했을 때, 중관촌(*中关村, 중국의 '실리콘 밸리'라 불리는 중국 IT 기업단지)에는 고작 열 명 남짓한 사람뿐이었습니다. 그 누가 우리의 승리를 확신할 수 있었겠습니까?" 레이쥔은 우전에서 열린 글로벌 인터넷 정상회의에 참석했을 때 이렇게 말했다. "휴대폰 업계는 위험천만한 곳입니다. 앞에는 삼성과 애플이 있고, 뒤에는 리엔샹과 화웨이가 있죠. 보통 사람이라면 스마트폰 시장의 경쟁이 굉장히 치열하다고 생각할 겁니다.

2011년에 우리 제품을 발표하기까지는 단지 4년밖에 걸리지 않았습니다. 열 명 남짓한 인원의 작은 회사가 이렇게 경쟁이 치열한 시장에서 중국 1위, 전 세계 3위라는 성적을 거둘 줄은 그 누구도 생각지 못했을 겁니다. 하지만 우리는 이러한 성적을 거두었고 이제 새로운 출발선 위에 서 있습니다. 저는 우리가 자그마한 꿈 정도는 가져야 한다고 생각합니다. 바로 5년에서 10년 사이에 글로벌 1위가 되겠다는 꿈 말이죠. 알리바바의 마윈이 말했듯이, 꿈은 있어야 합니다. 어쩌면 현실이 될 수도 있으니까요.

어느 날 밤, 저는 꿈에서 깨어나 저 자신에게 질문을 하나 던졌습니다. 나는 이제 마흔 살이고, 다른 사람들이 보기에 상당히 큰 성공을 거둔데다, 모두가 부러워하는 투자 사업도 하고 있다. 그런데 내게 아직 어린 시절의 꿈을 좇으려는 용기가 남아있을까? 나이가 들면 들수록 꿈을 이야기하는 것이 점점 더 어려워집니다. 지금이야말로 여러분이 가장 큰 꿈을 가져야 하는 시기입니다. 여러분은 마흔 살이 되어서도 여전히 꿈을 가지고 있을까요? 잔혹한 현실 앞에서 오늘과 내일을 마주하고 웃을 수 있는 사람이 몇 명이나 될까요?

저는 그때 저 자신에게 다시 한 번 도전할 용기가 있느냐고 물었습니다. 이렇게 계속 도전하는 건 위험 부담이 너무 큰 데다, 모든 것을 잃고 패가망신할 가능성도 있었으니까요. 더 중요한 건 이미 대외적으로 성공한 상태에서 큰 위험을 감수하고 이렇게까지 힘든 일을 할 필요가 있는가 하는 점이었습니다. 솔직히 말해서 저는 정말로 6개월 동안이나 망설였습니다. 그러다가 나중에는 이렇게 생각했죠. 이 꿈은 내게 꼭 도전하라고 격려하고 있다. 이 도전을 해야만 내 인생은 완전해진다. 최소한 나중에 늙어서 '내게도 한때 꿈이 있었지. 실패하긴 했지만, 그래도 시도해봤어'라고 자랑스럽게 말할 수 있을 테니까. 저는 결국 결심을 굳히고 샤오미를 설립했습니다. 처음에는 백 퍼센트 실패할 거라고 확신했죠. 제 머릿속은 오로지 어떻게 실패할 것이냐는 생각뿐이었습니다. 그러나 다행스럽게도 우리는 고작 3년 만에 저 자신도 믿을 수 없는 성과를 이루어냈습니다.

저는 왜 이런 꿈을 갖게 되었을까요? 그 이유는 제가 열여덟 살 때 도서관에서 우연히 발견한 책 한 권이 제 인생을 바꿔놓았기 때문입니다. 1987년, 제가 대학교 1학년일 때였습니다. 그 책은 『실리콘 밸리의 불』이라는 책으로, 20세기 70년대 말, 80년대 초 실리콘 밸리 영웅들의 창업 스토리가 담겨있었습니다. 그 책에서 중요한 부분이 바로 스티브 잡스에 관한 내용이었는데, 책에는 스티븐 잡스가 그 시절 미국식 창업을 대표한다고 쓰여 있었습니다. 저는 1990년대에 빌 게이츠가 '나는 제2의 스티브 잡스에 불과하다'라고 말했던 것을 기억합니다. 스티브 잡스는 80년대에 이미 전성기를 맞이했습니다. 그때 이 책을 읽고 흥분한 마음은 오랫동안 진정되지 않았습니다. 지금도 또렷하게 기억합니다. 저는 우한대학 운동장에서 400미터 트랙을 따라 밤새도록 걸으며 생각했습니다. 어떻게 하면 남들과 다른 인생을 살 수 있을까? 이 중국 땅에서 우리도 스티브 잡스처럼 세계 최고의 회사를 만들 수 있을까? 저는 그렇게 해야만 부끄럽지 않은 인생을 살 수 있다고 생각했습니다. 그렇게 해야만 인생이 비로소 가치와 의미 그리고 목적을 갖게 될 테니까요.

이렇게 꿈이 생기자 입으로만 떠드는 것은 아무 소용이 없다는 생각이 들었습니다. 이 꿈을 어떻게 실제 학업과 업무에서 실현할지가 가장 중요했죠. 저는 그때 스스로 첫 번째 계획을 세웠습니다. 바로 2년 동안 대학 교과목을 모두 이수하는 것이었죠. 저는 2년 동안 이 목표를 달성했습니다. 저는 그 당시 우한대학에 몇 없는 복수학위 수여자 중 하나였습니다. 게다가 대부분 과목에서 좋은 성적을 거두어, 전 학년 백 명이 넘는 학생들 가운데서 6등을 했습니다.

꿈을 꾸는 건 쉬운 일입니다. 중요한 건 그 꿈을 실천에 옮길 수 있는지 여부입니다. 우리는 어떻게 실천해야 할까요? 어떻게 해야 자신에게 끊임없이 실행 가능성 있는 목표를 부여할 수 있을까요? 물론 목표를 세우는 것만으로는 충분하지 않습니다. 성공은 절대 쉬운 일이 아니므로 오랜 시간 동안 강인한 의지를 가지고 임해야 합니다.

저는 마흔 살이 되었을 때도 열여덟 살의 꿈을 잊지 않고 도전했습니다. 저는 종종 수많은 젊은이들과 꿈에 대해 이야기를 나눕니다. 제가 굉장히 좋아하는 말이 하나 있는데, 바로 '사람은 꿈이 있기에 위대하다'는 말입니다. 당신에게 꿈이 있다면, 남들과 달라질 수 있습니다. 저우싱츠(*홍콩 유명 배우 겸 영화감독)도 '사람이 만약 꿈이 없다면 소금에 절인 생선과 다를 바 없다'라는 명언을 남겼죠. 핵심은 꿈을 가져야 한다는 것입니다. 그것이 성공으로 향하는 첫걸음입니다. 일단 첫걸음을 떼고 나면 여러분은 반드시 자신의 꿈을 위해 여러 가지 탄탄한 기초를 다져야 합니다."

그 어떤 위대한 성과도 맨 처음에는 하나의 꿈에 불과하다. 꿈은 우리가 앞으로 노력해야 할 방향이다. 어쩌면 지금 당신의 상황이 그다지 좋지 않을 수도 있다. 하지만 꿈을 갖고 노력하면 당신의 상황이 바뀌고 꿈이 이루어질 것이다.

성공은 맨 처음에는 하나의 선택에 불과하다. 그러나 당신이 어떤 꿈을 선택했느냐에 따라서 어떤 성과를 얻게 될지, 나아가 어떤 인생을 살게 될지가 결정된다. 훌륭한 사람과 평범한 사람의 근본적인 차이는 재능이나 기회가 아니라, 꿈의 유무와 꿈의 크기에 있다.

현재는 절대로 미래를 결정하지 않는다

어쩌면 지금 당신의 상황이 별로 좋지 않을 수도 있다. 하지만 그것이 당신의 미래도 암담할 거라는 뜻은 아니다. 무슨 일이 있어도 자신을 하찮게 여겨서는 안 된다. 비록 사람들이 당신을 곱지 않은 시선으로 본다고 해도 세계로 나아가고 싶다면 열린 마음을 가져야 한다.

많은 사람들이 가진 가장 큰 약점이 바로 자기비하, 즉 싼 값에 자신의 노동을 팔아버리는 것이다. 우리는 곳곳에서 이런 나쁜 버릇을 찾아볼 수 있다. 예를 들어 신문에서 마음에 드는 일자리를 찾고도 아무런 행동을 취하지 않는 사람이 있다. "내 능력이 부족해서 안 될게 뻔한데, 굳이 시도할 필요가 없지!"라고 생각하기 때문이다.

자신의 결점을 인식하는 건 좋은 일이다. 부족한 부분을 개선할 수 있기 때문이다. 그러나 자신의 부정적인 면을 인식하는 데서 그친다면, 자신감을 잃고 혼란에 빠져 자신이 아무 가치도 없다고 여기게 된다. 당신이 해야 하는 일은 자신을 객관적으로 파악하는 것이지 자신을 무시하는 것이 아니다. 자신의 능력을 지나치게 과소평가하면 무슨 일을 하든지 소심해져서 기회를 놓치기 쉽다. 그 결과 당신이 마땅히 도달해야 할 성과에 훨씬 못 미치는 아주 작은 성과만 얻게 된다.

"저는 학생 여러분의 눈에서 미래에 대한 기대와 희망, 미래의 일과 성공, 행복에 대한 열망을 볼 수 있습니다. 저는 여러분이 자신감을 갖기를 바랍니다. 여기서 자신감이란 제 강의 제목에서 알 수 있듯이 당신의 현재 상황으로 당신의 미래를 판단하지 말라는 것입니다. 사람은 살면서 때때로 두 가지 큰 잘못을 저지르게 됩니다. 첫 번째 잘못은 스스로를 별 볼일 없다고 여기는 것입니다. 어쩌면 여러분은 나는 집안 배경이 나쁘다, 부모님이 다 농민이다, 내가 들어간 대학이 별로다, 베이징대학이나 하버드대학만 못하다, 또는 나는 너무 못생겨서 아무도 나를 좋아해주지 않는다고 이야기할지도 모릅니다. 이런 이유들 때문에 자신의 생애는 별 볼일 없을 거라고 미리 단정해버리는 거죠. 베이징대학에 다닐 때 저 역시 그랬습니다. 자신이 별 볼일 없는 사람이라 단정 지었다가 나중에는 하마터면 죽을 뻔 했지요. 자신이 못났다는 생각에 굉장히 우울해져서 폐결핵까지 걸렸거든요. 두 번째 잘못은 무엇일까요? 학생 여러분, 우리는 종종 다른 사람의 결점을 판단합니다. 예를 들어 당신 주변에 상당히 무뚝뚝한 사람이 있다고 합시다. 이 사람은 성적도 그저 그런데다 인기도 없습니다. 당신은 이 녀석에게 장래성이 없다고 단정 지어 말할 것입니다. 이렇듯 우리가 살면서 가장 쉽게 저지르는 잘못 중 하나는 자신이 큰일을 못할 거라고 생각하는 것이고, 다른 하나는 남이 큰일을 못할 거라고 단정 짓는 것입니다.

보통 사람들은 미래를 바라보는 태도에서 두 부류로 나뉩니다. 첫 번째는 자신이 미래에 큰일을 하길 바라고 또 그럴 거라 굳게 믿는 사람입니다. 두 번째는 자신이 성공하리라고 믿지 않는 사람입니다. 한 번 생각해보세요. 미래에 성공하는 사람은 어떤 부류의 사람일까요? 분명히 첫 번째 사람일 것입니다. 왜죠? 이유는 간단합니다. 사람은 마음의 크기에 따라 얼마든지 멀리 갈 수 있는 동물이기 때문이지요. 만약 여러분이 이 강연장에서 나가고 싶다면 1분이면 충분합니다. 난광대학교 캠퍼스에서 나가고 싶다면 30분이면 충분하죠. 여러분이 난징을 벗어나고 싶다고 해도 두 시간이면 충분합니다. 그러나 세계를 누비고 싶다면 먼저 세계를 향해 마음을 활짝 열어야 합니다. 저는 어떻게 오늘 이곳에 서서 여러분과 이야기할 수 있는 걸까요? 그것은 제가 어려서부터 지평선을 뛰어 넘어 먼 곳으로 나아가고 싶다고 열망했기 때문입니다. 저는 저 자신이 끊임없이 뭔가를 뛰어넘기를 바랍니다. 중국의 저명한 기업가, 완커그룹의 왕스가 세계 정상에 오르기 위해 끊임없이 노력하는 것처럼 말입니다. 그는 목표를 하나 정복할 때마다 더 높은 새로운 목표가 생긴다는 사실을 잘 알고 있습니다. 바로 이런 느낌입니다. 저는 이 자리에 있는 여러분 모두에게 꿈이 있고, 열망이 있다는 사실을 잘 알고 있습니다. 그저 농사나 지으면서 살려는 사람은 아무도 없을 겁니다. 사람은 누구나 자신이 위대한 예술가나 위대한 사업가 또는 위대한 기업가가 되기를 바랍니다. 그런데 왜 누구는 해내고 누구는 해내지 못하는 걸까요? 그 이유는 해내는 사람의 마음가짐에 있습니다. 해내는 사람은 마음속 깊은 곳에서부터 자신이 반드시 해낼 수 있다고 믿습니다. 저 역시 베이징대학에 다닐 때 열등감에 시달리기는 했지만, 마음속 깊은 곳에서는 자신을 믿었습니다. 제가 비록 농민의 아들로 태어났지만 열심히 노력해서 베이징대학 학생이 된 것처럼, 베이징대학에서도 더 높은 곳으로 올라갈 수 있다고 말입니다. 이렇게 마음으로 저 자신이 해낼 수 있다고 믿었기 때문에 정말로 해냈습니다. 이 믿음은 맹목적인 자신감이나 거만함, 남들이 다 욕하는데 혼자만 자신을 대단하게 여기는 그런 것이 아닌 이성적인 자신감입니다. 그리고 이러한 자신감을 가지려면 끊임없는 노력이 뒷받침되어야 합니다."

당신이 스스로를 어떻게 생각하는지는 당신의 행동에 분명한 영향을 미친다. 당신이 자신의 장단점을 어떻게 묘사하는지에 따라 당신에 대한 남들의 인상이 결정되기도 한다. 자신의 가치를 낮춰서 이로울 건 하나도 없다. 자신을 비하해서 자신의 가장 큰 적이 되지는 말자. 농담이라도 자신을 비하하는 말은 하지 말자. 어떤 상황에서든지 자신을 무시해서는 안 된다. 스스로 자신감을 갖고 마음속 목표를 위해 꾸준히 노력할 때, 당신의 인생에 새로운 장이 펼쳐질 것이다.

목표가 없으면 동력도 없다

사람은 성공 없이는 살아도 목표 없이는 살 수 없다.

만약 영혼에게 확실한 목표가 없다면 영혼은 자기 자신을 잃어버릴 것이다. 속담이 말해주듯이, 어디에나 있는 것은 아무 데도 없는 것이고, 사방을 집으로 삼는 사람은 어디에도 집이 없는 것이기 때문이다. 삶의 목표가 없는 사람은 나침반 없는 선원과 같다. 망망대해에서 물결치는 대로 표류하며 끝도 희망도 보지 못한다. 남은 거라곤 잃어버린 방향과 끝없는 막막함뿐이다.

미국 뉴욕에 한 경찰이 있었다. 그는 임무를 수행하던 중 강도가 쏜 총에 왼쪽 눈과 오른쪽 무릎 뼈를 맞았다. 3개월 후에 병원에서 나왔을 때, 그는 완전히 다른 사람이 되어 있었다. 한때 잘 생기고 두 눈에 생기가 넘치던 청년이 다리를 절고 한쪽 눈이 안 보이는 장애인이 되어버린 것이다.

그는 장애 때문에 기가 죽었을까? 그렇지 않다! 그는 신체적 약점을 고려하지 않고, 계속해서 체포임무에 참여했다. 그는 반드시 강도를 잡아야만 했다. 이 목표를 위해서 그는 거의 전 미국을 돌아다녔다. 심지어 '길거리 루머'가 사실인지 밝히기 위해 홀로 유럽까지 날아가기도 했다.

9년 뒤, 그 강도는 결국 아시아의 한 작은 나라에서 체포되었다. 물론 그가 굉장히 중요한 역할을 해준 덕분이었다. 공로를 축하하는 자리에서, 그는 다시 한 번 영웅이 되었다. 신문방송에서는 그를 '전미(全美)에서 가장 강하고 용감한 인물'이라고 칭송했다. 하지만 그로부터 6개월 후에 그는 자신의 집에서 손목을 긋고 자살했다.

사람들은 유언장에서 그가 자살한 이유를 찾을 수 있었다. 그가 자살한 이유는 절망 때문이었다. "몇 년 동안 내 삶을 지탱해주었던 것은 범인을 잡고야 말겠다는 신념이었다 …… 이제 나를 해친 범인은 응당한 처벌을 받았고, 내 원한도 풀렸다. 그런데 살아야 하는 목표도 함께 사라져버리고 말았다. 불구가 된 내 몸을 바라보는 것이 이토록 절망스러웠던 적이 없었다 …… "

물론 복수가 우리의 목표가 되어서는 안 된다. 하지만 이 이야기는 우리에게 많은 것을 느끼게 해준다. 신념은 생명을 창조해내는 기적이다. 신념이 있을 때 인생에는 끝없는 힘이 솟아오르고, 신념을 잃었을 때 인생은 한없이 황량해진다. 목표가 없는 사람은 커다란 바다에 방향 없이 떠있는 배와 같다. 그들을 기다리는 건 오로지 한없이 펼쳐진 공허함과 고통, 괴로움뿐이다. 목표가 없는 삶은 죽은 물처럼 아무런 생기도 에너지도 없다.

"이것은 한 도랑의 절망적인 죽은 물. 맑은 바람 불어도 물결 하나 일지 않네."(*중국 시인 원이둬의 시 「사수」(死水)에 나오는 구절) 목표가 없는 사람은 발전할 생각을 하지 않고 그 자리에 안주한다. 방향이 없기 때문에 힘이 있어도 어디에 써야 할지 모르기 때문이다. 목표가 없다면 세상이 사람의 중심이고, 사람은 그저 거대한 세상 속 작은 모래알에 불과하다. 그러나 목표가 생기면 사람은 온 세상의 중심이 되고 자기 자신의 주인이 된다.

그러므로 자신의 영혼이 길을 잃지 않게 하려면 스스로 목표를 설정해서 당신의 삶에 동력과 방향을 마련해주어야 한다.

계획 없는 인생은 반드시 단절된다

사람들은 눈앞의 즐거움만 보느라 일생의 행복을 소홀히 한다. 현재만 생각하고 미래를 내다보지 않는 건 우리가 문제를 생각할 때 저지르는 나쁜 습관 중 하나다. 이 습관은 우리에게 굉장히 안 좋은 영향을 미친다. 많은 사람들이 현재만 생각하고 미래를 내다보지 않는 습관 때문에 평생 아무 성과도 못 내고 심지어 곤란한 상황에 빠지기도 한다. 그러므로 반드시 이 습관을 바로잡아 우리의 인생이 망가지지 않도록 해야 한다.

미국인과 프랑스인, 유태인 세 사람이 같은 날 교도소에 수감됐다. 세 사람의 형기는 모두 3년이었다. 어느 날 교도소장이 그들에게 말했다. "각자 원하는 것을 하나씩 말해 보게. 합법적인 요구라면 내가 반드시 들어주겠네."

미국인이 말했다. "저는 3년 동안 피울 담배를 원합니다."

프랑스인이 말했다. "저는 미국 여자를 한 명 원합니다."

유태인이 말했다. "저는 인터넷이 연결된 컴퓨터를 원합니다."

3년이 흘렀다.

미국인은 교도소에서 뛰쳐나왔다. 그는 담뱃가루로 뒤덮인 얼굴로 미친 듯이 라이터를 부르짖었다.

프랑스인은 여자와 함께 교도소에서 나왔다. 그는 아이를 하나 안고 있었고, 여자도 아이를 하나 데리고 있었다. 여자는 뱃속에 또 다른 아이를 임신하고 있었다. 두 사람의 얼굴은 수심으로 가득 차 있었다. 아이가 셋이나 되니 앞으로 먹고 살 일이 막막했던 것이다.

오로지 유태인만이 밝게 웃는 얼굴로 교도소를 나왔다. 그는 교도소장의 손을 꼭 잡고 말했다. "고맙습니다. 당신이 준 컴퓨터 덕분에 3년 동안 장사를 계속할 수 있었습니다. 게다가 사업이 두 배로 커졌죠. 고마움의 표시로 제가 자동차 한 대를 선물하겠습니다."

이야기 속의 유태인은 문제를 생각할 때 미래를 내다보았고 결국 성공했다. 그러나 미국인과 프랑스인은 눈앞의 즐거움만 생각하느라 앞날을 계획하지 않았다. 그들은 3년이라는 세월을 헛되이 보냈고, 앞으로의 생활은 근심만 남았다. 생각의 깊이가 결과의 차이를 가져온 것이다. 충분히 멀리 내다보지 않으면 근시안적인 생각이 가져오는 쓴맛을 감수해야 한다. 집을 살 때도 마찬가지다. 당신이 건물 옆에서 겨울이면 스케이트를 타고 놀 수 있는 개울을 보았다고 치자. 더없이 이상적인 집을 찾았다면서 기뻐하지 말고, 집을 사기 전에 이 개울이 여름에 당신을 불편하게 만들 가능성은 없는지 곰곰이 생각해 봐야 한다.

문제를 해결할 때 현재만 생각하는 습관은 또 다른 나쁜 결과를 초래한다. 바로 수동적으로 끌려 다니게 되는 것이다.

쉐러는 식당을 차리고 싶었지만 수중에 밑천이 없었다. 아내는 일단 남의 식당에서 일하면서 돈도 벌고 경험을 쌓는 게 좋겠다고 말했다. 전부 남의 돈으로 식당을 열 수는 없으니 말이다! 그러나 쉐러는 동의하지 않았다. "모든 일이 다 잘 될 거야. 일단 돈을 빌려서 식당을 열자. 빚을 갚는 일은 나중에 생각하자고!" 결국 쉐러는 친구와 친척들에게 9만 위안(*약 1500만 원) 정도를 빌려서 식당을 개업했다. 얼마 후에 한 친구가 집에 일이 생겨서 쉐러에게 빌려줬던 3만 위안을 돌려받으러 찾아왔다. 쉐러는 그제야 애가 타기 시작했다. 은행 대출은 불가능하니 유일한 방법은 '고리대금업자'를 찾아가는 것이었다. 아내가 신중히 생각하라고 말렸지만 쉐러는 듣지 않았다. "일단 친구 돈부터 갚고 이건 나중에 천천히 갚으면 되지!" 식당을 개업한지 두 달이 지났다. 그러나 간간히 찾아오는 손님만 있을 뿐, 식당으로 번 돈은 겨우 겨우 생활비를 충당할 수 있을 정도였다. 쉐러는 이렇게는 안 되겠다고 생각하고 한 가지 새로운 아이디어를 내놓았다. 외상을 주기로 한 것이다. 그는 외상을 주면 손님이 분명 늘어날 거라고 생각했다. 친구들은 신중해야 한다며 몇 번이고 쉐러를 말렸다. 외상은 항상 눈덩이처럼 점점 불어나기 때문이다. 외상을 주면 당장 손님이 적은 문제는 해결할 수 있겠지만, 시간이 길어지면 가게 운영에 어려움을 가져올 것이다. 하지만 쉐러는 이번에도 사람들의 충고를 듣지 않았다. 외상을 허락하자 아니나 다를까, 장사가 잘 되기 시작했다. 동네 이웃들도 전부 몰려와 분위기를 띄워주었다. 하지만 좋은 시절은 오래 가지 않았다. 두 달이 지나자 더 이상 버틸 수 없게 된 것이다. 식당은 음식 재료를 살 돈마저 부족했다. 쉐러가 외상값을 받기로 결정하자 단골들은 갑자기 태도를 바꾸어 다시는 식당에 나타나지 않았다. 이렇게 해서 쉐러는 식당을 개업한지 4개월 만에 싼 값에 가게를 내놓았다. 그는 한 푼도 벌지 못한데다 큰 빚을 떠안았고, 수

많은 문제를 일으켰다. 지금도 부부는 매일 외상값을 독촉하
며 빚을 갚고 있다!

쉐러가 실패한 이유는 문제를 생각할 때 앞날을 충분히 내다보
지 않았기 때문이다. 그는 항상 눈앞의 상황만 보고 그 결과가 어
떨지는 생각하지 않았다. 그는 돈을 빌려 식당을 개업하면서 돈
을 갚을 능력이 되는지는 고려하지 않았다. 손님이 적은 문제를
해결하기 위해 외상을 주면서 외상이 앞으로의 자금 회전에 어떤
영향을 미칠지, 외상값을 받는 게 얼마나 어려운 일인지는 생각
하지 않았다. 아랫돌 빼서 윗돌 괴는 그의 방식은 당장 눈앞에 놓
인 문제는 해결했지만 앞으로의 가게 경영에 큰 위험 요소를 남겼
다. 그리고 결국에는 철저히 실패했다.

우리는 눈앞의 상황만 보고 미래를 생각하지 않는 것을 근시안
적이라고 말한다. 계획이 없고 근시안적인 사람은 인생의 여러 가
지 문제들을 제대로 처리하지 못한다. 그리고 성과를 얻기도 힘
들다.

끊임없이 전진하는 인생의 여정에서, 아무렇게나 되는대로 살
다보면 반드시 수많은 걸림돌에 부딪히게 될 것이다. 근시안적인
사고를 버리고 장기적인 계획을 세워야만 자신의 삶을 주도하며
밝은 미래로 나아갈 수 있다.

계획은 인생의 기본 항로다

많은 사람들이 어디로 가든 상관없으니 어떤 길을 선택해도 상관없다는 태도로 살아간다. 계획이 없으니 발길 닿는 대로 가는 것이다. 당신이 무엇을 해야 할지 모른다면 남들도 당신을 도울 수 없다. 남들이 아무리 좋은 말을 해 주어도 그것은 타인의 관점일 뿐, 당신의 행동을 이끌어내지는 못한다.

한 조사에 따르면 100명 중 98명이 현재 상황에 불만을 가진 것으로 나타났다. 그들은 불만족스러운 상황을 바꾸고 싶지 않은 걸까? 생활이 풍족하지 않은 사람들은 부유해지고 싶지 않은 걸까? 직위가 낮은 사람들은 승진을 바라지 않는 걸까? 일이 재미없는 사람들은 자신에게 맞는 일을 찾고 싶지 않은 걸까? 외로운 사람들은 행복한 가정을 꾸리고 싶지 않은 걸까?

물론 그들도 그렇게 하고 싶다. 이 '하고 싶다'는 말은 일종의 소망과 목표, 청사진을 나타낸다. 사람들은 단지 어떻게 목표를 실현해야 할지 모르고 있을 뿐이다. 다시 말해서 자신의 목표를 이루기 위한 계획을 세우지 못하는 것이다.

어디로 가야 할지 모른다면 아무 데도 갈 수 없다. 아름다운 미래를 상상할 때 우리의 가슴은 흥분으로 가득하다. 그런데 목표를 이루기 위한 구체적인 행동에 생각이 미치면 어디서부터 손을 대야할지 막막하다. 수많은 목표가 이렇게 '어렵다'는 말에 가로막힌다. 사실 손쉽게 목표를 이룬다는 건 불가능하다. 목표는 언제나 현실보다 높은 곳에 있다. 낮은 곳에서 높은 곳으로 올라가는데 어떻게 힘이 안 들겠는가? 관건은 계획이다. 자신의 잠재력을 충분히 발휘해서 구체적이고 실현 가능한 계획을 세우는 게 가장 중요하다.

계획은 인생의 기본 항로다. 항로가 있으면 자신이 어디로 가야 하는지 알 수 있다. 목표에서 빗나가거나 방향을 잃지 않고 더 멀리, 더 순조롭게 인생의 배를 몰며 나아갈 수 있다.

일본의 유명 기업가 이노우에 토미오는 젊은 시절에 IBM에서 근무했다. 그런데 어느 날 그에게 불행이 찾아왔다. 본래 체력이 약한데다 지나치게 열심히 일한 탓에 과로로 쓰러진 것이다. 하지만 그는 강한 의지로 3년간 병마와 싸운 끝에 결국 건강을 회복하고 다시 회사로 돌아갈 수 있었다.

그때 그는 이미 스물다섯 살이었다. 그는 자신이 너무 많은 시간을 낭비했다고 생각했고 미래를 위한 계획을 세웠다. 이렇게 해서 미래 25년의 인생 계획이 탄생했다. 이것은 그가 처음으로 세운 인생 계획이었다. 그후로 그는 매년 자신의 25년 후를 위해 새로운 계획을 세웠다. 예를 들어 스물일곱 살에는 쉰두 살까지의 인생계획을 세우고, 서른 살이 되면 쉰다섯 살까지의 인생계획을 세운 것이다.

이노우에는 너무 무리하다가 병이 재발할까 봐 두려웠다. 그에게는 여유롭게 일하는 한편 신속하게 휴식을 취할 수 있는 방법이 필요했다. 처음에 그는 이렇게 생각했다. "좋아. 남들이 3년 동안 하는 일을 나는 5년 동안 하겠어. 남들이 5년 걸리는 일을 나는 10년 동안 하는 거야. 흐트러짐 없이 한 걸음 한 걸음 나아가다 보면 언젠가는 성과가 나겠지."

그는 계속 생각했다. "어떻게 하면 일과 정신 소모를 최소화하면서 단기간에 목표를 달성할 수 있을까?" 그는 줄곧 과로하지 않고도 성공할 수 있는 인생 전략을 세우고 있었던 것이다. 그는 현실 상황에 맞추어 끊임없이 계획을 수정하고 새로운 목표를 추가하면서 자신의 인생 목표를 충실히 넓혀나갔다. 그는 자신의 인생을 위해 충분한 계획을 세웠다. 아직 하급사원이었을 때 이미 과장의 능력을 갖추기 시작했고, 과장이 된 후에는 사장이 갖춰야 할 능력을 익히기 시작했다. 그리고 사장이 된 후에는 한발 더 나아가 최고경영자가 갖춰야 할 능력을 공부했다. 그가 남들보다 훨씬 빨리 승진할 수 있었던 건 전부 그가 세운 인생계획 덕분이었다.

마흔일곱 살이 되었을 때 그는 IBM을 떠나 자신의 회사를 차렸으며 그후로도 수많은 눈부신 성과를 거두었다. 그는 후배들에게 이렇게 충고했다. "무슨 일을 하든지 계획이 있어야 하네. 계획은 일이 빨리 완성되고 꿈이 빨리 이루어지도록 도와주거든."

인생은 예나 지금이나 쉬운 과정이 아니다. 당신이 아무런 목적도 계획도 없이 생활하면 당신의 인생은 혼란스러워질 뿐이다. 대부분의 사람들은 이런 경험이 있을 것이다. 주말에 중요한 일이 없으면 여기저기 돌아다니며 빈둥빈둥 하루를 보낸다. 하지만 만약에 꼭 해야 하는 계획이 있으면 크든 작든 성과를 거둔다.

인생의 중요한 순간은 몇 발자국 앞에 있다

인생의 길은 길고 지루하지만 중요한 순간은 종종 몇 발자국 앞에 있다. 특히 젊은 시절에는 더욱 그러하다.

우리는 살면서 수많은 선택과 기회를 마주한다. 선택과 기회의 순간이 왔을 때, 많은 사람들은 당황해서 어찌할 바를 모른다. 좋은 기회가 자기 손에서 빠져나가는 걸 눈을 뻔히 뜨고 바라만 봐야 할 때도 있다. 이것은 하늘이 무심한 것도, 운명이 장난을 치는 것도 아니다. 당신이 제대로 준비되지 않았기 때문에 기회를 붙잡지 못한 것이다.

1999년, 리옌훙은 베이징대학의 즈위엔호텔에 방 두 개를 빌려서 정식으로 바이두 회사를 설립했다. 얼마 후 그는 순조롭게 120만 달러의 첫 번째 투자유치에 성공했다. 9개월 후, 벤처캐피털 회사 DFJ는 IDG와 함께 또다시 바이두에 1000만 달러를 투자했다. 이것은 설립한지 얼마 안 된 기업에게 있어서 굉장히 훌륭한 성적이었다. 회사는 창업 초기 3년의 위험기간을 안정적으로 넘기고 발전기에 들어섰다. 업계에서의 지명도는 점점 높아졌고 점점 더 많은 회사가 협력을 제안해 왔다. 그 당시 바이두는 인터넷 포털사이트에 검색 서비스를 제공하고 있었는데, 이 업무만으로도 힘들이지 않고 돈을 벌어들일 수 있었다.

이때 리옌훙의 몸속에서 현실에 안주하지 않는 유전자가 꿈틀대기 시작했다. 그는 이사회에서 독립적인 검색사이트를 만들자는 놀라운 의견을 제시했다. 그리고 클릭 당 지불이라는 경영모델을 내놓았다.

그때는 마침 '인터넷의 겨울'을 맞이한 시기여서 수많은 인터넷 기업들이 조심조심 섣불리 움직이지 않는 보수적인 경영 방식을 취하고 있었다. 리옌훙의 의견은 곧바로 이사들의 반대에 부딪혔다. 이사들은 독립적인 검색사이트를 만들면 인터넷 포털사이트와의 거래를 잃게 된다고 생각했다. 우리가 그들에게 광고를 해주지 않는데 그들이 무엇 때문에 우리에게 돈을 주겠는가? 클릭 당 지불 방식은 참신하고 그럴듯하지만 짧은 시간 안에 성과를 낼 수 있는 모델이 아니기 때문에 잘못하다가는 두 마리 토끼를 다 잃을 수도 있었다. 그러니까 물을 거슬러 올라가느니 가만히 있는 게 낫다는 것이 이사들의 의견이었다.

그날 회의는 오후 두 시에서 한밤중까지 이어졌으며 논쟁하는 소리가 끊이지 않았다. 리옌훙은 마치 분노한 수사자 같았다. 그는 사실과 데이터로 반대자들의 의견을 끊임없이 반박했지만 이사들은 시종일관 꼼짝도 하지 않았다. 이사회에서 지지를 얻지 못한 리옌훙은 다시 몇 명의 대주주를 찾아가 도움을 요청했다. 하지만 이번에도 역시 인정을 받을 수 없었다. 이때의 리옌훙에게 평소의 품위와 기품은 찾아볼 수가 없었다. 그는 큰소리로 추궁하고 고함을 질러 댔다. 결국 리옌훙의 고집과 열정에 주주 한 명이 마음을 열고 그에게 자금을 투자하기로 결정했다. 이 주주도 배수진을 치는 심정으로 전 재산을 모두 걸었는데, 그야말로 '성공이 아니면 죽음을!'이라는 태세였다.

여러분도 잘 알다시피 리옌훙은 성공했다. 그의 바이두 회사는 2005년 8월 미국 나스닥에 성공적으로 상장하여 전 세계 자본시장에서 가장 주목받는 상장기업 중 하나가 되었고, 리옌훙 본인도 포브스 100대 부호 안에 들게 되었다.

인생에서 중요한 순간은 종종 몇 발자국 앞에 있다. 방향을 정확히 보고 자신이 옳다는 확신이 들면 뒤돌아보지 말고 용감히 걸어가라. 남들이 뭐라고 하던 신경 쓰지 말라. 언젠가는 진실이 그들의 생각을 바꿔놓을 것이다.

선택은 삶을 결정한다. 오늘의 삶은 우리가 예전에 했던 선택이 결정한 것이다. 그리고 오늘 우리의 선택이 앞으로의 생활을 결정한다. 방황하거나 망설이지 말라. 소질이나 재능, 돈, 자본은 가장 중요한 요소가 아니다. 중요한 건 자신이 어떤 길을 선택하느냐이다. 인생의 길은 길다. 핵심은 스스로 어떻게 기회를 잡는지에 있다.

자신의 영혼을 높이 평가하라

인생에서 목표가 있는 사람은 더 높은 '꿈'을 꿀 수 있다. 비록 시작은 꿈에 불과하지만 포기하지 않고 계속 노력하면 꿈은 현실이 될 수 있다. 설사 산꼭대기까지는 오르지 못하더라도 산허리까지는 오를 수 있다. 어쨌든 평지에 머무르는 것보다는 훨씬 낫다.

베넷은 캐나다 온타리오 주의 한 작은 마을에서 태어났다. 그에게는 여덟 명의 형제자매가 있었는데 집안은 몹시 가난했다. 그는 열다섯 살 때부터 채석장에 나가 일하기 시작했다. 하지만 베넷은 평생 채석장에 매이고 싶지 않았다. 그는 종종 쉬는 시간을 이용해서 노인들이 마을의 역사에 대해 이야기하는 것을 들었다. 그러면서 그는 바깥세상과 마을 사이의 격차를 이해하게 되었다. 베넷은 세상으로 나가 도전해 보기로 결심했다. 열여덟 살 때 그는 이곳저곳을 전전하다가 토론토에 가게 되었고, 그곳에서 다시 미국으로 가게 되었다.

미국에 막 도착했을 때의 생활은 상당히 고달팠다. 베넷은 몇 번이나 고향에 돌아가 고향의 온기를 느끼고 싶었다. 하지만 그럴 때마다 마음속에서 이런 목소리가 들려왔다. "너는 운명을 바꿀 거야!"

꾸준히 노력한 끝에, 베넷은 스무 살에 석공 자격증을 취득했다. 얼마 후 정부는 링컨 기념관에 링컨의 '게티즈버그 연설문'을 조각하기로 결정했다. 베넷은 솜씨가 뛰어났기 때문에 어려움 없이 작업자로 뽑혔다. 베넷은 링컨의 연설문을 새기면서 링컨의 일생에 깊은 감명을 받았다. 그는 생각했다. "링컨의 초기 운명은 나와 비슷했어. 하지만 그는 자신이 뛰어난 사람이라고 굳게 믿었지. 연이은 실패 후에도 계속 일어서서 결국에는 가장 위대한 대통령이 되었어. 나도 운명을 바꾸겠다고 결심하면 반드시 해낼 수 있을 거야."

그때부터 베넷의 마음속 신념은 더욱 굳세졌다. 더 쓸모 있는 사람이 되고 싶었던 그는 변호사가 되기로 마음을 먹었다. 어렸을 때 몇 년간 마을 학교에 다녔던 게 배움의 전부였지만 그는 워싱턴대학교 국가 법률센터에 가서 공부하기로 결심했다. 이 일이 얼마나 어려울지는 말할 필요도 없을 것이다. 더군다나 그는 매일 엄청난 양의 작업을 수행해야 했다. 그러나 어려움은 운명을 바꾸겠다는 베넷의 의지를 꺾지 못했다. 그는 일이 끝나자마자 야간학교에 가서 법률을 공부했다. 그의 가방 안에는 끌과 망치 외에도 항상 교과서가 들어 있었다. 그는 밥 먹을 때조차 공부하는 것을 잊지 않았다.

하늘은 노력하는 사람을 저버리지 않았다. 베넷은 결국 워싱턴대학교 국가 법률센터에 입학했고 몇 년에 걸쳐 법률 학사와 법률 석사 학위를 취득했다. 그는 워싱턴에서 변호사 생활을 시작했는데 뛰어난 실력으로 사람들에게 인정받고 큰돈을 벌게 되었다. 나중에 그는 뉴욕으로 옮겨서 법률사무소를 차리고 한 걸음씩 미국 상류 사회에 들어섰다.

사람의 최종 업적을 결정하는 것은 그 사람의 출신도 그 사람을 지배하는 외부 환경도 아니다. 중요한 건 그가 어떤 생각을 하느냐이다.

원대한 이상과 신념은 인생의 정신적 지주다. 이것이 사람에게 적극적으로 발전하려는 에너지와 포기하지 않고 끝까지 해내려는 결심을 가져다준다. 가슴에 큰 뜻이 없고 물질적인 만족만 추구하는 사람의 인생은 건전하지도, 행복하지도 않다. 행복한 생활은 물질적 생활과 정신적 생활이 합쳐진 것이기 때문이다. 정신적 기쁨이 없으면 물질적으로 아무리 풍족하더라도 고통스럽다.

만약 당신이 작은 풀이라면 최소한 잔디밭을 채우겠다는 꿈을 가져야 한다. 만약 당신이 한 알의 씨앗이라면 반드시 큰 나무로 자라야 한다. 만약 당신이 한 마리의 나비라면 하늘 끝까지 날아보라. 만약 현재 단계에서 당신의 모든 목표가 이루어졌다면 그것은 당신의 꿈이 충분히 크지 않다는 뜻이다.

영혼이 환상 속에서 헤매지 않도록 하라

하늘의 별은 아름답다. 그러나 별을 따는 건 비현실적이다. 성공의 목표를 세울 때는 터무니없는 망상을 하거나 비현실적인 겉치레에 신경 쓰면 안 된다. 현실에 맞지 않는 욕망을 행동으로 옮겨야 할 목표로 착각하지 말라. 안 그러면 헛수고만 하게 된다.

이런 기사가 있었다. 열다섯 살 소년이 가수의 '꿈'을 이루겠다며 음악공부를 하러 베이징에 갈 돈을 주지 않으면 손목을 그어 자살하겠다고 부모를 협박했다. 나중에 그 소년은 가출했고 결국에는 수용소를 전전하여 학업이 완전히 중단됐다.

마흔이 넘은 한 이웃은 매일 해가 뜨고 질 때까지 노래를 부른다. 소년과 마찬가지로 이 이웃도 몇 년간 마음속으로 아름다운 음악에 대한 꿈을 품고 있었다. 하지만 이 이웃은 자신의 꿈을 평범한 일상 속에 녹여냈다는 점에서 그 소년과 달랐다. 세수를 마치고 「나의 태양」(O Sole Mio)을 소리 높여 부를 때 그는 자신의 마음속에서 이미 파바로티나 마찬가지였다. 그에 반해 소년은 오히려 자신의 '꿈'에 망가지고 말았다.

두 사람에게는 또 다른 큰 차이점이 있다. 음악에 대한 이웃의 꿈은 오직 노래를 부르는 것이었다. 하지만 소년의 꿈은 예술 그 자체가 아니라 스타의 화려함과 팬들의 환호성 그리고 이에 따르는 끝없는 명예와 이익이었던 것이다.

다행히도 소년은 아직 어리기 때문에 부질없는 꿈에서 깨어날 기회가 있다. 그러나 또 얼마나 많은 사람들이 환상 속에서 한참을 헤매고 있을까. 길을 잘못 들었다는 사실을 깨달았을 때는 이미 너무 멀리 와버려서 되돌아가기가 어렵다.

물론 사람은 높은 데로 가고 물은 낮은 데로 흐른다. 누구나 빨리 성공의 정상에 오르고 싶어 한다. 이는 인지상정이지 큰 잘못이 아니다. 하지만 아무리 원대한 이상을 품었더라도 차근차근 한 걸음씩 앞으로 내딛지 않으면 그건 그저 신기루와 공상에 불과하다.

철학적인 측면에서 볼 때 꿈은 반드시 위대할 필요는 없다. 명예나 이익과는 더더욱 상관이 없다. 꿈은 영혼이 의지하는 아름다음이다. 사람들은 꿈을 통해 외적인 기쁨뿐 아니라 영혼의 만족을 얻는다.

몇 년 전 텔레비전에서 한 산베이(山北) 여성의 이야기를 보도했다. 서른 살의 그 여성은 어려서부터 산을 벗어나 텔레비전에 나오는 직장 여성들과 같은 생활을 하는 게 꿈이었다. 하지만 그때 그녀에게는 병에 시달리는 남편과 옹알옹알 말을 배우기 시작한 아기가 있었다. 그녀는 가정을 지켜야 했다. 산에서 벗어나고 싶다는 그녀의 꿈은 교육수준이 낮고 가난하며 가정의 생계를 책임져야 하는 산골 여성에게 있어서 너무나 멀고 비현실적인 바람이었다.

10년 후 이 여성의 얼굴에는 자랑스러움과 만족감이 흘러넘쳤다. 그녀는 산을 벗어난 게 아니었다. 그녀는 마을에서 몇 킬로 떨어진 현(縣)에서 판매원 일을 하고 있었다. 도시의 화이트칼라가 되겠다는 꿈은 어쩌면 이번 생에서는 이루기 힘들 것이다. 하지만 그녀는 그 대신 더욱 삶에 가깝고 현실적인 꿈을 이루었다. 마침내 산 밖의 풍경을 보았고, 스스로 설 수 있는 힘을 갖게 된 것이다.

우리가 처한 객관적인 환경을 바꾸는 건 불가능할지도 모른다. 하지만 우리 자신을 변화시키고 사고방식과 가치관을 바꾸는 건

가능하다. 용감하게 자신을 변화시키고 끊임없이 새로운 도전을 받아들여야만 하나의 성공에서 또 다른 성공으로, 하나의 영광에서 또 다른 영광으로 넘어갈 수 있다. 아무리 큰 패기가 있어도 삶의 현실에서 벗어난 꿈은 그저 아름다운 소망에 불과하다.

꿈은 높이 날아오르는 연과 같다. 연을 높이 날리는 건 괜찮지만 그것이 당신의 통제를 벗어나게 하면 안 된다. 어떤 때는 욕망의 끈을 최대한 끌어당겨서 꿈이 착실하게 현실을 받아들일 수 있도록 해야 한다. 착실한 인생은 생기와 활력이 넘친다. 그리고 착실한 꿈은 실현될 기회를 얻는다.

자신에게 잘 맞는 일이 최고다

사람은 잘 하는 게 있으면 부족한 점도 있게 마련이다. 그 누구도 완벽하게 모든 일을 다 잘 할 수는 없다. 중요한 건 용기를 갖고 자신의 장단점을 자세히 살펴보는 것이다. 단점을 애써 감추는 건 아무런 도움이 되지 않는다. 단점을 고치든지 아니면 장점으로 단점을 보완하라. 물론 더 중요한 건 자신의 장점을 잘 파악하는 것이다.

"마두로, 잠깐 이리 나와 보렴." 자습 시간, 학생들이 집중해서 숙제를 하고 있을 때 마두로는 책상에 엎드려 졸고 있었다. 그는 풀이 죽은 모습으로 마이크 선생님을 따라 교실 밖으로 나갔다.

"너는 돌에도 꽃이 핀다는 걸 믿니?" 선생님의 손바닥에는 매끄럽게 빛나는 동그란 조약돌이 놓여 있었다. 마두로는 소리 내서 대답하는 게 싫어서 고개를 가로저었다. 2년 전, 뜻밖의 병을 앓은 마두로는 후유증으로 말을 더듬게 되었다. 그는 남들의 비웃음이 두려워서 열등감에 휩싸였고 거의 말을 하지 않았다. 학업 성적도 급격히 떨어졌다.

선생님은 마두로에게 앉으라고 말했다. 그리고 조그만 칼을 꺼내더니 집중해서 뭔가를 새기기 시작했다. 얼마 지나지 않아 조약돌에는 살아있는 것처럼 생생한 작은 꽃이 피어났다. "보렴. 돌에도 꽃이 필 수 있단다. 네가 생각을 살짝 바꾸기만 하면 말이야." 선생님은 계속해서 말했다. "나는 네가 책읽기를 좋아한다는 걸 알고 있단다. 좋은 이야기가 있으면 다른 친구들과 함께 나눠야지. 주말 학급회의에서 네 목소리를 들을 수 있었으면 좋겠다."

마두로는 선생님과 헤어지면서 기분이 매우 복잡했다. 집으로 돌아온 그는 거울을 보고 발음을 교정하면서 열심히 연습했다. 한 번, 두 번, 세 번 … 주말이 되었을 때 말더듬증 때문에 항상 구석에 숨어있던 마두로가 뜻밖에도 스스로 강단에 올라섰다. 긴장 때문에 땀은 비 오듯 흘렀고 별로 유창한 연설도 아니었지만 친구들은 그에게 열렬한 박수를 보내 주었다.

몇 년 후 마두로는 대학을 졸업했다. 그는 벌써 오래전에 말더듬는 버릇을 고치고 늠름한 청년으로 성장해 있었다. 책을 사랑하는 그는 직업 작가가 되겠다는 꿈을 꾸며 하루 종일 세든 집에서 글을 썼다. 하지만 그가 투고한 글은 아무런 소식이 없거나 반송되어 돌아올 뿐 단 한 편도 발표되지 못했다.

그날 마두로는 주머니에 돈이 얼마 남지 않은 걸 발견했다. 그 돈으로는 고작 며칠밖에 버틸 수 없었다. 그는 절망적인 심정으로 혼자 길을 걷다가 우연히 오랫동안 만나지 못했던 마이크 선생님을 만나게 되었다. 그때와 다른 점이 있다면 선생님은 일찍이 학교를 떠나 유명한 조각가가 되어 있었다는 사실이었다.

마두로는 단숨에 마음속 고민을 털어놓았다. 선생님은 미소 지으며 말했다. "너는 그때 내 손안의 돌이 어떻게 꽃을 피웠는지 기억하지? 나는 조각을 사랑했기 때문에 매일 모든 여가 시간을 들여서 조각과 관련된 지식을 공부했단다. 하지만 무슨 일을 하든지 좋아하는 것만으로는 부족해. 자신에게 잘 맞는지가 더 중요하단다. 나는 손에 조각칼을 쥘 때마다 어김없이 새로운 영감이 떠오르거든."

마두로는 크게 숨을 들이마셨다. 그는 글을 쓸 때마다 느꼈던 고통을 떠올렸다. 그 고통을 생각하자 한 순간 머리가 맑아졌다. 자신은 글을 좋아하지만, 단지 독자로서 좋아하는 것이지 작가로서 좋아하는 건 아니었다.

얼마 후 마두로는 길에 붙은 구인광고를 보고 한 광고회사에 지원했다. 일 년 후 그는 다시 버스 운전기사가 되어 있었다. 겸손하고 친절한 그는 동료들의 존경을 받아 노동조합 대표로 당선되었다. 그에게는 업무시간 외에도 또 다른 임무가 생겼다. 바로 일반 노동자의 권익을 위해 뛰어다니는 일이었다. 나중에 그는 천천히 정계에 발을 들여 또 다른 인생을 시작했다.

2012년 10월 10일 니콜라스 마두로는 부통령에 임명되었다! 이 소식은 날개 돋친 듯 베네수엘라 곳곳에 급속도로 퍼져나갔다. 마두로를 알았던 거의 모든 사람들은 자신의 귀를 의심했다. 그때 그 말더듬이 마두로가? 뭔가 잘못 된 게 아닐까?

기자들이 벌떼처럼 모여들었다. 기자들의 속사포 같은 질문에도 마두로는 침착하게 반문했다. "여러분은 돌에도 꽃이 핀다는 걸 믿습니까? 저는 믿습니다." 이어서 그는 미소 지으며 손을 뻗었다. 손바닥에는 마이크 선생님이 선물했던 바로 그 조약돌이 놓여있었다. 긴 세월이 지났지만 돌 위에 새겨진 꽃은 여전히 살아있는 것처럼 생생했다.

삶에서 많은 것들은 선천적으로 타고난 것이다. 어떤 것들은 바꾸는 게 아예 불가능하다. 이는 마치 우리의 두 발과도 같다. 우리는 발의 크기를 선택할 수 없다. 따라서 자신의 발에 맞는 신발을 선택해야 한다. 마찬가지로 우리는 열심히 노력해서 자신에게 잘 맞는 일을 찾아야지 자신이 속하지 않은 곳에 시간과 에너지를 소비해서는 안 된다.

그 누구의 꿈도 하찮지 않다

우리는 인생에서 대부분 보잘것없는 역할을 맡는다. 그러나 보잘것없는 사람도 꿈을 가질 수 있다. 꿈은 절대로 하찮지 않다.

작은 공원 안에서 젊은이 몇 명이 음악에 맞춰 힙합을 추고 있었다. 자세히 보지 않으면 길에서 춤을 추면서 돈을 구걸하는 것처럼 보였다. 그런 사람들이 꽤 많이 있었기 때문에 발걸음을 멈춰 그들을 구경하는 행인은 거의 없었다.

사실 그들은 힙합 마니아로 팀 연습을 시작하는 중이었다. 그들은 유명한 사람이 아니라 작업장 조립라인에서 일하는 노동자들이였다. 그들은 사회 밑바닥에서 생활하는 사람들이었다. 하루하루 똑같은 일상이 반복되었고 매일 하는 일도 한곳에서 왔다갔다 하는 몇 가지 동작이 전부였다.

일이 바쁠 때면 그들은 밤을 꼬박 새워 야근해야 했다. 심지어 아플 때조차 휴가를 낼 수 없었다. 이런 생활은 사람의 의욕을 빼앗고 삶을 무미건조하게 만든다. 그런데도 수많은 이유 때문에 많은 사람들이 이런 생활을 반복하며 살아간다. 모든 사람이 이런 환경에서 벗어날 수 있는 능력을 가진 건 아니다. 하지만 우리는 스스로 삶을 바꿀 수 있다.

이 젊은이들은 관중이 없어도 삶을 원망하지 않았다. 그들은 음악과 자신들의 춤으로 메마른 삶을 풍부하게 만들었다. 그들이 춤을 추는 장소는 큰길에서 가까워 오가는 사람들이 많았지만 그들의 춤을 감상하는 사람은 드물었다. 어떤 때는 불량한 사람들에게 야유를 받기도 했다. 하지만 그들은 신경 쓰지 않았다. 왜냐하면 그들에게는 꿈이 있었기 때문이다. 그 어떤 것도 그들이 꿈을 향해 나아가는 용기를 막을 수 없었다. 그들에게는 현대 사회에서 찾아보기 힘든 귀한 열정이 있었다. 그 어떤 선전이나 홍보 없이 그들은 자신들의 열정으로 이 작은 마을에 웃음과 기쁨을 가져왔다. 그들의 몸에서 뿜어져 나오는 에너지는 그 어떤 물질적 보상으로도 대신할 수 없을 정도로 값진 것이었다. 그들은 스스로를 포장하거나 자신들의 출신을 밝힐 필요도 없이 평범함으로 더 높은 평범함에 도전했다. 이것이 바로 가장 훌륭한 인생이다.

"꿈이 있는 사람이 가장 크다"라는 말이 있다. 그들의 공연은 값싸 보이지만 그 꿈에는 값을 매길 수 없다. 대단한 집안 배경이 없는 사람에게는 노력만이 유일한 길이며 분투만이 유일한 응원이다. 그들은 아득한 앞날을 두려워하거나 내일을 근심하지 않고 한결같이 앞을 향해 나아갔다. 스스로 존재하는 한 자신의 즐거움으로 아름다운 인생을 만들어 나가야 한다. 그 누구의 꿈도 하찮지 않다. 그 누구의 생명도 비천하지 않다. 부자든 노동자든, 블루칼라든 화이트칼라든, 적극적이고 긍정적인 마음만 있다면 어디서든 밝게 빛나는 스타가 될 수 있다.

인생의 길에서는 융통성이 필요하다

열심히 노력했는데도 얻지 못한 건 꼭 손에 넣을 필요가 없다. 최선을 다했는데도 이루지 못한 일은 포기해도 아쉬움이 남지 않는다. 지속하는 건 물론 중요하지만 결과가 없는 일에 얽매일 필요는 없다. 눈앞의 상황을 포기하면 새로운 길이 나타날 수도 있다. 그리고 이 새로운 길은 성공의 문으로 이어져 있을지도 모른다.

이와 반대로, 방향이 틀리면 노력을 할수록 진짜 목표와는 점점 더 멀어진다. 이것은 우리의 마음을 시험하는 과정이다. 큰일을 위해 작은 일을 희생하고 상황에 맞춰 계획을 바꾸는 일은 용기 있는 사람만 할 수 있는 행동이다. 견지하고 노력하기 위해서는 지혜가 필요하다. 하지만 적절하게 포기하기 위해서는 지혜뿐 아

니라 용기도 필요하다. 포기하는 게 두려워 변화하지 않고 요행
을 바라다 더 큰 손실을 보게 된다.

　옌페이페이는 올해 서른 살이다. 그녀는 전문대를 졸업하고
건축설계원에서 일하고 있다. 졸업 전 처음으로 이 기관에 실
습을 하러 왔을 때 그녀는 성실하고 부지런한 태도와 출중한
능력을 보여주었다. 그래서 그 당시 건축설계원의 정원이 꽉
찼는데도 불구하고 원장은 무리해서 그녀를 채용했다. 당시의
인사 문제 때문에 그녀는 자료관리원 업무를 배정받았다. 원
장은 몇 번이고 그녀를 찾아와서 이 일은 단지 임시적인 것이
니 스트레스 받지 말고 열심히 설계 업무를 익히라고 지시했
다. 설계원에 부족했던 건 설계 인재였지 자료관리원이 아니
었기 때문이다. 원장은 그녀가 실력을 보여주면 기회가 되는
대로 그녀를 자료실에서 데리고 나올 생각이었다. 그런데 옌
페이페이는 그렇게 생각하지 않았다. 그녀는 인사 문제는 단
지 핑계에 불과할 뿐, 자신이 '냉대'를 받는 진짜 이유는 자신
의 학력이 낮기 때문이라고 생각했다. 그래서 그녀는 자료관
리원으로 일하기 시작한 바로 그날부터 자신의 업무에 싫증이
났다. 왜냐하면 그 일은 그녀의 이상과 너무 멀리 떨어져 있었
기 때문이다. 그녀는 설계 엔지니어가 되고 싶었다. 하지만 그
녀가 설계한 프로젝트는 예외 없이 전부 거절당했다. 허영심

이 강한 그녀는 항상 설계원에서 두각을 나타내고 싶어 했다. 업무로는 안 되겠다고 생각한 그녀는 학력으로 남들 위에 서고 싶었다. 그래서 대학원에 들어갈 꿈을 꾸었고, 심지어 석사를 졸업하면 박사까지 하겠다고 계획했다.

하지만 현실과 이상은 너무도 달랐다. 그녀는 일과 학업을 병행하느라 3년이나 공부하고도 대학원에 합격하지 못했다. 원장은 그녀를 찾아와서 열심히 업무를 익히고 훌륭한 설계 방안을 내놓으면 설계사로 전환될 수 있다고 격려해 주었다. 사실 설계원에는 그때 마침 전문 설계사 공석이 있었다. 원장은 진심으로 그녀에게 마음을 써 주었던 것이다. 하지만 그녀는 이리저리 재보다가 아무래도 먼저 석사 학위를 따고 업무는 나중에 익히는 게 낫다고 판단했다. 자신이 이미 설계원의 직원이기 때문에 업무를 배우는 건 어느 때고 할 수 있다고 생각한 것이다. 설사 새 직원이 온다고 해도 그녀 뒤에서 차례를 기다려야 한다고 말이다. 그녀는 전문대 학력으로는 설계원에서 영원히 고개를 들 수 없다고 생각했다.

그러나 그녀의 생각은 틀렸다. 설계원은 원래 일손이 부족해서 각자 자기 몫을 해야 하기 때문에 다들 능력이 뛰어났다. 오랫동안 성과를 내지 못하는 그녀에 대한 동료들의 원성은 점점 높아졌고 원장도 조급해지기 시작했다. 바로 이때 인턴이 한 명 들어왔다. 그가 설계한 방안은 상당히 창의적이었다.

원장은 고민하다가 결국 그 인턴을 채용하기로 했다. 만약 옌페이페이가 바로 자신의 잘못을 깨달았다면 아직 기회가 있었을지도 모른다. 하지만 그때 그녀는 영어 단어를 외우는 데 몰두해 있었다. 심지어 동료에게 이제야 영어가 트인 것 같다는 말까지 했다. 그녀는 확실히 노력하고 있었다. 어디를 가든지 이어폰을 끼고 있었고, 자료실에 틀어박혀서 누가 문을 두드려도 열어주지 않았다. 다른 사람들은 자료를 찾으려면 그녀에게 전화를 거는 수밖에 없었다.

결국 어느 날 원장이 그녀를 찾아와 점잖게 말했다. 설계원에는 수많은 사람들이 있지만, 다들 자신의 영역에서 설계원에 공헌하고 자신만의 능력을 보여주어야 한다고 말이다. 그러나 그녀는 여전히 그의 말을 듣지 않았다. 그녀처럼 무능한 직원을 오랫동안 참아줄 회사는 어디에도 없었다. 결국 그녀는 그때부터 업무 대기 상태가 되었다.

경쟁이 치열한 환경 속에서 옌페이페이는 자신의 현실성 없는 '목표'를 위해 크나큰 대가를 치렀다. 그녀도 설계원과 자신의 일을 좋아하던 때가 있었다. 그렇기 때문에 원장도 그녀에게 기회를 주었던 것이다. 하지만 불행하게도 그녀는 기회를 붙잡지 못했다. 그녀의 잘못은 자신의 '이상'을 제때 포기하지 않고 고집스럽게 '어두워질 때까지 한 길만' 갔다는 데 있다.

비현실적인 고집은 실패만 가져올 뿐 성공의 행복은 가져오지 않는다. 업무적인 성공이나 인생의 성공을 위해 용감히 전진하는 건 좋은 일이다. 하지만 길을 잘못 들었는데도 남들의 충고를 무시한 채 반성하지 않는다면 점점 자신의 목표와 멀어질 수밖에 없다.

포기하는 게 잃는 것은 아니다

만약 당신이 추구하는 목표에 성공의 희망이 있다면 쉽게 포기하지 말라. 그러나 만약 성공할 가능성이 없다면 생각의 방향을 조정할 필요가 있다. 목표는 생명이 없지만 사람은 살아 움직인다. 이 목표에 가망이 없으면 또 다른 목표를 세우면 된다. 가망 없는 목표를 내려놓고 나면 모퉁이에 바로 행복이 있다는 사실을 발견할 것이다.

마크 빅터 한센은 건축업을 경영하다가 완전히 실패했다. 그는 파산했고 결국 건축업계에서 완전히 물러났다. 많은 사람들이 마크가 다시 건축업계로 복귀해서 한 걸음 한 걸음 정상에 올라서는 유쾌한 이야기를 듣고 싶어 할 것이다. 만약 마크가 평생을 노력한 끝에 이런 성과를 거두었다면 이것은 의지와 정신력에 관한 또 다른 전설적인 이야기가 됐을 것이다.

이런 식의 이야기는 상당히 많이 있다. 하지만 마크는 이런 이야기 속 주인공이 아니었다.

　그는 건축업에서 완전히 물러나 건축업에 관한 모든 지식과 경험을 잊어 버렸다. 그는 완전히 새로운 영역에서 창업하기로 결심했다. 그는 자신이 대중 연설에 남다른 안목과 열정이 있다는 사실을 발견했다. 그리고 이 일로 쉽게 돈을 벌 수 있다는 사실도 알게 되었다. 얼마 후 그는 정말로 호소력 있는 일류 강연자가 되었다. 그러던 어느 날, 그가 쓴 『영혼을 위한 닭고기 수프』와 『영혼을 위한 닭고기 수프2』가 나란히 「뉴욕 타임스」 베스트셀러 순위에 올라 몇 개월 동안이나 그 자리를 지켰다. 마크는 부자가 되었다. 그가 더 큰 하늘을 볼 수 있었던 건 그가 하늘을 바라보는 각도를 바꾸었기 때문이다.

　스커더의 집 벽에는 액자가 하나 걸려 있다. 액자 속에는 열 장이 넘는 명함이 들어있는데, 각각의 명함으로 그가 예전에 가졌던 직업들을 알 수 있다. 자신이 제대로 해낼 수 없어서 포기한 일도 있고 잘 할 수 있지만 마음에 들지 않아 그만둔 일도 있다. 열 가지가 넘는 직업 중에서 그는 단 한 가지도 끝까지 해내지 못했다. 그의 끈질김은 끊임없이 자신에게 잘 맞는 일을 찾는 데서 발휘되었다. 결국 그는 자신에게 잘 맞는 일을 찾아서 십 년 넘게 일했고 결국 백만장자가 되었다. 그는 다국적 기업을 설립해서 전 세계에 몇천 개의 소매상을 거느리고 있다.

세상일은 전부 모순 속에서 움직인다. 성공이 있으면 실패가 있고, 얻는 게 있으면 잃는 것도 있다. 포기해야 할 때 단호히 포기하는 건 현명한 선택이라고 할 수 있다.

실제로 어떤 것들은 너무 세게 움켜쥐면 쉽게 부서져 버린다. 그리고 어떤 것들은 너무 오래 쥐고 있으면 오히려 부담이 되고 심지어 해가 되기도 한다. 그럴 바에는 차라리 이를 꽉 물고 시원하게 내려놓는 편이 훨씬 낫다.

밝은 곳에서만 출구를 찾지 말라

미국 코넬대학의 웨이크 교수는 한 가지 재미있는 실험을 진행했다. 그는 꿀벌 여섯 마리와 파리 여섯 마리를 한 유리병에 넣고, 병을 옆으로 눕혀서 병의 바닥이 밝은 창문을 향하도록 했다. 그 다음에 어떤 일이 일어났을까? 꿀벌과 파리는 병에서 탈출했을까?

꿀벌은 밝은 곳을 향해 나는 습성이 있다. 그래서 꿀벌은 끊임없이 병 바닥에서 출구를 찾다가 결국 지쳐 쓰러지거나 굶어 죽었다. 한편 파리는 짧은 시간 안에 반대편 병 입구 쪽으로 날아가 한 마리도 빠짐없이 탈출에 성공했다. 꿀벌은 빛에 대한 집착 때문에 죽음을 맞이했다. 하지만 파리는 빛이든 어둠이든 상관없이 이리저리 마구 날아다니다 우연히 출구를 발견하고 새 삶을 얻었다.

사람들은 수시로 꿀벌과 같은 실수를 저지른다. 출구가 있는 곳은 분명 밝을 거라고 생각하는 것이다. 그러나 꿀벌이 유리와 같은 초자연적 미스터리에 부딪힌 것처럼 출구가 밝은 쪽에 있다는 생각이 틀릴 때도 있다. 성공을 찾는 길에서 우리는 어둠속에서도 성공을 모색해봐야 한다. 무턱대고 밝은 곳만 찾을 게 아니라 어두운 구석도 한번 살펴봐야 하는 것이다.

전 구글 차이나 사장 리카이푸가 박사과정을 공부했을 때, 그의 지도교수는 음성 인식 시스템 영역의 전문가 라즈 레디였다. 그 당시 사람들은 대부분 '인공지능'이야말로 미래가 나아갈 방향이라고 생각했다. 그리고 리카이푸의 지도교수는 마침 이 분야의 전문가였다. 지도교수를 따르면 밝은 미래를 보장할 수 있었다.

하지만 리카이푸는 인공지능 방식으로 음성 인식을 연구하는 게 비전이 없다고 생각했다. 인공지능 방식은 갓난아기를 가르치는 것과 비슷하다. 컴퓨터 분야에서 봤을 때 '갓난아기는 어른으로 성장하지만, 기계는 성장하기 않기' 때문이었다.

그래서 리카이푸는 지도교수를 따르지 않기로 했다. 리카이푸는 라즈 레디에게 자신은 '인공지능'에 대한 믿음을 잃었기 때문에 통계 방식을 사용하겠다고 말했다. 지도교수는 좋은 사람이었다. 그는 "나는 자네의 관점에 동의하지 않지만, 자네의 방법은 지지하네"라고 말해주었다.

그후 리카이푸는 자신만의 방식으로 탐색을 시작했다. 그 당시 그는 매일 17시간 동안 일하는 생활을 3년 반 가량 지속해 나갔다. 이러한 노력 끝에 리카이푸는 음성 인식 시스템의 식별률을 기존의 40퍼센트에서 단숨에 80퍼센트까지 끌어올렸다. 라즈 레디는 굉장히 놀라며 기뻐했다. 그는 이 결과를 국제회의에서 발표했고, 순식간에 전 세계 음성 연구계에 큰 반향을 불러일으켰다.

나중에 리카이푸는 또다시 음성 인식 시스템의 식별률을 80퍼센트에서 96퍼센트까지 끌어올렸다! 리카이푸가 학교를 졸업한 후에도 이 시스템은 몇 년간 전미 음성 인식 시스템 비교 평가 1위 자리를 지켰다. 사람들이 모두 '인공지능'이야말로 밝은 출구라고 여길 때, 리카이푸는 인적이 드문 구석에 주의를 기울였고, 통계 방식으로 더욱 아름다운 미래를 찾아냈다.

이 이야기와 비슷한 일은 굉장히 많다. 성공하기 전까지는 그 누구도 어떤 길이 열려있고 어떤 길이 막혀있는지 알 수 없다. 그 누구도 어떤 방향이 출구로 가는 지름길인지 알 수 없다. 그러므로 빛이 있는 곳이 반드시 성공으로 통한다고는 할 수 없고 구석에 있는 길이 반드시 지름길이 아니라고도 할 수 없다.

젊은 시절의 시행착오를 두려워하지 말라

대부분의 사람들이 인생의 길에서 반드시 겪어야 하는 일이 있다. 바로 시행착오다. 넘어지거나 벽에 부딪혀 피를 흘려 보지 않고는 굳센 의지를 갖고 성숙해질 수 없다. 시행착오는 두려운 것이 아니다. 두려운 건 올바른 방향을 찾을 수 없는 것, 올바른 출구를 찾을 수 없는 것, 그리고 막다른 길로 들어서는 것이다.

작가 장아이링은『반드시 걸어야 하는 길』(非走不可的弯路)에서 이렇게 말했다. "모든 사람이 반드시 걸어야 하는 길이 있다. 그것은 바로 젊은 시절 시행착오라는 길이다." 그렇다. 시행착오는 두렵지 않다. 사람이 성장하려면 반드시 '시행착오'라는 경험이 필요하다. 설사 이 과정에서 벽에 부딪히고, 넘어지고, 머리가 깨져 피를 흘릴지라도 두려워하지 말라. 우리는 시행착오를 통해 교훈을 얻고 옳은 길로 되돌아가거나 올바른 출구를 찾을 수 있다. 막다른 길로 들어서지만 않으면 변함없이 여행의 목적을 달성할 수 있다.

교육도 제대로 못 받고 별다른 재주도 없는 스무 살의 한 젊은이가 홀로 미국 시카고에 도착했다. 다른 직업을 찾을 수 없었던 그는 상점에서 비누를 팔았다. 그는 이 일을 하면서 베이킹파우더의 이윤이 높다는 사실을 알게 됐고, 곧바로 가진 돈을 전부 털어서 베이킹파우더를 대량으로 구입했다. 하지만 나중에 그는 자신이 크게 실수했다는 사실을 깨달았다. 그 지역은 베이킹파우더를 파는 사람이 비누를 파는 사람보다 훨씬 많았던 것이다. 젊은이는 절대로 돈 많은 경쟁자들의 상대가 될 수 없었다.

창고에 쌓여있는 베이킹파우더를 바라보며 그는 초조해졌다. 결국 그는 실수를 그대로 밀고 나가기로 결정했다. 이를 꽉 물고, 가지고 있던 껌 두 박스를 증정품으로 나눠 주면서 베이킹파우더를 처분하기로 한 것이다. 그는 베이킹파우더를 구매하는 고객에게 베이킹파우더 한 봉지 당 껌 두 통을 증정하겠다고 광고했다. 그리고 이 '끼워 팔기'로 가지고 있던 베이킹파우더를 전부 처리했다.

이 일로 교훈을 얻는 젊은이는 껌 사업을 해 보기로 결심했다. 비록 이윤은 적지만 수량이 많아서 베이킹파우더보다 장래성이 있었다. 그는 껌의 포장이나 맛에 대한 고객의 의견을 적극적으로 받아들이고 전 재산을 몽땅 투자해서 껌 공장을 차렸다.

1883년, 그의 '리글리' 껌이 출시됐다. 하지만 당시 시장에는 이미 수많은 껌이 나와 있었기 때문에 그의 제품은 별다른 주목을 받지 못했다. 하루빨리 제품의 지명도를 높이기 위해서 그는 상당히 모험적인 방법을 생각해 냈다. 전미 각지의 전화번호부를 수집해서 그곳에 나온 주소대로 모든 사람에게 껌 4개와 설문지를 보내기로 한 것이다. 이것은 최후의 승부나 다름없었다. 그는 전 재산을 이 일에 쏟아 부었기 때문에 결과가 나쁘면 파산할 수밖에 없었다.

그러나 그는 드디어 올바른 출구를 찾아냈다. '리글리' 껌이 거의 하루아침에 전국을 휩쓴 것이다. 1920년 '리글리'의 연 매출은 90억 개에 달해 당시 세계에서 가장 큰 단일 제품 판매 회사가 되었다. '실수 속에서 승리를 찾은' 이 젊은이가 바로 '리글리' 껌의 설립자 윌리엄 리글리다.

'리글리'는 그후로도 몇 번의 시행착오를 겪었고 심각한 위기를 맞이하기도 했다. 하지만 '리글리'는 결국 막다른 길이 아니라 살 길을 찾아냈다. 오늘날 "리글리는 생활 곳곳에 있습니다"라는 광고 문구는 많은 사람들에게 익숙하다. "사람이 저지르는 가장 큰 잘못은 바로 잘못을 두려워하는 것이다"라는 명언이 있다. '리글리'의 3대 계승자 윌리엄 리글리 3세는 '리글리'의 성공 비결을 한마디로 요약했다. "대담하게 실수하라." 좀처럼 얻기 힘든 기회가 찾아왔을 때 실수했던 경험이 있어야만 성공의 방향을 제대로 찾고 어렵게 얻은 성과를 더욱 소중히 여길 수 있다.

'경험자'는 뒷사람이 실수와 시행착오를 줄이길 바라는 마음에 이런저런 잔소리를 하게 마련이다. 하지만 경험이 없으면 알 수 없는 일들도 있다. 직접 경험해 봐야만 그 맛을 알게 되는 것이다. 이것은 대자연의 성장 법칙이다. 스스로 걸어가 봐야 그 길이 어떤지 알 수 있다.

시행착오는 두려운 것이 아니다. 심지어 어떤 면에서는 반드시 필요하다. 직접 경험해 보지 않으면 우리는 눈앞의 길이 근사하고 기쁨과 희망으로 가득 차 있을 거라고 믿으며 남들의 충고를 무시한다. 그 길이 시행착오의 길일지 탄탄대로일지는 걸어 봐야 알 수 있다. 직접 걸어 보지도 않고 포기해 버린다면 어떻게 단념할 수 있겠는가?

물론 시행착오를 겪느라 피가 나고, 이게 일시적인 좌절이 아닌 막다른 골목이라는 확신이 든다면 고집스럽게 매달릴 필요는 없다. 그럴 때는 즉시 방향을 틀어 잘못된 방향으로 가는 걸 멈춰야 한다. 우리는 과거의 시행착오 덕분에 점차 성숙해지고 올바른 길을 향해 걸어갈 수 있다. 이것이 바로 시행착오의 가치다.

Chapter 02
운명과 노력 사이

이상은 상상이 아니다. 성공은 공상을 가장 두려
워한다. 실천 속에서 자신을 단련하고 재능을 펼
쳐 해야 할 일을 제대로 해내라. 꿈을 좇는 발걸음
을 멈추지 마라.

영혼이 운명을 결정한다

당신의 뇌는 맑은 물과 같다. 당신은 그 속에 검은색이나 빨간색 물감을 떨어뜨릴 수 있다. 검은색은 가난뱅이의 사고방식이고, 빨간색은 부자의 사고방식이다. 당신이 어떤 색을 떨어뜨리느냐에 따라 당신 뇌의 색이 바뀐다.

다른 생각이 다른 인생을 만든다. 당신이 의식적으로 자신을 성공한 사람이라고 생각하면 이것은 당신이 문제를 해결하고 업무를 수행할 때 남들보다 뛰어난 성과를 이루게 해준다. 자신이 부자라고 생각하면 무의식중에 스스로를 남들과 다르다고 받아들이기 때문이다. 당신은 뭔가를 더 배우고, 더 보고, 더 해서 자신의 여러 가지 재능을 빠르게 향상시켜야 한다고 생각할 것이다. 자기 자신을 부자로 생각하면 당신의 사고방식도 무의식중에 성공한 사람의 생활 방식으로 변화할 것이다.

당신의 현재 상황이 어떤지는 상관없다. 설사 수중에 돈 한 푼 없더라도 성공하고 싶다는 마음만 있으면 성공의 희망은 존재한다. 굳센 믿음과 노력만 있으면 성공은 어렵지 않다.

미국인 요한 풀러는 가난한 집에서 태어났다. 그에게는 일곱 명의 형제자매가 있었다. 그는 다섯 살에 일을 시작했고, 아홉 살에는 노새를 몰았다. 그에게는 훌륭한 어머니가 있었다. 그녀는 자주 아들에게 자신의 꿈을 이야기했다.

"우리는 이렇게 가난해서는 안 돼. 가난이 하느님의 뜻이라고 말하지 마라. 우리는 비록 가난하지만 하늘을 원망해서는 안 돼. 우리가 가난한 건 네 아빠에게 가난에서 벗어나려는 마음이 없기 때문이란다. 그리고 가족 중에 포부 있는 사람이 없기 때문이지."

어머니의 말은 풀러에게 큰 영향을 주었다. 그는 부자를 꿈꾸었고, 열심히 부를 추구했다. 12년 후, 풀러는 경매로 나온 회사를 인수했고 잇달아 7개의 회사를 사들였다. 그는 자신의 성공 비결에 대해 이야기하면서 수 년 전 어머니가 했던 그 말을 인용했다.

"우리는 비록 가난하지만 하늘을 원망해서는 안 돼. 우리가 가난한 건 네 아빠에게 가난에서 벗어나려는 마음이 없기 때문 이란다. 그리고 가족 중에 포부 있는 사람이 없기 때문이지."

풀러는 수차례의 연설에서 이렇게 말했다. "저는 비록 부자 의 후손은 되지 못했지만, 부자의 조상은 될 수 있습니다."

최근에 "재벌 2세가 못 되면 재벌 2세의 아빠가 되어라"라는 말 이 유행하고 있다. 이 말은 풀러가 한 말과 똑같은 마음가짐을 보 여준다. 그런데 왜 수많은 사람들의 소망이 그저 물거품처럼 사 라지는 걸까? 그 이유는 너무나 많은 사람들이 입으로만 떠들 뿐 머릿속으로는 자신을 부자와 동등하게 생각하지 않기 때문이다. 만약 부자가 되고 싶다면 강렬한 소망으로 영혼의 빈자리를 채워 야 한다. 그리고 불꽃같은 열정으로 자신을 일에 내던져야 한다.

사람의 운명은 하늘이 정하는 게 아니다. 사람의 운명은 자신이 결정하는 것이지 하느님이나 다른 요소가 결정하는 게 아니다. 만 약 당신이 부자가 되고 싶은데도 항상 헛수고만 한다면 우선 자신 을 철저하게 분석하고 어디가 잘못되었는지 살펴보라.

인생을 우습게 보는 사람은 스스로 우스워진다

인생을 우습게 보는 사람은 어떤 일도 이루지 못한다. 자기 자신을 지배하지 못하는 사람은 영원히 노예로 살아야 한다.

인생을 우습게 보다가는 경솔하고 끈기 없는 사람이 된다. 그리고 결국에는 자신이 했던 모든 일이 수포로 돌아가 아무것도 얻지 못한다. 스스로를 지배하지 못하는 사람은 욕망의 노예가 되어 수많은 집착 속에 자기 자신을 잃고 타락에 빠진다.

인생을 우습게 보는 사람은 반드시 스스로 우스워진다. 자신을 지배하지 못하면 반드시 다른 사람의 지배를 받는다.

삼장법사의 말은 그가 서천에 불경을 구하러 간다는 소식을 듣고 곧바로 따라나섰다. 말은 수많은 어려움을 헤치고 결국 진경(*인도와 서역에서 전해진 경전)을 찾아 돌아왔다. 말이 돌아왔을 때 말의 친구 나귀가 물었다. "그렇게 먼 길을 가느라 고생이 많았지?" 말은 대답했다. "사실 내가 서천에 가 있는 동안 너도 나만큼 많이 걸었어! 게다가 너는 사람들이 눈도 가리고 채찍질도 했잖아. 하지만 솔직히 난 허송세월하는 게 더 힘들어!"

생각은 삶의 방식을 결정한다. 나귀는 자신의 삶에 대해 아무런 생각이 없다. 그래서 사람에게 눈이 가려져서 평생 맷돌 주위를 맴돌아야 한다. 나귀의 인생은 결코 쉽지 않다.

인생의 어려움은 마음속의 무지와 막막함에서 온다. 많은 사람들이 허송세월하는 것을 선택했다가 결국 세월에 버림받는다. 시간은 항상 똑같이 흐른다. 삶을 대하는 태도가 다르면 결과도 완전히 달라진다.

천팡은 대학을 졸업하고 공기업에 사무직으로 취직했다. 초반에 그는 불평불만 없이 열정적으로 열심히 일했다. 발표문 작성과 결산, 자료 보고, 심부름, 심지어 상사의 호텔을 예약하고 출장에 따라가는 일마저도 그는 최선을 다했다.

천팡은 몇 번이고 발표문을 작성하고 보고서를 준비하느라 남들이 퇴근한 시간에도 사무실에 남아서 야근했다. 졸리면 사무실 소파에 누워 잠시 눈을 붙였다. 그런데 이렇게 열정적으로 1년을 일하고 나서 천팡은 태만해졌다. 그 이유는 그의 노력에도 불구하고 그에 대한 처우가 조금도 나아지지 않았기 때문이다. 천팡은 그때부터 매일 기계적으로 출퇴근하기 시작했다. 꿈도 없고 목표도 없이 철저히 되는 대로 살기 시작한 것이다. 그는 자신이 아무리 노력해 봤자 상사가 알아주지 않는다고 생각했다. 그렇다면 죽자 사자 일하나 대충대충 일하나, 월급이 줄어드는 것도 아닌데 고생할 이유가 어디 있겠는가?

천팡의 업무는 확실히 점점 더 수월해졌다. 하지만 또다시

1년이 흘렀을 때 회사는 구조조정을 단행했다. 아무런 배경도 없고 하루 종일 빈둥거리던 천팡이 첫 번째로 해고됐다.

　세상을 우습게 아는 사람은 즐거움만 쫓는 의미 없는 날들로 좋은 시절을 헛되이 흘려보낸다. 그들은 아무 일도 하지 않기 때문에 진정한 즐거움을 모른다. 불만족스러운 생활만 있을 뿐이다. 그들에게 진정한 즐거움을 가져다주는 일은 아무것도 없다. 왜냐하면 그들은 매일매일 기계처럼 일할 뿐 아무런 노력도, 가치 있는 일도 하지 않기 때문이다.
　스스로를 지배하지 못하는 사람은 감사하는 마음이 없어서 항상 트집만 잡는다. 다른 사람의 그림자 속에 살기 때문에 다른 사람이 호의를 베풀어도 기쁨을 느끼지 못한다. 그들의 생활은 따분하고 이기적이며 편협하다. 그들은 하늘을 탓하고 땅을 탓하고 모든 사람을 탓한다. 그 어떤 것도 그들에게는 완벽하지 않다.
　게으르고 나약하면 많은 것을 잃게 된다. 인생을 허비하면 결국 불만족스럽게 이 세상을 떠나야 한다.

자신의 침대가 가장 편안하다

할 일 없이 오늘을 보내는 건 내일을 포기하는 것과 같다. 게으른 사람은 절대로 성공할 수 없다. 기회가 없었다는 건 실패자가 성공하지 못한 핑계에 불과하다.

남들의 행복을 바라보며 부러워하고 질투할 때, 돈이 없어서 고통에 시달릴 때, 당신은 분명 마음속으로 자신을 위한 아름다운 그림을 그려본 적이 있을 것이다. 그런데 왜 그 그림을 실현하지 않는가? 어쩌면 당신은 그 잠깐 새에 눈앞의 길이 너무 힘들게 느껴져서 이에 겁을 먹고 열정이 사라졌을 수도 있다. 이렇게 당신은 똑같은 실수를 되풀이한다.

사실 인생은 쉽다면 쉽고 어렵다면 어렵다. 세상은 당신이 상상하는 것보다 훨씬 크다. 당신의 인생에는 반드시 출구가 있다. 작은 개미굴을 벗어나면 자신에게 날개가 있다는 사실을 깨달을 것이다. 남들의 눈치 볼 필요 없이 훨훨 날아갈 수 있다.

오래전 영국의 한 외진 작은 마을에 명성 높은 부유한 상인이 살고 있었다. 상인에게는 열아홉 살짜리 아들이 하나 있었는데, 그의 이름은 힐이었다.

어느 날 저녁 식사를 마친 힐은 늦가을의 아름다운 달빛을 감상하고 있었다. 그러다 그는 문득 창 밖 가로등 아래에 자기 또래의 청년이 서있는 것을 발견했다. 그 청년은 낡은 외투를 걸치고 있었고 야윈 몸은 상당히 연약해 보였다.

힐은 계단을 내려가 그 청년에게 왜 계속 그곳에 서있는지 물었다.

청년은 침울하게 말했다. "나에게는 꿈이 하나 있어. 바로 조용한 아파트를 하나 사서 저녁식사가 끝나면 창가에 서서 아름다운 달빛을 바라보는 거지. 하지만 이 꿈은 나한테 너무 멀리 있어. 이 꿈을 이룬다는 건 나한테 불가능해."

힐은 말했다. "그러면 나한테 말해 봐. 지금 당장 네가 원하는 건 뭐니?"

"내가 지금 원하는 건 넓은 침대에 누워서 편안하게 한숨 자는 거야."

힐은 그의 어깨를 다독이며 말했다. "친구야, 오늘 저녁에 내가 네 꿈을 이뤄줄게."

그렇게 해서 힐은 그를 데리고 웅장하고 화려한 별장으로 들어갔다. 힐은 그를 자신의 방으로 데려가서 호화롭고 푹신한 침대를 가리키며 말했다. "여기는 내 침실이야. 여기서 자면 천국에 있는 것처럼 편안할 거야."

이튿날 아침 힐은 아침 일찍 일어났다. 그는 조심스럽게 자신의 침실 문을 열었다. 그런데 뜻밖에도 침대 위는 깨끗이 정리되어 있었다. 아무도 그 위에서 자지 않은 게 분명했다. 힐은 어리둥절해서 화원으로 걸어 나갔다. 그는 그 청년이 화원의 기다란 벤치 위에 달콤하게 잠들어 있는 모습을 발견했다.

힐은 그를 깨워서 물었다. "왜 여기서 자고 있어?"

청년은 웃으며 대답했다. "이걸로 충분해. 고마워." 청년은 말을 마치자마자 뒤도 돌아보지 않고 가 버렸다.

20년이 지난 어느 날, 힐은 뜻밖에 아름다운 초대장을 받았다. 자신을 '20년 전의 친구'라고 소개한 남성은 힐을 어느 호숫가 리조트 준공식에 초대했다.

그곳에서 힐은 우아한 건축물을 감상했을 뿐 아니라 수많은 사회 유명 인사들을 만났다. 이어서 그는 즉흥연설을 하는 리조트의 주인을 보게 되었다.

"저는 오늘 제 성공의 길에서 맨 처음 저를 도와주었던 사람에게 고마움을 전하고 싶습니다. 그 사람은 바로 20년 전 제 친구, 힐입니다."

그는 수많은 사람들의 박수를 받으며 곧장 힐에게 다가갔다. 그리고 힐을 꼭 끌어안았다. 그제야 힐은 깨달았다. 눈앞의 이 유명한 거물 오언은 20년 전 그 가난한 청년이었던 것이다.

연회에서 오언이라는 이름의 그 '청년'이 힐에게 말했다. "네가 날 침실로 데려갔을 때, 나는 꿈이 눈앞에 펼쳐진 걸 믿을 수 없었어. 그 순간 나는 문득 깨달았지. 그 침대는 내 것이 아니란 걸, 이렇게 얻은 꿈은 오래가지 못한다는 걸 말이야. 나는 그 꿈에서 멀어지는 대신 내 꿈을 내 손에 맡기고 진짜 나의 침대를 찾으러 떠났어! 그리고 이제야 드디어 찾아냈지. 나는 깨달았어. 인격과 존엄은 스스로 만들어내는 거야. 공상은 평범함을 가져다줄 뿐, 절대로 성공을 가져다 줄 수 없어."

이상은 상상이 아니다. 성공은 공상을 가장 두려워한다. 사람들은 수많은 생각을 하지만 대부분은 그저 공상에 불과하다. 그들은 매년 자신의 꿈을 그리지만 늙어 죽을 때까지 한 가지 일도 이루지 못한다. 이는 매우 두려운 일이다. 만약 이루고 싶은 일이 있다면 그 일을 이루기 위해 열심히 노력하라. 실천 속에서 자신을 단련하고 재능을 펼쳐 해야 할 일을 제대로 해내라. 그리고 자신의 가치를 증명하라. 그래야만 다른 사람들의 인정을 받을 수 있다.

꿈을 좇는 발걸음을 멈추지 말라. 푸른 하늘이 부르거든 힘찬 날개가 안일함 속에서 퇴화하게 내버려 두지 말라. 큰 바다가 부르거든 필사적인 용기가 파도 앞에서 물러서게 하지 말라. 당신이 발걸음을 멈추면 아무리 대단한 꿈이라도 실현할 수 없다. 찾아라! 인생의 의미를! 당신이 믿음을 갖고 찾으면 기적은 일어난다.

대담하게 행동하고, 비전은 나중에 생각하라

꿈과 현실은 격차가 있게 마련이다. 그렇기 때문에 당신의 '꿈'은 지나치게 '진실'할 필요가 없다. 남들이 당신의 생각이 그저 '잠꼬대'에 불과하다고 여겨도 당신은 전혀 마음 쓸 필요 없다. 현실을 초월한 꿈이야말로 우리가 추구할 만한 가치가 있는, 진정으로 자신의 잠재력을 발휘할 수 있는 꿈이기 때문이다.

사람은 누구나 이런 경험이 있다. 당신이 1킬로미터만 걷겠다고 마음먹으면 0.8킬로미터를 걸었을 때 힘들고 나태해진다. "어차피 곧 도착할 텐데 뭐"라고 생각하면서 말이다. 그러나 만약 10킬로미터를 걷겠다고 결심하면, 당신은 제대로 마음의 준비를 하고 에너지를 축적할 것이다. 그러면 7, 8킬로미터를 걷고 나서야 조금 쉬고 싶다는 생각이 든다. 꿈과 현실의 관계도 이와 마찬가지다. 당신의 꿈이 원대할수록, 당신이 그 꿈을 위해 쏟는 노력은 더 많아진다. 설사 자신의 이상까지 도달하지 못하더라도 비범한 성과를 거둘 수 있다.

원대한 꿈을 가진 사람이 목표가 없는 사람보다 더 큰일을 해낸다는 사실에는 의심의 여지가 없다. 서양에는 "금으로 만든 옷을 잡아당기면 금 소매를 얻게 될 수도 있다"라는 속담이 있다. 원대한 이상을 가진 사람은 반드시 시작했을 때보다 훨씬 큰 성과를 거두게 된다. 설사 당신의 목표가 100퍼센트 실현되지는 않더라도, 목표를 위해 기울인 노력은 그 자체로 평생 유익한 자산이 되어 준다.

어느 무더운 날, 한 무리의 사람들이 철도노반에서 작업을 하고 있었다. 이때 기차 한 대가 천천히 다가오더니 그들의 업무를 중단시켰다. 기차가 멈추자 맨 뒤 객실 칸 창문이 열리고 (이 객실은 특수 제작된 것으로 에어컨도 있었다) 낮고 친절한 목소리가 들려왔다. "데이비드, 너 맞지?" 인부들의 책임자 데이비드 앤더슨이 대답했다. "그래, 나야. 짐, 정말 반갑네." 이렇게 해서 데이비드 앤더슨과 철도회사 사장 짐 머피는 즐겁게 이야기를 나눴다. 한 시간 동안이나 대화를 나눈 두 사람은 서로 굳게 악수하고 헤어졌다.

데이비드 앤더슨의 부하직원들이 순식간에 데이비드를 에워쌌다. 그들은 데이비드가 머피 사장과 친구라는 사실에 굉장히 놀랐다. 데이비드는 그와 짐 머피가 20년 전 같은 날 이 철도 작업을 시작했다고 설명했다.

부하 직원 중 한 명이 농담 반 진담 반으로 데이비드에게 물었다. 데이비드는 지금도 여전히 뙤약볕 아래서 일하는데, 짐 머피는 어떻게 사장이 될 수 있었느냐고 말이다. 데이비드는 쓸쓸히 대답했다. "23년 전 나는 한 시간에 1달러 75센트의 급여를 위해 일했지만, 짐 머피는 이 철도를 위해 일했거든."

미국 잠재력 성공학의 대가 안토니 로빈은 이렇게 말했다. "만약 당신이 판매원이라면 1만 달러를 버는 게 쉬울까 아니면 10만 달러를 버는 게 쉬울까? 정답은 10만 달러다! 왜일까? 만약 당신의 목표가 1만 달러를 버는 것이라면 당신의 소망은 그저 입에 풀

칠하는 게 고작이다. 만약 이게 당신의 목표이자 일하는 이유라면 당신은 일할 맛이 나겠는가? 당신의 열정이 끓어 넘칠 수 있겠는가?"

탁월한 인생은 꿈의 산물이다. 꿈이 높을수록 인생이 풍부해지고 뛰어난 성과를 거두게 된다. 반대로 꿈이 낮을수록 인생의 가능성은 줄어든다. 사람들은 흔히 말한다. "기대가 높을수록 기대를 충족시킬 가능성은 높아진다."

시도하기 전에 안 된다고 말하지 말라

설익은 시도라도 시작하기도 전에 끝나버린 계획보다는 낫다.

성공한 사람들은 모두 용감하게 시도했던 경험이 있다. 시도는 바로 탐색이다. 탐색하지 않고는 창조할 수 없고, 창조하지 않으면 성취할 수 없다.

"저는 분명 장애인입니다. 제가 미인대회에 참가한 이유는
이렇게 앞에 서서 사람들에게 이 말을 해주기 위해서입니다.
우리는 겉모습이 다르고, 말하는 방식이나 행동도 다릅니다.
하지만 우리는 모두 훌륭한 일을 해낼 수 있습니다." 켈리는
어려서부터 자신의 신체적인 결함을 회피하지 않았다.

켈리는 태어날 때부터 왼팔이 반쪽밖에 없었다. 그럼에도 불구하고 부모님은 변함없이 그녀를 사랑했고 덕분에 켈리는 활발하고 긍정적인 성격을 갖게 되었다. 어렸을 때 같이 놀던 친구들이 켈리에게 왜 왼팔이 반쪽밖에 없냐고 물어보면 그녀는 언제나 태연하게 농담으로 응수했다. "나머지 반쪽은 상어한테 물어 뜯겼거든." 어려서부터 남들의 주목을 받으며 자란 그녀는 보통 아이들보다 더 대담하고 용감했다. 남자 아이들이 즐기는 야구든 여자 아이들이 좋아하는 춤이든, 켈리는 거의 모든 활동에 뛰어났다. "내 세계에는 '안 돼'라는 말이 없지. 내가 시도하지 못할 일은 없어." 끊임없이 시도하는 과정에서 켈리는 자신의 흥미와 열정이 무대에 있다는 사실을 발견했다. "무대 위에서 나는 고개를 들고 가슴을 펴고 자신만만하지. 나는 이곳에서 사람들이 실컷 나를 구경할 수 있도록 할 거야."

켈리는 그 전까지 단 한 번도 자신이 미인대회 무대에 오를 거란 생각을 해본 적이 없었다. "저는 이 길을 동경했던 적이 없어요." 하지만 미인대회 소식을 들었을 때, 시도를 두려워하지 않는 이 소녀는 기회를 놓치지 않았다. "그때 저는 '안 될 게 뭐 있어?'라고 생각했어요. 그렇게 하면 더 많은 사람들이 제 목소리를 들을 수 있을 테니까요. 저는 제가 할 수 있다고 생각했고, 즐기자고 생각했어요." 2013년 2월, 켈리는 미인대회를 위한 훈련을 시작했다.

4개월 동안 엄격한 식단관리 외에도 켈리의 훈련은 체계적이고 완벽했다. 하이힐을 신고 걷는 법과 바르게 앉고 서는 연습부터 머리모양과 의상, 촬영 포즈, 심지어 웃는 모습까지 그녀는 끊임없이 연습했다.

켈리의 노력은 헛되지 않았다. 3일간 지속되는 시합에서 켈리의 밝고 영리한 모습은 심사위원들을 매번 놀라게 만들었다. 장기자랑에서 그녀는 낭랑한 목소리로 뮤지컬 『위키드』의 유명한 노래 「중력을 벗어나」를 불렀다. 그 자리의 모든 사람들이 그녀의 마음속 목소리를 들을 수 있었다. "날아올라 중력을 벗어나, 하늘 높이 날개를 펼 거야. 날 막을 순 없어. 한계는 무너졌어. 내 길을 갈 거야. 시도하기 전엔 누구도 알 수 없어."

결국 '미스 아이오와'의 영광을 거머쥔 켈리는 CNN과 ABC 등 유명 매체에 둘러싸여 인터뷰 요청을 받았다. 하지만 켈리는 이를 모두 거절했다. 그녀는 이렇게 말했다. "제가 대회에 참가했던 이유는 장애인도 일반인과 똑같다는 사실을 증명하고 싶었기 때문입니다. 일반인이 해낼 수 있는 일은 장애인도 해낼 수 있습니다."

모든 성공은 시도에서 시작된다. 시도하지 않으면 아무 결과도 얻을 수 없다. 물론 시도의 결과가 고통스러울 때도 있다. 시도하는 과정이 포기하고 싶을 정도로 괴로울 수도 있다. 심지어 자신의 능력을 의심하게 될지도 모른다. 하지만 당신이 시도한다면 눈앞에서 성공을 가로막는 것처럼 보였던 문의 빗장이 사실은 열려있을지도 모른다.

변화하고 싶다면 방법은 항상 존재한다

아무리 천재라 해도 태어났을 때의 첫 울음소리는 평범한 아이들과 비슷하지 결코 한 편의 시가 될 수 없다.

하늘은 스스로 돕는 자를 돕는다. 성공은 목표가 있고 필사적으로 노력하는 용사의 것이다. 인생의 갖가지 어려움에 쉽게 놀라고 얽매이는 사람들에게 성공은 영원히 아름답고 먼 꿈이다. "만약에 인생을 다시 살 수 있다면"이란 환상 속에서만 존재하는 꿈 말이다.

그는 흑인이었고 뉴욕 브루클린의 빈민가에서 태어났다. 그에게는 두 명의 형과 한 명의 누나 그리고 여동생 한 명이 있었다. 아버지의 보잘것없는 월급으로는 도저히 생계가 어려웠다. 그는 가난과 멸시 속에서 어린 시절을 보냈다. 미래에 대해서, 그는 아무런 희망도 품을 수 없었다. 일이 없을 때면, 그는 낮은 처마 밑에 앉아 조용히 먼 산 위의 석양을 바라봤다. 조용하고 우울한 모습으로.

열세 살이 된 어느 날, 아버지가 갑자기 그에게 낡은 옷 한 벌을 건넸다. "이 옷이 얼마나 할 것 같니?" "1달러 정도요." 그는 대답했다. "너는 이 옷을 2달러에 팔 수 있겠니?" 아버지는 호기심에 찬 눈으로 그를 바라봤다. "멍청이나 그 돈을 주고 사겠지요!" 그는 볼멘소리로 대답했다.

아버지의 눈빛은 진실하고 간절했다. "너는 왜 시도해보려고 하지 않니? 너도 알다시피 우리 집은 형편이 어렵단다. 만약 네가 이 옷을 팔면 나와 네 엄마에게 도움이 될 거야."

그제야 그는 고개를 끄덕였다. "한번 해볼게요. 하지만 못 팔 수도 있어요."

그는 정성껏 옷을 빨았다. 다리미가 없었기 때문에, 그는 솔로 옷의 주름을 펴고 바닥에 펼쳐 그늘에 말렸다. 이튿날, 그는 이 옷을 들고 사람들이 많이 모이는 지하철역으로 갔다. 그는 6시간 동안 물건을 사라고 외친 후에야 옷을 팔 수 있었다.

그는 2달러를 꽉 움켜쥐고 집을 향해 달려갔다. 그후로 그는 매일 쓰레기더미 속에서 열심히 낡은 옷을 찾았다. 그리고 그것들을 깨끗이 손질해서 번화가에 내다 팔았다.

이렇게 열흘 정도 지났을 때, 아버지가 또다시 그에게 낡은 옷 한 벌을 건넸다. "한번 생각해 보렴. 어떻게 하면 이 옷을

20달러에 팔 수 있겠니?" 어떻게? 이렇게 낡은 옷을 어떻게 20
달러에 팔 수 있겠는가? 그 옷은 기껏해야 2달러의 값어치밖
에 없어보였다.

"너는 왜 시도해보려고 하지 않니?" 아버지는 그를 격려했
다. "잘 생각해 보면 방법이 있을 거야."

고민 끝에, 그는 또 한 번 좋은 방법을 하나 생각해 냈다. 그
는 그림을 공부하는 사촌 형에게 옷에다 귀여운 도널드 덕과
미키마우스를 그려 달라고 부탁했다. 그리고 부유층 자제들이
다니는 학교 입구로 가서 물건을 사라고 외쳤다. 얼마 지나지
않아 부잣집 도련님을 데리러 온 집사가 자신의 도련님을 위
해 이 옷을 구입했다. 그 열 살 남짓한 아이는 옷에 그려진 그
림을 굉장히 마음에 들어 했다. 그래서 추가로 5달러의 팁을
주었다. 25달러. 이것은 그야말로 거액의 돈이었다. 그의 아
버지의 한 달 월급과 맞먹었던 것이다.

집으로 돌아왔을 때 아버지는 또다시 그에게 낡은 옷을 한
벌 건넸다. "너는 이 옷을 200달러에 팔 수 있겠니?" 아버지의
깊은 눈은 오래된 우물처럼 그윽하게 빛났다.

이번에 그는 주저하지 않았다. 그는 조용히 옷을 받아들고
생각에 잠겼다.

두 달 뒤, 드디어 기회가 찾아왔다. 인기 텔레비전 시리즈「미
녀 삼총사」의 여주인공 파라 포셋이 홍보 차 뉴욕을 방문한 것

이다. 기자회견이 끝나자, 그는 곁에 있던 보안 요원을 밀쳐내고 파라 포셋에게 뛰어들어 낡은 옷을 들이밀며 사인을 부탁했다. 파라 포셋은 어리둥절하다가 곧 미소를 지었다. 이렇게 순수한 소년의 요청을 거절할 사람은 아마 없을 것이다.

파라 포셋은 거침없이 사인했다. 소년은 까만 얼굴에 하얀 이를 드러내며 웃었다. "파라 포셋 여사님, 이 옷을 제가 팔아도 될까요?" "당연하지. 이건 네 옷인걸. 어떻게 하든 네 자유란다!"

소년은 "우와!" 하고 즐겁게 외쳤다. "파라 포셋의 친필 사인이 있는 티셔츠를 200달러에 팝니다!" 치열한 가격 경쟁 끝에 한 석유 상인이 1200달러의 비싼 값을 주고 티셔츠를 구매했다.

그가 집으로 돌아왔을 때, 아버지와 온 가족은 기뻐서 어쩔 줄 몰랐다. 아버지는 감동의 눈물을 흘리며 쉴 새 없이 그의 이마에 입을 맞췄다. "사실 난 네가 그 옷을 못 팔면 다른 사람에게 팔아 버릴 계획이었단다. 그런데 네가 정말로 해낼 줄이야! 정말 대단하구나! 내 아들, 정말 대단해 … "

밝은 달이 밤하늘에 떠올라 창문을 통해 부드러운 빛을 비추었다. 이날 밤, 아버지와 아들은 한 침대에 누웠다.

아버지가 물었다. "얘야, 세 벌의 옷을 팔면서 깨달은 게 있니?"

"저는 이제 깨달았어요. 아버지는 제게 큰 가르침을 주신 거예요." 그는 감동해서 말했다. "머리를 굴리면 방법이 있다는 사실을 말이에요."

아버지는 고개를 끄덕이더니 또다시 고개를 가로저었다. "네 말이 맞다. 하지만 그건 내 맨 처음 의도가 아니었단다. 나는 그저 네게 알려주고 싶었어. 1달러의 값어치밖에 없는 낡은 옷조차 가치가 높아질 수 있는데 하물며 우리처럼 살아있는 사람은 어떻겠니? 우리가 삶에 믿음을 잃을 이유는 어디에도 없단다. 우리는 그저 조금 까맣고, 조금 가난할 뿐이야. 하지만 그게 무슨 상관이니?"

바로 그 순간, 그의 마음속에 찬란한 태양이 떠올라 그의 몸과 눈앞의 세상을 환하게 밝혔다. "낡은 옷조차 가치가 높아질 수 있는데 내가 날 업신여길 이유가 없지!"

그때부터 그는 열심히 공부하고 운동하며 자신을 단련하기 시작했다. 미래에 대한 희망으로 가득차서 말이다! 20년 후, 그의 이름은 전 세계 구석구석까지 널리 퍼졌다. 그의 이름은 바로 마이클 조던이다!

당신이 인생을 바꾸고 싶다면 방법은 언제나 존재한다. 당신이 지금껏 갖지 못했던 것을 얻고자 한다면 당신이 지금까지 해보지 않은 일을 하라. 사실 운명을 바꾸는 건 그리 어렵지 않다. 당신이 기꺼이 시도한다면 말이다. 생명은 짧고 정신과 체력에는 한계가 있다. 인생의 몇십 년은 눈 깜짝할 사이에 지나간다. 스스로를 작은 새장 속에 가두지 말라. 안심하고 밖으로 나가 걷다보면 또 다른 세상, 새로운 인생과 만나게 될지도 모른다.

아무리 작은 기회라도 놓치지 말라

기회는 언제나 준비되어 있는 사람을 편애한다. 여기서 말하는 준비는 지식과 용기를 말하는데 어떤 면에서는 후자가 더 중요하다. 왜냐하면 보통 사람들의 지식과 능력은 그다지 큰 차이가 없기 때문이다. 당신은 세계 최고의 천재가 아니다. 어디에나 있는 평범한 사람일 뿐이다. 따라서 당신이 업무에서 두각을 나타내려면 오랜 시간이 필요하다. 한편 용기는 당신이 기회를 찾을 때 반드시 필요한 것이다. 용기는 재능을 발휘할 수 있는 무대이자 재능 그 자체이기도 하다. 용기가 강한지 약한지를 논하기 전에 우선 당신에게 용기가 있는지부터 살펴야 한다. 아래 이 여성의 경험은 용기의 중요성을 잘 보여준다.

나는 지금 여러모로 조건이 괜찮은 일을 하고 있다. 곰곰이
생각해보면 사실 이 일은 내가 아니라 다른 사람에게 돌아갔

어야 하는 일이다.

그해 나는 연속으로 대학입시에 떨어지는 바람에 하는 수 없이 민간 여자 중학교에서 학생들을 가르치게 되었다. 그 와중에도 나는 끊임없이 내게 더 잘 맞는 일을 찾기 위해 노력했다.

하지만 나는 이제 막 외진 시골을 벗어나 홀로 도시생활을 시작한 상태였다. 내게는 친척이나 친구가 없었고 '연줄'도 없었다. 신문 속 수많은 구인광고는 직업 고등학교 출신인 나를 매번 뒷걸음치게 만들었다. 당시 그 민간 여자 중학교에는 나와 함께 일하는 동료가 한 명 더 있었다. 그녀는 명문 대학 중문과 졸업생이었다. 그녀는 기관에서 일했었는데, 일이 뜻대로 되지 않자 홧김에 일을 그만 두었다. 그러다 나중에는 적당한 일자리를 찾지 못해 후회하다가 어쩔 수 없이 임시로 학생들을 가르치게 된 것이었다.

한번은 노동국 인재교류센터에서 직원 두 명이 문서 보관료를 받으러 그녀를 찾아왔다.(그녀의 개인 문서는 교류센터에서 대신 보관하고 있었다). 잡담을 나누다가 그 중 한 명이 그녀에게 어떤 대기업에서 행정실 주임을 구하는데 한 번 지원해보는 게 어떻겠냐고 말했다. 하지만 그녀는 "잘 아는 사람도 없는데 제가 어떻게 되겠어요?"라고 대답했다. 그러고 나서 그들은 곧 다른 화제로 넘어갔다.

한편 그 당시 애타게 기회를 찾고 있던 나는 그들의 대화를

듣고 나도 모르게 이런 생각이 들었다. '내가 시도해 보면 어떨까?'

퇴근 후, 나는 친한 친구 몇 명에게 물었다. "이 일에 과연 희망이 있을까?"

"희망이 있다 해도 1퍼센트 밖에 안 될걸. 어쩌면 0.1퍼센트일 수도 있어."

"1퍼센트의 희망은 없는 거나 마찬가지지."

나는 저녁 내내 한마디도 하지 않았다. 친구들의 말은 끊임없이 내 마음을 어지럽혔다. 사람은 뻔히 희망이 보이지 않는 일에는 기운을 내기가 힘든 법이다.

그런데 정말 희망이 없는 걸까? 정말 조금의 희망도 없는 걸까?

이튿날 나는 동이 트기 전에 일어났다. 인재교류센터의 그 직원이 했던 말이 어느새 또 다시 내 귓가에 맴돌고 있었다. 나는 문득 한 번 시도해 봐야겠다고 생각했다. 연습이라고 생각하고 말이다. 게다가 내 마음은 1퍼센트의 희망이든 0.1퍼센트의 희망이든, 그것 역시 희망이라고 말하고 있었다.

나는 마음을 정하고 즉시 내 능력을 증명해줄 만한 것들을 찾았다. 신문에 발표했던 글, 수상 증서, 신문사 우수 통신원 증명 등등. 나는 되든 안 되든 해보기로 결심했다.

이제 나는 무엇을 해야 할지 알게 되었다. 내가 노력해야 할 일은 바로 면접을 준비하는 과정이었다. '과정' 없이 '결과'를 말하는 건 명백한 탁상공론이다. 나는 이 '과정'의 수많은 세부 사항을 꼼꼼하게 준비했다. 나는 우선 회사 사장에게 자기소개서를 보냈고, 이틀 후 사장이 편지를 받았을 즈음 또다시 전화를 걸었다.

결국 나는 회사 사장과 면접을 보게 되었다. 그는 직접 나를 맞이했을 뿐 아니라, 내가 가져간 자료를 자세히 살펴보면서 이것저것 질문했다. 그는 이렇게 말했다. "자네처럼 직접 찾아와서 이렇게 중요한 직무에 지원하는 사람은, 게다가 해당 학력이나 경력도 없는 농촌 출신 젊은이는 이 도시에서 찾아보기 힘들다네."

그는 잠시 말을 멈추더니, "회사의 다른 임원들과 상의를 좀 해봐야겠지만, 지금 대충 결정할 수 있을 것 같네. 다음 주 월요일부터 출근하게"라고 말했다.

정말? 정말로?

당연히 정말이다!

지금 나는 베이징 주재 기관 두 곳에서 책임자로 일하고 있다. 내 남자친구도 나를 따라 서북부 소도시에서 수도로 옮겨와 사업의 신세계를 개척하고 있다.

본래 다른 사람의 것이었지만 그 사람이 쉽게 포기해버린 기회를 이 여성은 귀중한 보물처럼 손에 꼭 쥐고 열심히 그 기회를 실현시켰다. 이 경험은 그녀의 인생에 있어서 큰 수확이다. 그녀가 해낸 일의 의미는 그 일 자체를 훨씬 뛰어넘는다. 앞으로 그녀가 인생에서 어려움을 겪을 때마다 이 경험은 신비한 에너지가 되어 그녀가 한 걸음씩 목표를 이뤄나가는 데 버팀목이 되어 줄 것이다.

영혼이 이리저리 도망치지 않도록 하라

사람의 생명은 우스울 정도로 짧다. 우리는 이 짧은 생명 안에서 어떻게 살아야 할까? 어떤 사람은 온갖 방법을 써서 삶에서 도망친다. 그리고 어떤 사람은 자신의 몸과 마음을 전부 삶에 바친다. 전자는 만년에 정신적으로 공허하고 아무런 추억이 없다. 후자는 정신적으로 풍족하며 수많은 추억이 있다.

인생을 살다보면 원하지 않는 일들을 마주하게 된다. 그리고 이 일들을 해결해야만 진정으로 삶을 즐길 수 있다. 그러니 결과가 어떻든 간에 삶에서 도망치는 사람은 되지 말자.

그는 평범한 외모에 이름 없는 전문대를 졸업한 사람이었다. 하지만 명문대를 졸업하고 석사, 박사 학위를 가진 지원자들 틈에서 그의 태도는 마치 외국 대학을 나온 유학생처럼 당당했다.

그의 자신만만한 태도에도 불구하고 면접관은 그에게 직무를 담당하기에는 전문지식이 부족하다는 냉정한 평가를 내렸다. 그리고 그 말은 사실이었다.

그는 자신이 탈락했다는 사실을 깨닫고 실망한 듯 보였다. 하지만 실망스러운 표정은 금세 사라졌다. 그는 바로 면접장을 나가지 않고 웃으면서 면접관에게 말했다. "실례지만 혹시 명함 한 장 주실 수 있나요?"

면접관은 살짝 당황했지만 표정은 여전히 냉랭했다. 그는 면접에 탈락하고도 끝까지 매달리는 지원자들을 좋아하지 않았다.

"비록 우리가 같은 회사에서 일할 수는 없지만 친구로 지낼 수는 있으니까요." 그는 이렇게 설명했다.

"그렇게 생각하세요?" 면접관은 무시하는 말투로 물었다.

"어떤 친구든 처음에는 모르는 사이에서 시작하는 법이죠. 나중에 같이 탁구 칠 사람이 필요하면 제게 연락하세요."

면접관은 잠시 그를 바라보다가 명함을 꺼냈다.

그 면접관은 정말로 탁구를 좋아하는 사람이었다. 그리고 그의 친구들은 다들 너무 바빴다. 그는 같이 탁구 칠 사람이 없는 게 항상 고민이었다. 나중에 면접관과 지원자는 정말로 친구가 되었다.

친해진 후에 면접관이 지원자에게 물었다. "넌 그때의 네 요구가 지나쳤다고 생각하지 않니? 넌 고작 일자리를 구하러 온 사람일 뿐이었는데 말이야. 너 자신을 너무 과대평가하는 거 아니니?"

그는 대답했다. "난 그렇게 생각하지 않아. 난 사람은 누구나 다 평등하다고 생각해. 지위나 재산, 학력, 가정환경 같은 건 나한테 아무런 의미가 없어."

면접관은 웃었다. 그는 이 친구가 귀엽게 느껴졌다. 그가 웃으며 물었다. "만약 그때 내가 너를 무시했으면 어쩌려고 했어?"

"어쩔 수 없었겠지. 하지만 시도조차 하지 않는 건 나 스스로 용납할 수 없어. 사람들이 어떤 일을 하지 못하는 이유는 실패가 두려워서가 아니야. 실패하고 나서 창피할까 봐 두려운 거지. 사람들은 실패가 부끄럽다고 생각하니까. 하지만 정말로 부끄러운 건 실패가 아니라 시작할 용기가 없는 거야."

그는 계속해서 말했다. "대학 시절에 나는 좋아하는 여학생이 있었어. 그런데 그 애한테 거절당할까 봐 두려웠지. 그 애가 '너는 좋은 사람이야. 하지만 … '이라고 말할까 봐 말이야. 만약 그런 말을 듣게 된다면 창피해서 얼굴을 들고 다닐 수 없을 테니까. 그래서 대학 4년 동안 나는 그 애를 멀리서 지켜보기만 했어. 나중에서야 우연히 그 애도 사실 내게 마음이 있었다는 사실을 알게 됐지. 하지만 그때 그 애는 이미 다른 사랑을 찾은 후였어. 난 원래 내 것이 될 수 있었던 행복을 놓친 거야!

이 일은 지금까지도 내게 가장 큰 아쉬움으로 남아 있어. 나는 이 일을 굉장히 후회하며 가슴 아파했지. 그때부터 나는 마음이 약해지고 물러서고 싶은 생각이 들 때마다 이 일을 떠올리면서 나 자신을 타일러. 실패를 두려워하지 말라고. 안 그러면 계속 기회를 놓치게 될 테니까. 지금 난 무슨 일이든 용감하게 마주할 수 있어. 내 앞에 있는 게 매력 있는 여자든, 수많은 사람들 앞에 놓인 강단이든, 나는 망설이지 않고 다가갈거야. 비록 실패할 수도 있고, 내 자격이 부족할 수도 있지만말이야."

도망칠 수 있다고 생각하지 말라. 당신이 내딛은 발걸음 하나하나가 최후의 결과를 결정한다. 마주하는 것, 이것이 인생을 대하는 올바른 마음가짐이다. 훌륭한 인물이 되고 성공하기 위해서는 용감히 나아가야 한다. 마주해야만 가질 수 있다. 나중에 원하던 결과를 얻지 못했다 하더라도 큰 아쉬움은 남지 않을 것이다. 우리의 이야기는 결과도 중요하지만 과정도 똑같이 아름다우니까.

운명은 인생의 심판이 아니다

위대하고 고귀한 인물의 가장 큰 특징은 바로 그들의 굳은 의지다. 환경이 어떻게 변하든지 간에 그들의 초심과 희망은 조금도 바뀌지 않는다. 그들은 결국 장애물을 극복하고 기대했던 목표에 도달한다. 넘어지면 다시 일어서 실패 속에서 승리를 찾는다. 이것이 바로 성공한 사람들의 성공비결이다.

어떤 사람이 아이에게 어떻게 스케이트를 탈 수 있게 됐는지 물었다. 아이는 대답했다. "넘어지면 일어서고 일어서서 또 넘어지고 하다보니까 탈 수 있게 됐어요." 사람을 성공시키고 전쟁에서 승리하게 만드는 것 역시 이런 정신이다. 넘어지는 건 실패가 아니다. 넘어지고 나서 다시 못 일어나는 것이 실패다.

권투 경기장에서 권투 선수가 쓰러지는 그 순간, 그의 눈앞은 온통 관중들의 비웃음뿐이다. 그의 마음은 실패에 대한 치욕으로 가득하다. 그는 그곳에 쓰러져 있다. 머리는 어지럽고 눈은 침침하다. 다시 움직이고 싶은 생각은 전혀 없다. 심판은 계속해서 숫자를 센다. 1, 2, 3, 4 … 그런데 그에게는 아직 조금의 힘이 남아 있다. 심판이 숫자를 다 세기 전에 그는 다시 일어나 몸의 먼지를 털고 지친 정신을 가다듬어 다시 한 번 싸움에 집중한다. 이것이 권투선수의 직업 정신이다. 이런 직업 정신이 없다면 아무리 실력이 강해도 제대로 된 스포츠맨이라 할 수 없다.

사실 인생은 때때로 진짜 권투경기 같다. 인생이라는 경기장에서 우리가 뜻밖의 '재난'에 쓰러지고 낙담하는 건 정상이다. 우리는 한쪽에 가만히 쓰러져 있고 싶을 수도 있다. 그렇다. 우리에게는 몸과 마음을 회복할 시간이 필요하다. 하지만 아주 조금이라 할지라도 일단 회복하고 나면 바로 일어서야 한다. 또다시 녹다운을 당할지라도 주저하지 말고 일어서야 한다. 백 번을 맞고 쓰러지더라도 일어서야 한다. 왜냐하면 일어서지 않으면 영원히 패배하기 때문이다. 계속 일어서면 아직 역전할 가능성은 남아 있다.

마가렛 미첼은 세계적으로 유명한 작가다. 그녀의 명작 『바람과 함께 사라지다』는 전 세계에 명성을 떨쳤다. 그러나 세기의 명작을 쓴 여류작가의 창작생활은 결코 우리가 상상하는 것처럼 평탄하지 않았다. 그녀의 창작생활에는 우여곡절이 많았다. 마가렛 미첼은 글을 써서 생계를 꾸려 나갔다. 다른 수입이 없었기 때문에 그녀의 생활은 상당히 고달팠다. 처음에 출판사는 그녀의 원고를 출판해 주려고 하지 않았다. 그래서 그녀는 오랜 시간 동안 생계를 걱정해야 했다. 하지만 마가렛 미첼은 결코 물러서지 않았다. 그녀는 "그 시기에 저는 너무 막막했고, 포기할까도 생각했습니다. 하지만 저는 늘 저 자신에게 '왜 그 사람들이 내 작품을 출판하려고 하지 않을까? 분명 내 작품이 별로이기 때문일 거야. 그러니까 나는 반드시 더 좋은 작품을 써야 해'라고 말했습니다."

몇 년의 노력 끝에 『바람과 함께 사라지다』가 세상에 나왔다. 마가렛 미첼은 감격의 눈물을 흘렸다. 그녀는 인터뷰에서 이렇게 말했다. "『바람과 함께 사라지다』를 출판하기 전에 저는 수많은 출판사에서 천 통이 넘는 거절 편지를 받았습니다. 하지만 저는 용기를 잃지 않았어요. 거절 편지는 제 작품을 출판할 수 없다는 의미가 아니라, 제 작품이 아직 부족하다는 의미였으니까요. 거절 편지는 제게 능력을 향상시키라는 신호였습니다. 그래서 저는 그 어느 때보다 더 노력했고, 결국 『바람과 함께 사라지다』를 쓰게 되었습니다."

넘어지고 일어서는 사람은 용사다. 반면 넘어지고 쓰러져 있는 사람은 겁쟁이다! 일어설 기회를 포기한 채 의기소침하게 땅바닥에 앉아 있으면 아무도 당신을 부축해주지 않는다. 남들의 경멸과 혐오를 받을 뿐이다. 당신이 쓰러져 있기를 원한다면 남들은 당신을 일으켜 세울 수가 없다. 남들이 일으켜 세운다 해도 결국 또 쓰러질 것이다. 넘어지는 걸 두려워할 필요는 없다. 넘어지고 나서 일어나지 않는 걸 두려워해야 한다. 이것이 성공한 사람과 실패한 사람의 차이다. 이 세상에서 가장 동정할 가치가 없는 사람이 바로 실패에 주저앉는 사람이다. 스스로를 부정하는 사람이 어떻게 다른 사람의 인정을 받을 자격이 있겠는가? 자포자기하는 사람은 세상에서 가장 불쌍한 사람이다. 그들의 마음은 스스로를 멸시하는 독사에게 물려 영혼의 피를 잃었을 뿐 아니라 필사적인 용기를 상실했기 때문이다. 더욱 비참한 건 그들의 마음에 이미 세상을 비관하고 절망하는 독액이 주입되어 건강했던 영혼마저 점차 시들어 간다는 사실이다.

현실을 받아들이되 현실에 지지 말라

아쉬움은 사람들을 타락시키기도 하고, 정신을 차리게도 한다. 또한 사람들을 쓰러뜨리기도 하고 앞으로 나아갈 수 있도록 용기를 주기도 한다. 우리는 똑같은 일을 보고도 서로 다른 태도를 취할 수 있다. 우리가 긍정을 선택하고 적극적으로 노력하면 반드시 눈앞에 펼쳐진 아름다운 풍경을 보게 될 것이다.

인생에서 후회는 두려운 것이 아니다. 두려운 건 우리가 후회에 빠져 앞으로 나아가지 못하는 것이다. 돌이킬 수 없는 것처럼 보이는 비극도 우리가 강한 의지로 용감히 마주하면 인생의 항로를 바로잡고 아름다운 인생을 창조하며 인생의 가치를 실현할 수 있다.

리지 벨라스케스는 자신의 두 번째 책이 배달되자 책을 꼭 껴안고 잉크 냄새를 맡았다. 이제 막 스물세 살이 된 그녀는 기쁘게 웃었다. 그녀의 웃는 얼굴은 아름답지 않았고, 심지어 이를 드러낸 해골처럼 보였다. 하지만 그녀의 얼굴은 자신감과 만족으로 충만했다.

그렇다. 웃든 안 웃든, 리지는 못생겼다. 이 모든 건 그녀가 태어날 때부터 정해진 비극이었다. 그녀는 4주 일찍 태어났고 신생아조로증(현재까지 전 세계에 약 두 건이 더 있다)이라는 희귀병을 앓았기 때문에 선천적으로 지방이 부족했다. 의사는 1킬로그램도 안 되는 그녀를 보고 하마터면 사망선고를 할 뻔했다. 하지만 그녀는 살아났고 골격과 내장 발육도 모두 정상적이었다. 다만 그녀는 영원히 뼈만 앙상한 모습으로 살아가야 했다. 두 살이 되었을 때 그녀는 고작 5개월짜리 갓난아기만 한 크기였다.

작고 마른 그녀에게 보통의 아동복은 지나치게 컸다. 어머니는 하는 수 없이 장난감 가게에 가서 인형이 입는 옷을 샀다. 현대 의학으로는 이런 병을 치료할 수 있는 방법이 없었다. 체내에 지방조직이 부족했기 때문에 그녀는 매일 15분에서 20분마다 고열량 음식을 먹어야 했다. 하지만 이렇게까지 했는데도 그녀가 성인이 되었을 때의 몸무게는 26킬로그램이 고작이었다. 한편, 몸무게가 가벼운 건 큰 문제가 아니었다. 지방이 없어서 오직 피부로만 뼈를 감싸고 있었기 때문에 그녀의 눈은 전구처럼 튀어나왔고, 이는 힘없는 잇몸 아래서 앞으로 돌출됐다. 얼굴과 몸 곳곳은 가죽 아래 있는 뼈가 드러났다. 메마른 팔다리는 성냥 네 개가 몸에 달라붙은 것처럼 보였고, 갈색이었던 오른쪽 눈은 네 살 때 파란색으로 변했다가 나중에는 시력을 잃었다. 이런 외모로는 웃든 안 웃든, 일반인에게는 악몽이나 공포 영화 속 흡혈귀 또는 머리 큰 외계인처럼 보였다. 리지가 어디를 가든지 사람들은 수군대며 그녀를 비웃었다. 심지어 놀라서 소리를 지르거나 도망치는 사람도 있었다. 리지는 어려서부터 셀 수 없이 많은 경멸의 눈초리를 받아야 했다. 그녀는 밖으로 나가는 게 두려워졌다. 자신에게 죄가 있을지도 모른다고 생각한 그녀는 목사를 찾아가 참회하고 눈물 흘리며 하느님께 대답을 구했다. 하지만 이런 노력은 그녀의 외모도, 남들의 시선도 바꿔주지 못했다. 그녀에게는 친구가 없었다. 그녀는 고개를 들 수 없었다.

나중에 리지는 인터넷을 할 수 있게 되었다. 자신감이 없었던 리지는 인터넷 속으로 숨어 버렸다. 하지만 인터넷도 그녀의 은신처가 되어 주지는 못했다. 어느 날 그녀가 메일함을 열었을 때 메일 하나가 반짝이고 있었다. 그녀는 그 메일을 열었다. 메일에는 이렇게 적혀 있었다. "이 세상에서 가장 못생긴 여자, 괴물아. 너는 왜 죽지 않니? 왜 자살하지 않니! … " 리지의 눈가에 눈물이 맺혔다. 그녀는 메일함을 닫고 또 다른 웹 사이트로 들어가 훑어보기 시작했다. 그런데 게시판은 온통 그녀의 사진과 그녀를 공격하는 말로 가득했다. 사이트의 모든 사람들이 그녀가 괴물이라고, 그녀가 죽어야 한다고 생각하고 있었다.

이때 고열량 음식을 먹어야 할 시간이 되었다. 어머니는 큰 소리로 그녀를 불렀다. 그녀는 컴퓨터에서 멀어져 식탁으로 걸어가 초콜릿 한 입을 베어 물었다. 별안간 위가 메스껍게 느껴졌다. "안 넘어가요!" 그녀는 괴로움에 울부짖었다. 사정을 알게 된 어머니가 그녀를 타일렀다. 하지만 리지는 아무리 해도 감정을 추스를 수 없었다.

리지는 3일 동안 거의 아무것도 먹지 못했다. 무슨 이유에서인지 그녀는 하루아침에 미국 전체의 유명인사가 되어 있었다. 그녀는 인터넷을 할 때마다 파도처럼 밀려드는 공격과 마주해야 했다. 그들은 마치 전생에 그녀에게 원한이라도 있었던 것처럼 그녀를 향해 온갖 악랄하고 상스러운 말들을 던졌다. 그녀의 눈은 더욱 빨갛게 부었고, 체중이 줄면서 열이 나기 시작했다.

어머니는 수심에 가득 찬 얼굴로 출장에서 돌아온 아버지를 맞이했다. 아버지는 침대로 다가가 우울해있는 리지에게 말했다. "왜 아무것도 먹지 않니?" 그녀는 머리를 감싸며 날카롭게 외쳤다. "안 먹어! 안 먹어! 안 먹는다고! 먹으나 안 먹으나 나는 죽어야 되는 사람이란 말이야!" 아버지는 아무 말 없이 그녀를 컴퓨터 앞으로 데려가 사이트를 하나씩 열어보게 했다. 사이트는 그녀를 공격하고 조롱하는 글로 가득했다. 그녀는 흐느끼며 말했다. "보세요. 모든 사람이 다 저를 욕하고 있어요." 아버지는 마우스를 클릭하더니 말했다. "이건 널 응원하는 글이잖니? 이것도 널 격려하는 글이잖아?" 그녀의 눈물이 더욱 거세졌다. "고작 세 명뿐인 걸요." 아버지는 화를 내며 말했다. "너는 왜 너를 욕하는 오천 명은 보면서, 너를 지지하는 세 명은 보지 못하는 거니? 설사 온 세상 사람들이 너를 욕하더라도 그게 어때서? 나와 네 엄마는 여전히 너를 사랑하지 않니? 만 명이 너를 욕한다고 해서 그 사람들이 어떻게 널 바꿀 수 있겠니? 너를 지배할 수 있는 건 오직 너 자신뿐이야. 너는 네가 하고 싶은 일을 하면 돼. 만 명의 사람도 너 하나만 못하니까!"

리지는 멍해졌다. 그렇다. 남은 남이고, 내가 무엇을 할지는 내가 정하는 것이다. 그렇다면 뭔가를 해보자. 그녀는 스스로를 위해 네 가지 목표를 세웠다. 첫 번째는 자기계발 강사가 되는 것이었고, 두 번째는 책을 내는 것이었으며, 세 번째는 대학에 가는 것, 네 번째는 가정을 꾸리고 직업을 갖는 것이었다. 그녀는 남들이 뭐라 하든 신경 쓰지 않고 전심전력으로 자신의 목표를 향해 노력했다. 마침내 그녀는 텍사스대학교 오스틴 분교의 학생이 되었고, 그녀의 두 번째 책 『아름답고 싶다면 자신이 되어라』도 출판했다. 그녀는 또 소원대로 사람들을 격려하는 강사가 되었다. 그녀는 다양한 자리와 매체를 통해서 사람들과 자신의 생각을 나눴다. 그녀는 못생긴 사람이 어떻게 어려움에서 벗어나고 친구를 사귀어야 하는지 알려 주었다. 그녀는 사람들의 비웃음을 신경 쓰지 말라고 말했다. 인터넷에서 남을 비웃는 사람들은 겁쟁이이며 그들은 인터넷에서 진짜 자신을 드러낼 용기가 없다고, 컴퓨터를 끄고 나면 그들이 했던 말은 모두 근거 없는 험담에 불과하며 아무런 가치도 없다고 말이다.

이제 길에서 누군가 이상한 눈으로 리지를 바라보면, 그녀는 자연스럽게 인사하거나 다가가서 자신의 명함을 건넨다. "안녕하세요. 저는 리지 벨라스케스예요. 여기서 다른 사람을 빤히 쳐다볼 시간에 공부를 하는 게 더 나을 것 같네요."

리지는 자신이 아름답지 않다는 사실을 잘 알고 있다. 하지만 그녀는 그래도 괜찮다고 생각한다. 사람들에게 더 직접적으로 가장 진실한 자신을 보여줄 수 있으니까. 그녀는 말한다. "저는 자신감을 갖지 못할 이유가 없어요. 저는 계속 노력하고 있어요. 제 인생에서는 만 명의 사람도 저 하나만 못하니까요."

하느님은 공평하다. 하느님은 모든 사람에게 꿈을 실현할 권리를 주었다. 관건은 당신이 어떤 선택을 하느냐이다. 자질구레한 일에 얽매여 있고 심한 스트레스를 받는 건 우리가 꿈을 포기할 이유가 되지 않는다. 신체적 장애가 있지만 굳센 의지를 가진 사람 앞에서 당신은 고개를 들 수 없을 것이다. 행복은 물질의 많고 적음에 달린 게 아니라 영혼이 부유한지 가난한지에 달려 있다. 당신의 마음이 강해져야 세상도 강해진다.

아무리 척박한 땅이라도 알맞은 씨앗이 있다

아무리 척박한 땅이라도 그 땅에 알맞은 씨앗이 있다. 사람들은 성공하기 전까지 자신만의 씨앗을 찾기 위해 노력한다. 물론 당신은 사막에서 싱싱한 연꽃을 기대해서는 안 된다. 연못에서 선인장이 자라나길 바라서도 안 된다. 하지만 일단 자신에게 알맞은 씨앗을 찾아내면 조만간 풍성한 열매를 맺을 수 있다.

아직 씨앗을 찾아 헤매는 사람들에게 그 과정은 길고 고생스럽다. 그 과정은 막막하고 가시덤불과 좌절로 가득하지만 자신의 능력을 믿고 강한 의지를 갖는다면 반드시 언젠가, 어딘가에서 자신만의 씨앗을 발견하게 될 것이다.

몇 년 전, 한 산골에 공부를 잘하는 남자아이가 있었다. 그런데 그는 대학입시에 떨어져서 마을 초등학교의 임시 교사로 일하게 되었다. 그가 수학문제를 제대로 설명하지 못하자 학교는 일주일 만에 그를 해고했다. 아버지는 그를 위로했다. 머릿속에 가득 찬 지식을 쏟아내는 사람도 있고 쏟아내지 못하는 사람도 있는 법이니 상심하지 말라고, 더 잘 맞는 일이 기다리고 있을 거라고 말이다.

그후 남자는 외지로 나가서 일했다. 그는 차례로 택배원, 시장관리인, 영업 대표 등의 일을 해 보았지만 전부 도중에 포기했다. 하지만 매 번 그가 풀이 죽어 집으로 돌아올 때마다 그의 아버지는 한결같이 그를 위로해 주었고, 단 한 번도 꾸짖지 않았다. 서른 살이 되었을 때, 남자는 언어적 재능을 발휘해서 농아학교의 지도사로 일하게 되었다. 나중에 그는 자신만의 장애인학교를 설립했고, 더 나중에는 장애인 용품 체인점을 설립했다. 이때 그는 이미 큰 부자가 되어 있었다.

어느 날 그가 아버지에게 물었다. 예전에 자신이 매 번 실패만 하고 풀이 죽어있을 때, 아버지는 어떻게 자신에 대한 믿음을 버리지 않을 수 있었느냐고 말이다.

평생 농사일만 하며 살아온 이 노인의 대답은 소박하고 간결했다. 아버지는 말했다. 밀을 심기에 적당하지 않은 땅에는 콩을 심어보면 된다. 만약 콩도 제대로 자라지 않으면 과일을 심어보면 된다. 만약 과일도 시원찮거든 메밀 씨를 뿌리면 반

드시 꽃이 핀다. 왜냐하면 어떤 땅이든 그 땅에 어울리는 씨앗
이 있게 마련이고, 그 땅에 속한 수확을 낼 수 있기 때문이다.

　사람들은 저마다의 독특함을 가지고 세상에 태어나 자신만의
가치를 지닌다. 즉, 모든 사람은 저마다 유일무이한 존재로서 '반
드시 필요한' 재능을 가지고 있다. 다만 어떤 때는 이 재능이 너무
깊이 숨어 있어서 온 힘을 다해야만 캐낼 수 있다. 어떤 때는 이
재능이 남들의 인정을 받지 못하기도 한다. 그러나 우리는 절대
로 자기 자신을 부정해서는 안 된다. 인생의 좌절과 실패 때문에
자신의 능력을 의심해서는 더더욱 안 된다. 자신감이 사라지면 우
리 인생에 메울 수 없는 손해를 남기기 때문이다.
　그러니 다른 사람이 가진 행복을 자신은 가질 수 없다고 생각하
지 말라. 자신에게 자격이 없다고 생각하지 말라. 자신은 운 좋은
사람들과 다르다고 생각하지 말라. 어떤 사람은 자신감이 성공의
절반이라고 말했다. 그렇다. 자신감이 성공의 전부는 아니지만,
자신감의 중요성을 인식하지 못한다면 언젠가 이 절반의 기회마
저 잃게 될 것이다.
　운명은 다시 쓸 수 있고 열등감은 극복할 수 있다. 열등감을 극
복하는 과정은 마음을 단련하고 자아를 초월하는 과정이다. 역경
속에서 그저 운명을 원망하고 자신이 세상에서 가장 불행하다고
생각하면 열등감의 저주는 영원히 풀 수 없다. 열등감을 없애려

면 우선 객관적이고 평온한 마음으로 자기 자신을 바라봐야지 단점만 계속 바라보면 안 된다. 단점만 보면 자신에게 아무런 장점이 없는 것처럼 느껴지기 때문이다. 기억하라. 포기하지 않으면 언젠가는 자신만의 씨앗을 찾게 될 것이다.

패배를 인정하지 않는 한 아직 패배한 게 아니다

성공한 사람은 모두 자신만의 특징이 있지만, 한 가지 공통점을 가지고 있다. 바로 패배를 인정하지 않는 정신이다. 이 힘은 외부에서 오는 게 아니라 마음속에 있다. 이 힘은 천하무적이다.

성공은 패배를 인정하지 않는 데서 온다. 포기해 버리면 앞에서 한 노력이 물거품이 되어, 눈을 뻔히 뜨고 다른 사람이 승리하는 모습을 바라봐야 한다. 성공한 사람들은 수많은 위기를 겪었다. 시간이 흐르면 상황도 변하듯이 많은 사람들이 이미 인생의 경기장에서 물러났지만 이러한 기질과 정신은 아직 남아 있다. 그들의 눈빛에는 실패를 인정하지 않는 정신이 엿보인다.

2010년 월드컵을 앞두고 독일의 전차군단은 만발의 준비를 갖췄다. 선수들은 모두 월드컵에서 실력을 뽐내기 위해 단단히 벼르고 있었다. 그런데 가장 중요한 순간, 뜻밖의 사건이 하마터면 월드컵에 대한 독일 대표팀의 꿈을 파괴할 뻔했다. 독일 대표팀 주장 미하엘 발라크가 부상 때문에 월드컵에 나가지 못하게 된 것이다. 전 세계 축구팬들은 발라크가 독일 대표팀에게 얼마나 중요한 존재인지 잘 알고 있었다. 이 독일 대표팀의 정신적 지주 한 명이 축구팀 절반과 맞먹는다고 말하는 사람도 있었다.

큰 타격을 입은 독일 대표팀은 불완전한 진영으로 월드컵 여정을 시작했다. 가뜩이나 평범한데다가 핵심 역량까지 잃은 독일 대표팀의 앞날이 밝다고 예상하는 사람은 아무도 없었다. 하지만 이어지는 시합에서 사람들은 눈이 휘둥그레졌다. 골이 많지 않고 시합 분위기가 갑갑했던 2010년 월드컵에서 독일 대표팀은 매 경기마다 화려하고 멋진 골을 넣으며 강한 상대들을 하나씩 제쳐 나갔다. 특히 스물한 살밖에 안 된 뮐러의 활약이 돋보였다. 골과 어시스트를 막론하고 그는 2010년 월드컵에서 가장 눈부신 스타가 되었다.

토너먼트에 들어서서 얼마 후, 독일 대표팀은 우승 가능성이 상당히 높은 아르헨티나 대표팀과 맞붙게 되었다. 아르헨티나의 팜파스 용사들은 메시와 같은 뛰어난 스타플레이어뿐 아니라 빈틈없는 공수능력을 갖추고 있었다. 아르헨티나 대표팀은 축구의 왕 마라도나의 지휘 아래서 용맹하게 전진했다. 이들을 막을 수 있는 건 아무것도 없는 것처럼 보였다.

이 생사의 경기를 앞두고 기자 한 명이 뮐러를 인터뷰했다. 그는 뮐러에게 부담이 크지 않느냐고 물었다. 뮐러는 엄숙한 표정으로 기자에게 말했다. "아르헨티나는 강력한 우승후보이자 굉장히 강한 축구팀입니다. 하지만 아무리 강한 상대를 만나더라도 우리는 죽을 힘을 다해 싸워야 합니다. 다리가 부러지는 한이 있어도 성공에 대한 갈망을 포기해서는 안 됩니다." 경기가 시작되자 뮐러는 역시나 강한 승부욕을 보여 주었다. 그는 정신없이 뛰어다니며 공세를 펼쳤다. 뮐러의 목숨을 건 공격에 그를 수비하던 아르헨티나 대표팀의 수비라인은 강한 압박을 느꼈다. 일순간 아르헨티나 대표팀의 수비라인에 연이어 위기가 찾아왔다. 뮐러의 인솔 하에 독일 대표팀의 열정이 폭발했다. 물밀듯이 밀려드는 공격에 아르헨티나 대표팀의 수비라인과 의지는 완전히 무너졌다.

호루라기 소리가 울렸을 때, 전 세계는 깜짝 놀랐다. 독일 대표팀은 커다란 승리로 사람들에게 게르만인의 의지와 용기를 보여주었다. 특히 뮐러는 뛰어난 활약으로 전 세계의 주목을 받았다. 그가 관중들에게 감사 인사를 하려고 경기장 가장자리로 걸어갔을 때, 경기장에 있던 몇만 명의 관중들은 잇달아 자리에서 일어나 이 축구장의 영웅에게 박수와 존경을 보냈다.

2010년 월드컵이 끝난 후, 뮐러는 우세한 어시스트 수로

2010년 남아공 월드컵 득점왕을 차지하며 독일 대표팀에게 월
드컵 골든슈를 안겨 주었다.

인생의 길에서 우리는 항상 자신보다 강한 상대나 극복이 불가
능해 보이는 어려움을 만나게 된다. 당신은 자신이 실패할 확률
이 높다고 생각할 것이다. 스스로 실패를 거의 확신할 때, "나는
순순히 승리를 넘겨주지 않아!"라고 말하면서 마음속 투지를 불
태워 보자. 승산이 낮더라도 한번 부딪혀 봐야 한다. 당신이 평소
보다 뛰어난 능력을 발휘하지 못할 거란 보장이 어디 있는가? 상
대가 실수하지 않을 거란 보장이 어디 있는가? 세상일은 예측이
어렵다. 직접 해봐야만 결과를 알 수 있다.

모두가 당신이 승리할 수 없다고 생각할 때일수록 당신은 더
욱 포기해서는 안 된다. 당신은 그들이 틀렸다는 사실을 증명해
야 한다. 남들이 당신을 우습게 볼 때 당신은 더욱 자신에게 자신
감을 심어주며 이런 질문을 던져야 한다. "어차피 누군가는 이길
텐데, 왜 내가 그 사람이 되면 안 되지?" 구석에 앉아서 남들이 우
승컵을 들고 즐겁게 웃는 모습을 부러워하고 싶지 않다면 용감하
게 도전하라. 그리고 꽃다발과 박수를 받는 승리자가 되려고 노
력하라.

Chapter 03

사랑과 결혼 사이

사랑은 두 영혼의 결합이다. 사랑은 이성 때문에 식거나 커다란 포부 때문에 끝나지 않는다. 사랑은 두 번째 생명이다. 사랑은 영혼에 스며들어 혈관 하나하나를 따뜻하게 만들고 맥박이 뛸 때마다 그 속에 살아 움직인다.

서로 사랑해야만 사랑이라 할 수 있다

"담배가 성냥을 사랑하면 상처받게 되어 있다. 쥐가 고양이를 사랑하면 사라지게 되어 있다." 당신이 사랑하지 않는 사람을 선택하는 건 그 사람의 존엄을 짓밟는 일이다. 반대로 당신을 사랑하지 않는 사람을 선택하는 건 자신의 존엄을 짓밟는 일이다. 언젠가 과거를 돌아볼 때 가장 마음 아픈 건 지나간 감정이 아니라 잃어버린 존엄이다. 우리는 모두 사랑을 위해 바보 같은 짓을 했던 경험이 있다. 그러나 진정한 사랑은 두 사람이 서로 사랑하는 것이다!

『바람과 함께 사라지다』에서 스칼렛은 소녀 시절부터 이웃집 청년 애슐리를 열렬히 사모해왔다. 스칼렛은 애슐리를 만날 때마다 자신의 모든 열정을 쏟아 붓지만 그는 전혀 알아채지 못한다. 스칼렛이 애슐리에게 그녀의 사랑을 고백했을 때, 또 다른 청년 레트가 그 모습을 보고 스칼렛에게 관심을 갖기 시작한다. 애슐리는 스칼렛의 진심을 받아 주지 않고 사촌 여동생 멜라니와 결혼한다. 스칼렛은 깊은 슬픔에 빠지지만 애슐리에 대한 사랑은 조금도 줄어들지 않는다.

나중에 내전이 발발하자 레트는 군수품을 운송하는 장사를 시작하고, 이 일을 핑계로 여러 번 스칼렛에게 접근한다. 그는 스칼렛의 독립적이며 굳센 성격과 아름다움, 고귀한 기품을 높이 사며 그녀에게 열정적으로 구애한다. 그는 그녀가 전통적인 관습의 속박에서 벗어나 영혼의 진실함과 반항심을 일깨우고 진정한 행복을 추구할 수 있도록 이끌어 준다. 스칼렛은 레트의 강렬한 애정 공세를 이기지 못하고 그와 결혼하지만 여전히 애슐리에 대한 감정을 정리하지 못한다. 레트가 아무리 그녀를 사랑해 주어도 그녀는 행복을 느끼지 못하고, 그에게 진짜 사랑을 주려 하지 않는다. 결국 그들의 결혼 생활에는 깊은 균열이 생긴다. 나중에 그들의 사랑하는 딸이 사고로 목숨을 잃자 레트는 비통에 빠진다. 스칼렛에 대한 믿음도 사라진 그는 결국 그녀 곁을 떠난다. 레트가 떠나자 스칼렛은 그제

야 자신이 정말로 사랑했던 사람이 레트였다는 사실을 깨닫는
다. 하지만 후회해도 소용이 없었다.

스칼렛은 자신을 사랑하지 않는 남자 때문에 진정한 사랑을 찾
아야 할 두 눈이 멀어 버렸다. 그래서 평생 공허함을 좇으며 존재
하지도 않는 사랑을 추구했다. 진정한 사랑이 계속 자신을 따라
다니는데도 그녀는 여러 차례 무시했다. 레트는 자신을 사랑하지
않는 여자를 선택했고 그녀를 위해 청춘과 마음을 바쳤지만 결국
에는 상처만 남았다. 이 둘은 모두 잘못된 선택 때문에 자신의 감
정을 헛되이 낭비하며 비극을 초래했다.

서로가 원해야만 진실로 완벽하고 오랜 행복을 주는 사랑을 만
들 수 있다. 이런 사랑은 사랑의 당사자가 서로의 동의하에 함께
노력하며 만들어 가는 것이다. 손뼉도 마주쳐야 소리가 난다. 한
사람만 노력하고 다른 한 사람은 반응이 없으면 사랑의 새싹은 튼
튼하게 자랄 수 없다. 사랑의 꽃도 풍성한 열매를 맺지 못한다.

사랑을 찾을 때는 자신이 깊이 사랑하는 동시에 자신을 사랑해
주는 사람, 도덕관념이나 인생의 이상, 신앙이 비슷한 사람을 찾
아야 한다. 이런 사랑을 찾는 게 무척 힘들고 자신에게 맞는 배우
자가 한참동안 나타나지 않더라도, 우리는 진정한 사랑에 대한 꿋
꿋한 믿음으로 "부족할지언정 아무렇게나 채우지 않는다"는 마음
을 가져야 한다. 자신에게 맞지 않는 '사랑'은 행복을 가져다주지

못한다. 청춘과 감정을 낭비하고 영혼에 상처를 남길 뿐이다. 게다가 이런 '사랑'은 우리가 진정한 사랑에 대한 믿음을 잃고 상처 투성이가 되어 더 이상 진정한 사랑을 시도하지 못하도록 자신감을 빼앗는다. 이런 식으로 인생의 진정한 사랑을 놓친다면 커다란 비극이 아니고 무엇일까?

같은 차원의 사람을 사랑하라

수컷 공작은 아름다운 날개를 가졌지만 노래를 부르지 못한다. 수컷 공작이 나이팅게일처럼 노래를 잘 해봤자 시간낭비일 뿐이다. 왜냐하면 암컷 공작에게는 노랫소리를 감상할 수 있는 귀가 없기 때문이다. 마찬가지로 수컷 나이팅게일 역시 화려한 푸른색 날개로는 암컷 나이팅게일을 기쁘게 해 줄 수 없다. 암컷 나이팅게일에게는 화려한 날개를 감상할 수 있는 눈이 없기 때문이다.

이 세상은 다차원적이며 평행하다. 사람들은 제각기 서로 다른 차원 속에서 살아간다. 어떤 사람들은 평생 서로 교류하거나 소통하지 못한다. 설사 운명이 그들을 만나게 하더라도 상대방의 마음속 목소리를 들을 수도, 받아들일 수도 없는데 함께 있는 게 무슨 의미가 있을까?

텔레비전 드라마 「워쥐」(蝸居)가 인기리에 방영된 후, 대중들은 일제히 쏭쓰밍과 하이짜오를 질타했다. 그런데 사람들은 한 가지 현실적인 문제를 간과했다. 바로 쏭쓰밍이 하이짜오에게 줄 수 있는 것을 샤오베이는 줄 수 없다는 사실이다. 그것이 열정이든 아니면 물질이든 말이다. 샤오베이는 하이짜오가 원하는 것을 줄 수 없다. 따라서 설사 부자 쏭쓰밍이 끼어들지 않았더라도 둘 사이는 오래 지속되지 못했을 것이다. 바로 두 사람의 차원이 다르기 때문이다.*

'차원'으로 사랑을 설명하는 것을 이해하지 못하는 사람도 있을 것이다. 그렇다면 좀 더 쉽게 말해 보자. 당신이 대학에 다닐 때 이런 일이 없었는지 한번 생각해 보라.

벚꽃이 만발한 계절, 문학과 예술적 매력을 풍기는 선배가 며칠째 공과 여학생 기숙사 아래서 통기타를 치며 낮은 목소리로 노래한다. "내 마음은 바다. 부드럽지만 힘이 있지. 무상한 인생길에서 나는 당신과 헤어지지 않을 거야 … " 맞은편 문과계열 여학생들은 눈을 반짝이며 잘 생긴 청년이 자신을 이토록 열광적으로 사랑해주길 바란다. 그러나 선배의 여신은, 박사가 되겠다고 결심한 그 여학생은 창문을 열고 부끄럽지만 단호하게 말한다. "선배. 제발 … 조용히 좀 해주세요. 저희 지금 시험 준비 기간이란 말이에요."

찬물을 끼얹는 이 말의 효력은 "저는 그쪽을 단지 오빠로만 생각해요"라는 말에 뒤지지 않는다. 그렇지만 찬물을 뒤집어썼다고 해서 낙담할 필요는 없다. 당신이 충분히 잘나지 않아서가 아니라, 단지 당신이 좋아하는 상대가 당신과 다른 차원에 있을 뿐이니까. 당신이 사랑하는 사람이 당신에게 정말 안 어울릴 수도 있다. 그 사람은 그저 당신의 인생에 불꽃을 피운 사람에 불과하다. 불꽃의 아름다움은 한 순간이다. 만약 당신이 당신에게 속하지 않은 순간의 아름다움을 붙잡으려 한다면 가장 외로운 고래 '52헤르츠'처럼 되고 말 것이다.

　'52헤르츠'는 한 고래가 콧구멍으로 내는 음성 주파수로, 1989년 최초로 발견된 후, 매년 미군 수중 음파 탐지기에 의해 감지되고 있다. 음원이 단 하나밖에 없기 때문에 사람들은 이 소리가 모두 동일한 고래에게서 나오는 거라고 추측한다. 이 고래는 매년 평균 47킬로미터를 여행하면서 노래를 부른다. 어떤 때는 하루에 스물두 시간이나 노래하지만 아무도 응답하지 않는다. 고래의 노래는 고래들의 중요한 통신 수단이자 교제 수단으로서 동료를 부를 때나 교배시기에 '진심을 표현하는' 역할을 한다. 그런데 '52헤르츠'는 늘 혼자 다닐 수밖에 없다. 왜냐하면 고래의 노래는 대부분 15~20헤르츠라서 설사 다른 고래들이 '52헤르츠'의 노래를 들었다 해도 그 의미를 이해하고 대답할 수 없기 때문이다.

사랑을 대하는 방식도 이와 마찬가지로 같은 차원의 상대를 찾는 것이 중요하다. 외로운 '52헤르츠'가 친구를 사귀고 싶으면 주파수 범위가 20~1000헤르츠인 흑고래에게 자신의 노래를 들려주면 된다. 만약 순수한 사랑을 추구하는 당신이 어쩌다가 BMW 타는 왕자를 기다리는 아가씨를 좋아하게 되었다면 일찌감치 다른 사람을 찾는 게 낫다. 자신에게 어울리는 사람을 만나야만 부담 없이 자유롭고 행복한 사랑을 할 수 있다.

타인을 위해 자신을 잃지 말라

많은 사람이 사랑하는 사람을 위해서라면 기꺼이 가진 것을 전부 내놓는다. 상대방의 발걸음을 뒤쫓고, 상대방의 생각에 순응하며, 상대의 기쁨을 최우선으로 삼는 것이다. 그러다 결국 스스로를 잊고, 사랑은 상호적이라는 사실을 잊고, 자아를 지켜야 한다는 사실을 잊는다. 세상에 당연한 희생은 없다. 누군가를 위한 희생은 의무가 아니다. 그러니 누군가를 사랑할 때, 스스로를 사랑하는 것도 잊지 말자.

사사는 젊은 여성이다. 그녀가 사랑에 대한 낭만과 환상에 빠져있을 때 갑자기 사랑이 찾아왔다. 그녀는 기술학교를 졸업하고 한 회사에 타자원으로 취직했다. 그리고 그곳에서 부서 매니저와 서로 좋아하는 사이가 되었다. 그녀보다 여덟 살이 많았던 그는 오빠처럼 그녀를 잘 보살펴 주었다. 시간이 흐르자 순진한 그녀는 그의 부드럽고 달콤한 말에 넘어가 스스로를 잃어버렸다. 그녀는 그를 떠나서는 살 수 없다고 생각했고, 그와 동거를 시작했다.

동거 초반은 달콤했다. 사사는 자신의 전부를 아낌없이 그에게 바쳤다. 그녀의 사랑, 그녀의 시간, 그녀의 청춘 …… 그녀는 매일 업무 시간을 제외한 모든 시간을 집안일을 하는 데쏟았다. 그녀는 그들의 작은 보금자리를 청소하고, 그의 빨래를 해주고, 그를 위해 맛있는 음식을 준비했다. 그런데 두 달쯤 지나자 그가 점차 변하기 시작했다. 그녀가 그의 변화를 알아챘을 때, 그들 사이에는 이미 예전의 배려나 애정이 남아있지 않았다. 그는 예전처럼 그녀를 사랑해주거나 보살펴 주지않았다. 오히려 집에서는 '손 하나 까딱하지 않고' 사사의 세심한 시중을 즐겼다. 가스통을 갈고 변기를 고치는 일까지 사사가 도맡아 해야 했다. 그렇지만 집안일을 혼자 짊어지는 건 가장 괴로운 일이 아니었다. 그녀를 가장 마음 아프게 한 건 그의 이기적이고 무관심한 태도였다. 그는 퇴근하면 바로 집으로 돌아오지 않고 친구들과 술을 마시고 카드놀이를 하고 춤을 추러 다녔다. 그는 사사가 집에서 밥을 해놓고 눈이 빠지게 그를 기다리는 데도 아랑곳하지 않았다. 그는 매일 밤늦게 귀가했고, 집에 와서는 바로 드러누워 잤다. 밥도 안 먹고 잠도 안 자면서 그를 기다린 사사에게 미안하다는 말조차 하지 않았다. 하지만 사사가 어쩌다 접대 때문에 집에 늦게 돌아오면 그는 그릇을 깨부쉈다. 사사는 마음이 아팠다. 그들 사이에는 거의 대화가 없었다. 사사는 생기를 잃고 우울하고 의기소침한 사람으로 변했다.

사사는 몇 번이고 짐을 싸서 사랑이 없는 집과 냉정한 그를 떠나려 했다. 하지만 가방을 집어 들면 또다시 떠날 용기가 사라졌다. 그녀는 그와 동거하면서 가족들과도 사이가 틀어졌다. 부모님은 더 이상 그녀를 딸로 생각하지 않았다. 그녀는 부모님 곁으로 다시 돌아갈 엄두가 나지 않았다. 하지만 계속 이곳에 남는 건? 그녀와 그는 부부 같았지만 부부는 아니었다. 연인 같았지만 연인 사이의 친밀함은 없었다. 친구 같았지만 친구 사이의 진실함은 없었다. 사사는 점점 더 앞날이 막막했다. 생기발랄했던 그녀의 얼굴은 분노와 체념으로 가득해서 마치 세상의 온갖 풍파를 겪은 것처럼 보였다.

사사의 비극은 그녀가 사랑 때문에 자기 자신을 잃은 것에서 비롯되었다. 그녀는 사랑하는 사람을 중심으로 살면서 자아를 완전히 상실했다. 그녀의 사랑은 충분히 성숙하지 않았고, 충분히 이성적이지도 않았다. 그녀는 사랑을 하면서 스스로에게 충실하지 못했다. 만약 사랑을 하면서 자아를 지키고 자신의 존재 가치를 드러낼 수 없다면, 이런 사랑은 오래 지속될 수 없다. 그리고 사랑에 실패했을 때도 강인하게 아픔을 극복할 수 없다.

많은 사람들이 사사처럼 상대방을 사랑하는 동시에 자아를 잃어버린다. 상대방을 자신의 전부로 생각하고 상대방의 사랑을 얻는 것을 유일한 삶의 버팀목으로 삼는다. 비참한 건, 당신의 사랑이 그에게는 오히려 부담이 되어 그가 그 사랑 때문에 당신 곁을 떠날 수도 있다는 사실이다. 그러니 상대방을 얼마나 사랑하든지 간에 당신은 반드시 독립적이고 완전하며 새로운 자아를 굳게 지켜야 한다. 그래야만 사랑의 달콤함을 맛볼 수 있다.

마음에 새길 가치가 없는 사람도 있다

절대로 잊을 수 없다고 생각했던 사람도 사실은 잊는 게 가능하다. 오늘 당신은 눈물을 흘렸지만, 내일은 누군가가 당신을 웃게 해줄 것이다. 당신은 그 사람 때문에 괴로운데 그는 다른 사람과 희희낙락한다. 당신을 사랑하지 않는 사람 때문에 그토록 괴로워할 필요가 있을까?

사랑은 서로 다른 두 사람이 서로 알아가고 이해하며 적응하는 과정이다. 서로에게 잘 적응하면 평생 사랑하며 살 수 있지만, 적응하지 못하면 헤어지는 수밖에 없다. 하나의 사랑에 마침표를 찍고 나면 서로에게 익숙해졌다는 이유로 미련을 갖지 말라. 고개를 들어 보라. 구름은 여전히 아름답고, 삶은 여전히 행복하다. 사랑 말고도 우리가 노력해서 얻어야 할 것들은 많다.

샤오옌옌은 끊으려야 끊을 수 없는 관계에서 빠져나오지 못하고 있었다.

우칭의 태도는 항상 애매해서 도통 종잡을 수가 없었다. 샤오옌옌은 그에게 전화를 걸고 싶었지만 혹시 그의 여자 친구가 전화를 받아서 그가 난처해질까 봐 두려웠다. 샤오옌옌은 그를 잃고 싶지 않았다. 그녀는 매번 이런 상황에 놓일 때마다 어쩔 수 없다고 생각했다. 그녀는 스스로 자주 이런 질문을 던졌다. "나는 정말로 그를 떠날 수 없는 걸까?" 그리고 이렇게 대답했다. "그래. 나는 그를 잊을 수 없어. 숨겨놓은 애인이라도 좋아. 그를 볼 수만 있다면, 그가 날 사랑하기만 하면 상관없어."

그러나 결국 올 것이 오고야 말았다. 월요일 오후, 그들은 커피숍에서 만났다. 우칭은 커피를 이리저리 휘저었다. 근심이 가득한 모습이었다. 샤오옌옌은 맞은편에 앉아서 조용히 그를 바라봤다. 그녀의 눈은 맑고 깨끗했다. 커피는 진작 식었는데 둘 중 누구도 입을 대지 않았다.

그는 고개를 들더니 억지로 웃음을 지으며 물었다. "왜 아무 말도 안 해?"

"네가 말하기를 기다리고 있어." 샤오옌옌은 담담히 말했다.

"내가 하려고 한 말은 …… 미안해. 우리 헤어지자." 그는 이해하기 어려운 말을 했다. "이번 승진이 나한테 얼마나 중요한지 너도 잘 알지? 내가 여자 친구와 결혼만 하면 여자 친구 아버지가 나한테 사장 자리를 주려는 눈치라서, 그래서 …… "

"알았어." 샤오옌옌은 속으로 자신의 냉정함에 놀랐다. 그는 그녀의 반응을 보고 어리둥절하더니 금세 무언가를 깨달은 것 같았다. 그는 얼른 그녀를 달래며 말했다. "사실 내가 정말로 사랑하는 사람은 너야."

샤오옌옌은 희미한 미소를 짓더니 곧 돌아섰다. 그녀는 홀로 봄날의 햇빛 아래를 걸으며 공기 중의 봄 냄새와 버드나무 향기, 작은 풀의 향기를 맡았다. 그녀는 생각했다. "세상이 이토록 아름다운데, 나는 실연을 당했구나." 그 순간 그녀는 찌르는 듯한 고통을 느꼈다. 샤오옌옌은 울고 싶어졌다. 그녀는 고개를 들어 눈물이 쏟아지는 걸 막았다.

걷다가 피곤해진 그녀는 거리에 있는 화단의 벤치에 가서 앉았다. 옆에는 한 모녀가 앉아 있었다. 어린 소녀는 큰 눈에 발그레한 뺨을 가지고 있었다. 모녀의 대화는 샤오옌옌의 주의를 끌었다.

"엄마, 우정이랑 지우개 반쪽이랑 어느 게 더 중요해요?"

"당연히 우정이 더 중요하지."

"그러면 웨웨는 왜 지우개를 얻으려고 멍멍한테 앞으로 나랑 안 놀겠다고 약속한 거예요?"

"그런 일이 있었구나. 어쩐지 네가 시무룩해 있더라니. 얘야, 이렇게 생각해 봐. 만약 웨웨가 정말 너를 친구로 생각했다면 물건 때문에 우정을 버리는 일은 없었을 거야. 웨웨가 쉽게 우정을 버렸다면 그런 우정은 소중히 여길 가치가 없단다." 어머니는 조용히 말했다.

"넌 어떤 꽃이 꿀벌과 나비를 끌어당기는 줄 아니?"

"알아요. 아름답고 향기로운 꽃이죠."

"사람도 마찬가지란다. 스스로 교양을 쌓아서 박식하고 우아한 사람이 되어야 해. 네가 아름다운 꽃이 되면 많은 사람들이 너와 친구가 되고 싶어 할 거야. 그러니까 너와의 우정을 포기해서 손해를 보는 건 그 친구지 네가 아니야."

"그래, 맞아. 승진 때문에 포기하는 사랑에는 미련을 가질 필요가 없어. 내가 아름다운 꽃이 되면 나를 포기한 건 그 사람 손해가 되는 거야." 샤오옌옌은 갑자기 기분이 좋아졌다.

만약 누군가가 명예나 이익 때문에 당신과의 사랑을 포기했다면 다행스럽게 여겨야 하지 않을까? 당신도 알다시피 이런 사람은 사랑할 가치가 없기 때문이다.

어쩔 수 없었던 이별은 마음속에서 지워라

내가 가지고 있던 사탕 절반을 당신에게 나눠주면 두 사람은 달콤해진다. 만약 우리가 각자 아픔을 가지고 있다면 전부 나에게 넘겨라. 나 혼자 아픈 걸로 충분하니까.

그와 그녀는 소꿉친구였다. 둘은 자연스럽게 서로를 사랑하게 됐다.

스무 살 때, 그는 군대에 자원해서 입대했다. 그녀는 그를 배웅하러 가지 않았다. 그녀는 자신이 그를 못 가게 말릴까 봐 두렵다고 말했다. 그녀는 그의 앞길을 방해하고 싶지 않았다.

부대에서는 휴대폰을 사용할 수 없었다. 그와 그녀는 편지를 써서 서로 사랑을 주고받았다. 그는 그녀의 편지를 읽을 때마다 마음속으로 다짐했다. "나를 기다려 줘. 반드시 당당하게 너를 아내로 맞아 평생을 함께 할 테니까."

3년이라는 시간은 많은 것들을 지웠지만 그녀에 대한 그의 그리움만은 지우지 못했다. 그러던 어느 날 그녀가 편지를 보내왔다. "헤어지자! 나는 이제 이런 생활이 지겨워. 정말 지겹단 말이야!"

그는 믿을 수 없었다. 그는 부대에서 뛰쳐나가 그녀의 해명을 듣고 싶었다. 하지만 차마 탈영병이 될 수는 없었다.

전우들은 그를 위로했다. "우리가 하는 일은 영예롭지만 자기 여자에게는 괴로운 일이야. 그렇게 오랜 시간을 기다리게 해놓고 나중에 정말 금의환향하면 그나마 다행이지만, 출세하지 못하면 계속 여자를 고생시켜야 하잖아? 그러니까 잘 헤어졌어. 그만 훌훌 털어버려. 그래도 미련이 남으면 나중에 제대해서 제대로 물어 봐. 우리가 같이 가줄 테니까."

제대하던 날 그는 아무 생각 없이 곧장 고향으로 향했다. 그는 한시라도 빨리 그녀를 만나서 "왜 그랬어?"라고 물어보고 싶었다. 하지만 그녀를 보게 된 순간 그의 마음은 얼어붙었다. 그는 믿고 싶지도, 믿을 수도 없었다. 그녀는 이미 다른 사람의 아내이자 엄마가 되어있었다. 그녀는 이미 그들의 사랑을 잊었던 것이다.

그러다가 그는 우연히 예전에 자신이 주었던 물건을 그녀가 하나도 버리지 않고 지금까지 간직하고 있었다는 사실을 알게 됐다. 그는 그녀를 찾아가 이유를 물었다. 왜 여전히 자신을 사랑하면서 다른 사람과 결혼했냐고 말이다. 그의 간절한 애원에 그녀는 마침내 진실을 알려 주었다.

몇 년 전 어느 날, 그녀는 친구 모임에 나갔다가 술을 많이 마셨다. 그녀의 현재 남편은 그녀를 쫓아다니던 사람이었는데, 그가 그녀를 집까지 데려다 주겠다고 나섰다. 그녀의 집 근처에 도착했을 때 음주운전 차량이 그들을 향해 돌진했다. 그는 얼른 그녀를 밀쳐 냈다. 그녀는 크게 다치지 않았지만 그는 한쪽 다리를 잃었다. 그녀가 말했다. "난 그 사람과 결혼해서 평생 돌봐 주기로 결심했어. 하지만 이 일로 가장 크게 상처 받은 사람이 너일 줄은 미처 생각하지 못했어."

그는 아무 말도 하지 않았다. 마치 옛날이야기를 듣는 것처럼 조용히 듣고만 있었다.

그는 말없이 몸을 돌려 떠났다. 그리고 그녀가 자신에게 주었던 물건을 전부 태워 버렸다. 무정해서가 아니라 그녀를 완전히 잊기 위해서였다. 그는 그녀의 마음도 아프다는 것을 알았다. 그는 그녀의 아픈 마음에 소금을 뿌리고 싶지 않았다. 아픔은 그 혼자 감수하는 것으로 충분했다.

사랑의 끝은 어쩌면 오해 때문일 수도 있다. 하지만 이미 벌어진 일을 다시 되돌리는 건 불가능하다. 어쩌면 상대방도 마음이 아팠는데 당신이 알아채지 못했던 것일 수도 있다. 그 사람이 어떤 심정이었는지 당신은 알 수 없다. 그러나 일은 이미 결정됐다.

그렇다면 이제 남은 일은 당신이 최후의 용기를 내서 그 사람의 행복을 빌어 주어야 하는 것 아닐까?

서로 사랑하던 시절의 기쁨을 상복을 걸친 하얀 나비로 바꾸어 기억 속에서 멀리 날려 버려라. 그리고 다시는 돌아오지 않도록 마음의 호수를 깨끗이 하라. 잊어야만, 커다란 기쁨과 슬픔이 지나간 후에도 마음의 평화를 찾을 수 있다. 잊어야만, 찬란함의 절정이 지나간 후에도 태연히 살아갈 수 있다. 자신의 사랑은 스스로 감당해야 한다. 남자든 여자든 둘의 사랑을 잊어버리지 못하고 간직하는 건 더 큰 고통이 될 수도 있다.

그가 당신이 원하는 방식으로 당신을 사랑하지 않는다고 해서 그의 사랑이 진심이 아닌 것은 아니다. 때때로 사랑에는 어쩔 수 없는 상황이 존재한다. 함께 손잡고 늙어갈 수 없다면 손을 놓아 그 사람을 행복하게 해 주라. 꼭 아파야 한다면 혼자 아픈 걸로 충분하니까.

사랑의 영혼은 뜻이 있는 사람만 얻을 수 있다

사랑은 결코 달콤한 말이나 요령을 필요로 하지 않는다. 가장 중요한 건, 서로가 진심을 다하는 것이다. 사랑은 마음으로 느끼는 것이지 귀로 듣는 게 아니다. 하버갈이 말했듯이 "사랑은 언어의 중매가 필요하지 않다. 말하지 않아도 전부 알 수 있다."

마음속 깊이 새겨진 사랑은 이기심이 없기 때문에 영원할 수 있다. 함께 손잡고 늙어 가기 위해서는 서로 상대방의 마음을 꿰뚫어 보고 서로 배려하며 이해해야 한다. 길을 걸어가다 보면 새소리와 꽃향기 그리고 풍경이 생각처럼 아름답지 않을 수도 있다. 하지만 마음으로 사랑의 영혼을 더듬어 가다 보면 결국에는 아름다운 영혼의 경지에 도달할 수 있다.

하늘에서는 비가 쏟아지고 있었다. 초라한 모습의 청년 두 명이 몸을 웅크리고 있었다. 그들은 춥고 배가 고파 쓰러질 지경이었다. 길에는 지나다니는 사람들이 꽤 있었지만 아무도 그들에게 관심을 갖지 않았다.

이때 젊은 여자 간호사 한 명이 우산을 들고 그들 앞으로 걸어왔다. 그녀는 비가 그칠 때까지 그들에게 우산을 씌워 주었다. 그리고 또 그들에게 빵을 사다 주었다. 불쌍한 두 청년은 깊은 감동을 받았다. 그들의 마음속에 한 가지 감정이 일어났다. 그렇다. 그들은 동시에 그녀를 사랑하게 된 것이다. 두 청년은 마음속 '여신'을 얻기 위해 말없이 경쟁을 시작했다.

첫 번째 청년은 간호사를 떠보듯이 질문했다. "아가씨, 실례지만 남자 친구는 무슨 일을 하나요?"

"하하, 저는 아직 남자 친구가 없어요."

"그러면 미래의 남자 친구가 어떤 직업을 갖기를 원하세요?"

간호사는 잠시 생각하더니 대답했다. "음…… 아무래도 의사가 좋겠네요."

또 다른 청년은 진심을 담아 간호사에게 고백했다. "당신을 사랑합니다!"

"어머, 미안해요. 저는 깔끔하지 않은 사람은 사랑할 수 없어요."

다음날 두 번째 청년은 깨끗이 씻고 완전히 새로운 모습으로 간호사 앞에 나타났다. "사랑해요!"

"미안해요. 저는 무일푼인 사람은 사랑할 수 없어요."

며칠 후, 이 청년은 몹시 흥분한 모습으로 간호사에게 달려가 말했다. "그거 아세요? 제가 복권을 사서 100만 위안(*약 1억7천만 원)에 당첨됐어요. 이제 제 사랑을 받아주실 거죠?"

뜻밖에도 간호사는 또다시 그를 거절했다. "미안해요. 저는 의사만 사랑할 수 있나 봐요. 당신은 의사가 아닌 걸요."

몇 년 후, 이 청년은 또다시 간호사의 앞에 나타났다. 게다가 이때 그의 신분은 '의사'였다.

"내 사랑. 이제는 제 청혼을 받아주시겠죠?"

"미안해요. 하지만 전 이미 결혼했어요." 간호사는 말을 마친 뒤, 남편의 팔짱을 끼고 병원으로 걸어 들어갔다. 청년은 그 모습을 자세히 살펴보다가 하마터면 기절할 뻔 했다. 간호사의 남편은 예전에 그와 함께 웅크리고 있던 또 다른 청년이었던 것이다! 지금 그는 병원 원장이자, 시에서 명성이 높은 외과 의사가 되어 있었다.

청년은 이 사실을 인정할 수 없었다. 그는 뛰어가 또 다른 청년에게 물었다. "도대체 무슨 짓을 한 거야? 그녀에게 무슨 약이라도 먹인 거야?"

"내가 준 건 마음이야! 내 마음은 언제나 한 방향만 바라봤어. 바로 우수한 의사가 되어 그녀의 사랑을 얻는 것이었지. 하지만 너는 계략을 썼어. 눈앞의 성과에만 급급하고 마음은 온통 욕심뿐이었지!"

우리는 최선을 다해 사랑을 붙잡고 최선을 다해 사랑하는 사람의 마음을 사로잡아야 한다. 계략으로는 절대 사랑을 붙잡을 수 없다. 행복은 언제나 '뜻이 있는 사람'에게 찾아온다. 물론 인생의 다른 경쟁도 마찬가지다.

사랑은 화려한 겉옷이 아니다

남자든 여자든 진실하고 순수한 완벽한 사랑을 꿈꾼다. 하지만 결과는 뜻대로 되지 않는다.

잘생겼지만 돈이 없을 수도 있고, 돈은 있지만 바람둥이일 수도 있다. 예쁘지만 똑똑하지 않을 수도 있고, 똑똑하지만 예쁘지 않을 수도 있다. 인생은 이런 것이다. 두 마리 토끼를 다 잡을 수는 없다. 사랑도 마찬가지다. 당신의 이상에 완벽하게 부합하는 건 불가능하다. 지나치게 완벽을 추구하다가는 사랑의 통로가 막혀 버린다.

수이야오, 단단, 쉐얼은 단짝 친구다. 셋 중에서 수이야오가 가장 예쁘게 생겼고, 쉐얼은 재능이 풍부했다. 오직 단단만 모든 면에서 평범했다. 세 사람은 평소 의견이나 주장이 같았지만, 배우자를 선택하는 기준에서만큼은 상당히 큰 차이를 보였다. 수이야오는 인생은 마땅히 완벽해야 하고 사랑은 낭만적이어야 한다고 생각했다. 그래서 만약 완벽한 사람을 만나지 못한다면 차라리 평생 독신으로 사는 게 낫다고 생각했다. 쉐얼은 결혼은 일생의 대사이기 때문에 반드시 자신과 취향이 맞는 남자를 만나야 한다고 생각했다. 오직 단단만 별다른 기준이 없었다. 그녀는 전통적이고 현실적인 사람으로서 결혼에 대한 비현실적인 환상이 없었다. 그녀는 남자에게 지나치게 높은 기대를 하지 않았고 인생에 있어서도 지나친 완벽을 추구하지 않았다. 그녀는 두 사람이 '눈만 맞으면' 다른 건 중요하지 않다고 생각했다.

나중에 단단은 천췬을 만났다. 천췬은 외모도 직업도 평범한, 사람들 틈에서 눈에 띄지 않는 남자였지만 두 사람은 서로에게 첫눈에 반했다. 게다가 그들은 서로에게 첫사랑이었다. 두 사람은 함께 연애를 시작했다. 수이야오와 쉐얼은 두 사람의 연애를 강하게 반대했다. 그들은 단단처럼 '눈에 띄지' 않는 사람에게 결혼은 자신을 돋보이게 할 유일한 기회이기 때문에 이 기회를 소중히 여겨야 한다고 생각했다.

하지만 단단은 긴 세월 속에서 자신이 앞으로 누구를 만나고, 누가 자신의 마지막 사랑이 될지는 아무도 모른다고 생각했다. 그리고 사랑한다는 확신이 있으면 포기해서는 안 된다고 믿었다. 이렇게 해서 단단은 스물세 살에 천췬과 결혼해 스물다섯 살에 엄마가 되었다. 그녀가 안정되고 행복한 생활을 하는데도 친구들은 여전히 그녀를 동정했다. 수이야오는 고개를 저으며 꽃다운 시절을 낭비하다니 아깝다며 탄식했고, 쉐얼은 입을 삐죽 내밀며 왜 더 좋은 사람을 찾지 않았느냐고 말했다.

시간이 흘러 한때 소녀였던 그녀들은 세 명의 중년 여인이 되었다. 수이야오는 수없이 자신의 이상형을 찾아 다녔지만 좀처럼 찾을 수 없었다. 꽃처럼 아름답던 외모도 시들어 버렸다. 한편 쉐얼은 바라던 대로 자신과 취향이 맞는 남자를 만나서 결혼했다. 그러나 두 사람은 한 지붕 아래 살면서도 고슴도치처럼 끊임없이 상대방을 가시로 찔러대다가 마음이 상처투성이가 되어서야 어쩔 수 없이 이혼했다. 이혼 후 쉐얼은 먹는 것만이 인생의 유일한 낙이 되어 버렸다. 한때 날씬했던 몸매는 비대하게 변했고, 재능이 풍부했던 소녀는 슬픔에 빠진 여인이 되었다. 오직 단단만 하는 일마다 순조롭고 가정도 화목했다. 젊었을 때 눈에 띄지 않았던 그녀는 오히려 나이가 들면서 더욱 아름다워졌다. 그녀는 종종 딸과 자매인 척 하면서 거리를 활보한다.

수이야오는 완벽한 애인과 낭만적인 사랑이 결혼을 열정과 행복, 달콤함으로 채울 수 있다고 생각했다. 그러나 현실은 그렇지 않다. 완벽한 애인은 물속의 달이나 거울 속의 꽃처럼 평생을 찾아도 손에 넣을 수 없다. 설사 당신이 생각하기에 가장 아름답고 낭만적인 사랑을 찾았다 해도, 현실의 결혼생활에 들어서면 낭만적인 사랑은 금세 물거품처럼 사라진다. 왜냐하면 당신이 사랑한 그 낭만적인 사람은 결혼이라는 현실에서 더 이상 낭만을 지속할 수 없기 때문이다. 당신은 실망해서 그가 당신을 속였다고 생각할 것이다. 반대로, 그 낭만적인 사람이 결혼 후에도 계속 낭만만 찾는다면 당신은 인생에서 낭만적이지 않은 부분을 전부 혼자서 감당해야 한다. 당신은 그가 당신의 삶을 송두리째 흔들었다고 분노할 것이다.

쉐얼은 자신이 고상한 사람이라고 생각했다. 그녀는 정신적인 교감과 취향의 일치를 유일한 조건으로 삼았다. 그녀가 기대했던 건 정신적으로 충만하고 안정감이 있는 가정이었다. 그녀는 부부 사이에는 공동의 이상과 취향뿐 아니라 공동의 사상과 언어가 있어야 한다고 생각했다. 그러나 현실은 그녀가 틀렸다는 걸 증명했다. 그녀가 상대방의 학식이나 취향에 대한 요구가 높았던 게 잘못이 아니라, 그녀의 이런 요구가 상당히 편협하고 단순하다는 게 잘못이다. 배우자 간의 취향은 동일한 영역에서의 교류에 한정되지 않는다. 이 취향은 매우 광범위해서 지식이나 감정, 태도나 성격, 말투 등이 모두 포함된다. 그 중에서 감정과 이해는 굉장히 중요한 부분이다. 감정은 이해의 밑바탕이다. 그리고 서로를 이해해야만 감정이 깊어질 수 있다. 두 사람이 훌륭한 이해력만 갖추고 있다면 인생의 정취는 저절로 생겨난다.

단단의 사랑은 어쩌면 조금 바보 같을 수도 있다. 하지만 이렇게 만남에 순응한 사랑이 그녀에게 남들은 가질 수 없는 행복을 가져다주었다. 사랑에서 느낌은 굉장히 중요하다. 바로 이 사람이라는 확신이 든다면 너무 깊게 생각하지 말라. 그렇지 않으면 좋은 인연을 놓치게 된다. 미래는 전부 불확실하고, 불확실하기 때문에 도전으로 가득하다. 확실해질 때까지 기다리면 인생의 불확실한 아름다움이 줄어든다. 다행히 단단은 자신의 느낌을 따라

갔다. 청춘의 사랑은 얄팍한 계산이나 꾀를 견디지 못한다. 하늘은 단단과 천쥔을 일찍 만나게 했지만 행복은 결코 부족하게 주지 않았다.

단단처럼 순조롭게 가정을 이룬 여성들에게는 공통적인 심리적 특징이 있다. 바로 모든 일에 최선을 다하고 마음이 이끄는 대로 행동한다는 점이다. 그녀들은 결단력이 있고 지나치게 까다롭지 않다. 사랑에 이상적인 색을 입히는 것도 중요하지만, 이상이 엄격한 요구에 가깝고, 기준이 패턴이 되면 현실과 멀어져 허황돼 보인다.

현실에서 여자는 '백마 탄 왕자'를 찾고, 남자는 재색을 겸비한 '예쁜 여자'를 찾는다. 그들은 사랑과 결혼에 너무 많은 낭만을 기대한다. 이렇게 이상적인 동경은 많은 사람들을 사랑과 낭만의 포로로 만든다. 그러니 아직 결혼식장에 들어가지 않은 남녀는 좀 더 현실적인 사랑을 할 필요가 있다. 사랑에 너무 많은 기대를 하지 말라.

당신 곁에 있는 사람을 소중히 하라. 비록 그에게 이런 저런 단점이 있겠지만, 그래도 그는 당신을 가장 사랑해 주는 사람이다. 그와 함께 있을 때, 당신은 안정감과 기쁨을 느낄 수 있다. 그는 어쩌면 가장 훌륭한 사람이 아닐 수도 있다. 하지만 그는 당신에게 가장 잘 어울리는 사람이다. 이걸로 충분하지 않은가?

행복은 사랑의 핵심이다

사랑은 까다롭게 선택하는 것도 중요하지만 소중히 여기는 게 더 중요하다. 맹목적으로 낭만만 쫓는 사람은 연인 사이의 진실한 사랑을 소홀히 하기 쉽다.

그는 좋은 사람이었고 그녀에게도 자상했지만 말수가 적고 유머감각도 없었다. 한편 그녀는 재미와 낭만으로 가득 찬 일상을 원했다. 시간이 지나면서 그녀는 그들이 함께하는 시간이 우울하고 답답하게 느껴졌다. 그녀는 불만에 차서 그에게 말했다. "자기는 왜 이렇게 무드가 없어? 사랑은 이런 게 아니야." 그는 어색하게 웃었다. "내가 어떻게 해야 무드가 있는 건데?"

결국 그녀는 그를 떠나기로 결심했다. 그는 슬퍼하며 물었다. "왜?"

그녀는 말했다. "나는 이렇게 아무런 변화가 없는 생활은 싫어."

그가 물었다. "안 가면 안 돼?"

그녀는 말했다. "안 돼!"

그는 또 물었다. "다른 가능성은 없어? 만약 오늘 밤 비가 오면 헤어지지 말라는 하늘의 뜻이라고 생각하자."

그녀는 햇볕이 쨍쨍 내리쬐는 하늘을 바라보며 말했다. "만약 비가 안 오면?"

그는 어쩔 수 없이 대답했다. "그러면 하늘의 뜻을 따를 수밖에."

밤이 되어 그녀는 침대에 누웠지만 잠이 오지 않았다. 그때 갑자기 창밖으로 주룩주룩 비 내리는 소리가 들려왔다. 그녀는 깜짝 놀랐다. "정말 비가 오나?" 그녀는 몸을 일으켜 창문 앞으로 다가갔다. 창문에는 물이 흐르고 있었다. 그런데 밤하늘을 바라보니 뭔가 이상했다. 하늘에는 별들이 반짝이고 있었다. 이상한 일이었다. 그녀는 얼른 밖으로 나가 옥상으로 올라갔다. 세상에! 그가 옥상에서 통에 든 물을 하나씩 아래로 쏟아 붓고 있었다. 그녀는 떨리는 마음으로 그의 등 뒤로 다가가 그를 꼭 껴안았다.

그제야 그녀는 깨달았다. 그녀에 대한 그의 진심과 관심이 가장 큰 낭만이란 사실을.

낭만은 사랑에 있어서 일종의 향신료와 같다. 낭만을 싫어하는 사람은 없다. 젊은 사람이든 나이 든 사람이든, 부자든 가난뱅이든, 누구나 낭만을 좋아한다. 단지 저마다 표현하는 방식이 다를 뿐이다. 낭만은 결코 삶의 전부가 아니다. 소박한 관심과 애정이 가장 감동적이다. 사랑이 진실하다면 그 표현이 소박하든 낭만적이든 개의치 말라.

많은 사람들이 연애와 낭만을 거의 동등한 단어로 생각한다. 주위를 둘러보면 다른 연인들은 모두 로맨스 소설보다 더 눈부신 낭만을 즐기는 것 같다. 그들의 사랑은 특별해 보인다. 어떤 연인들은 신기한 만남을, 어떤 연인들은 우여곡절 많은 구애 과정을 겪었으며, 또 다른 연인들은 꽃과 낭만적인 저녁 식사, 세레나데와 여행으로 가득한 행복에 빠져 지낸다. 그런데 희한하게도 대부분의 사람들은 자신의 연애가 아주 평범하다고 생각한다. 남들의 부러움을 사는 연인들조차 자신들의 연애가 특별히 낭만적이라고는 생각하지 않는다. 정말 이상한 일이다.

사실 연애는 원래 소박한 것이다. 낭만적인 면도 있지만 진실한 삶이 더 큰 부분을 차지한다. 당신은 언제나 남들의 삶에서는 낭만적인 면만 보고, 자신의 삶에서는 평범함만 본다. 사실 낭만이 뭐 대수인가? 두 사람이 함께 기쁘고 유쾌한 게 가장 중요하다.

사랑에는 공간이 필요하다

좋은 남녀관계는 탄력적이다. 두 사람 사이에는 경직된 소유욕이나 나약한 의존감이 있어서는 안 된다.

사랑하는 사람에게 가장 좋은 선물은 자유다. 하지만 자유로운 두 사람의 사랑에는 어느 정도 당기는 힘이 필요하다. 이 힘은 단단하지만 굳어 있지는 않고, 엉켜 있지만 붙어 있지는 않다. 틈이 없는 사랑은 끔찍하다. 사랑에 숨 쉴 공간이 없으면 머지않아 질식하고 만다.

　리용은 먀오쉐를 보자마자 첫눈에 반했다. 그는 엄청난 노력을 기울인 끝에 겨우 그녀의 마음을 얻고 그녀와 결혼하는 데 성공했다. 그는 어렵게 손에 넣은 사랑과 결혼생활을 매우 소중히 여겼다. 그는 아름다운 아내를 호강시키기 위해 더 열심히 일했다. 그런데 그는 괴로웠다. 부부가 각자 일이 너무 바빠서 함께 하는 시간이 적었기 때문이다. 아내를 보지 못할 때면 리용의 눈앞에는 언제나 먀오쉐의 그림자가 어른거렸다. 그는 아내가 너무 아름다워서 밖에 나가면 다른 남자들이 그녀를 쫓아다닐까 봐 두려웠다. 그래서 대학원까지 나온 아내에게 밖에 나가 일하지 말라고 설득했다. 하지만 리용이 아무리 설득해도 아내는 동의하지 않았다. 그녀는 자신이 그렇게 오랫동안 공부했는데 집에서 전업주부로 사는 건 지식을 낭비하는 일이라고 생각했다. 게다가 그녀는 현대적인 여성으로서 자신의 인격과 독립성, 자존감을 지키고 싶었다.

　리용은 매일 아내의 퇴근 시간만 손꼽아 기다렸다가 집으로 전화를 걸었다. 처음에 아내는 그게 남편의 관심과 애정이라고 생각했다. 하지만 시간이 지나자 남편의 천편일률적인 낯

간지러운 말들이 불편하게 느껴졌다. 그녀는 전화를 받기가 싫어졌고, 전화를 받더라도 건성으로 응했다. 아내가 자신을 건성으로 대한다는 걸 눈치 챈 리용은 아내에게 다른 남자가 생겼다고 의심했다. 그래서 그는 몇 번이나 불시에 집으로 쳐들어갔다. 그는 출장을 갔다 와서도 아내에게 알리지 않고 한밤중에 갑자기 집에 돌아왔다. 처음에 아내는 깜짝 놀라며 기뻐했다. 하지만 이런 일이 수차례 반복되자 그만 신경이 예민해지고 말했다.

한번은 리용이 아내를 데리고 접대를 나갔다. 다들 흥이 올랐을 때 술에 취한 사장 한 명이 무심결에 리용의 어깨를 치며 농담했다. "리사장. 자네 정말 아내 복이 있구먼. 하지만 조심하게. 이렇게 예쁜 아내는 돈만 가지고는 만족을 못 해. 기생오라비 같은 놈이랑 도망가지 않게 조심하라고."

리용의 얼굴이 순식간에 굳어졌다. 아내가 분위기를 바꿔보려 노력했지만 리용은 더 이상 아무 말도 하지 않았다. 사람들은 그제야 사태의 심각성을 깨닫고 슬금슬금 자리를 떴다. 얼마 후 아내는 3개월간 지방에 있는 지부에서 근무하게 되었다. 리용은 반대했지만, 아내를 막을 수는 없었다. 그는 몰래 아내 회사에 가서 아내와 함께 지부에 가게 된 남자가 있는지 알아봤다. 그는 아내와 동행하는 남자가 없다는 걸 확인하고 나서야 안심했다. 그러나 집에 돌아와서는 아내에게 세상이

어지러우니 매일 전화해서 하루 일과를 보고하라고 신신당부했다. 매사에 조심하고, 긴장을 풀지 말고, 접대에 나가지 말고, 쉬는 날에도 외출하지 말라고 말이다.

아내가 떠나고 이틀 후, 그는 아내가 근무하는 곳으로 찾아갔다. 그가 신바람이 나서 아내의 숙소에 도착했을 때, 이미 퇴근해서 숙소에 있어야 할 아내가 보이지 않았다. 알고 보니 아내는 다른 사람과 함께 영화를 보러 나간 것이었다. 그는 갑자기 화가 머리끝까지 치밀었다. 그는 회사 입구에서 아내가 돌아올 때까지 기다렸다가 아내 곁에 남자가 없는 걸 확인하고 나서야 아내를 추궁하지 않았다. 이런 식의 '확인·인정'은 그치지 않았다. 아내의 새 동료들도 이 사실을 눈치 채고 농담을 했다. "먀오쉐는 촌뜨기한테 팔려갔구나." 아내는 너무 부끄러웠다. 두 사람이 다시 만난 날, 그녀는 남편에게 크게 화를 냈다.

리용은 아무 말 없이 아내가 실컷 화내도록 내버려 두었다. 하지만 속으로는 아내가 변심한 게 아닐까 하는 의심이 더욱 커졌다. 그는 자신이 도대체 무슨 잘못을 했는지 이해할 수가 없었다. 그는 남편으로서 그녀가 풍족한 생활을 누리게 해 주었고, 그녀를 애지중지했다. 그가 그녀를 걱정하는 건 그녀에 대한 사랑의 표현이었다. 그런데 그녀는 왜 이해를 못하는 걸까?

그래서 그는 결국 사립 탐정을 고용해서 아내가 퇴근 후에 무슨 일을 하는지 미행하고 조사하게 했다.

아내가 지방 근무를 마치고 집으로 돌아왔을 때도 그는 사람을 고용해서 아내를 미행하게 했다. 그러던 어느 날 아내가 이 사실을 알게 됐다. 그녀는 남편이 자신에게 준 건 사랑이 아니라 밧줄이라고 생각했다. 그녀는 법원에 이혼소송을 신청했다.

많은 사람들이 사랑을 지킨다는 핑계로 배우자를 자신의 시선 속에 가두고 한 발자국도 벗어나지 못하게 만든다. 이런 식으로 유지되는 결혼생활은 바람이 통하지 않는 감옥과 같고, 배우자는 무기징역 판결을 받아 감옥에 갇힌 죄수와 같다. 누구나 인생에서 자유를 원한다. 감옥에 갇힌 사람은 항상 감옥에서 탈출하고 싶어 한다. 배우자를 속박하는 것은 자기 손으로 결혼과 사랑의 무덤을 파는 것이나 다름없다.

사랑을 위한 양보는 행복의 시작이다

결혼생활의 실패와 사랑의 종말은 종종 대단한 일 때문이 아니라 일상의 사소한 충돌이나 불화 때문에 생긴다.

사랑은 나사와 나사구멍이고, 삶은 나사와 나사구멍이 회전하면서 서로에게 맞춰가는 과정이다. 두 사람의 개성과 성격, 습관은 울퉁불퉁한 무늬와 같다. 한 쪽이 너무 강하면 다른 한 쪽은 감당하기가 힘들다. 크기와 무늬가 맞지 않으면 사랑은 균형을 잃는다.

한 젊은 부부가 앉아서 대화를 나누기 시작했다.

아내가 말했다. "당신이 얼마나 오랫동안 집에서 저녁을 안 먹었는지 알아?"

남편이 말했다. "당신이 얼마나 오랫동안 아침밥을 안 차렸는지 알아?"

아내가 말했다. "당신이 집에서 저녁을 안 먹으면 내가 얼마나 외로운데."

남편이 말했다. "당신이 아침밥을 안 차려 주면 내가 오전에 일하면서 얼마나 기운이 없는데. 상사한테 벌써 여러 번 혼났다고."

"아침밥은 당신이 차려 먹어도 되잖아. 당신이 매일 늦게 들어오는 바람에 난 잠도 제대로 못 자는데, 아침에 어떻게 일어날 수 있겠어? 당신이 나랑 같이 저녁을 안 먹으니까 나도 당신한테 아침밥 안 차려 줄 거야." 아내는 기분 나빠하며 말했다.

"내가 하루 종일 일하느라 얼마나 힘든지, 스트레스가 얼마나 심한지 당신도 알잖아. 저녁 혼자 먹는 게 뭐 대수야? 당신이 애도 아니고, 내가 밥을 먹여 줘야 해?" 남편도 기분이 상해서 말했다.

아내는 원망하며 말했다. "당신은 매일 고주망태가 돼서 집에 돌아오잖아. 서로 대화한지도 한참 됐고, 집안일 도와준 지도 한참 됐잖아."

남편도 지지 않고 말했다. "당신이 한 밥이 얼마나 맛이 없는 줄 알아? 빨래도 깨끗이 못하고 돈은 물 쓰듯이 쓰고. 우리 부모님 뵈러 간지도 한참 됐잖아."

그들은 서로 물러서지 않고 한마디씩 주고받다가 결국 이혼하기로 했다.

법원에 가는 길에 그들은 우연히 한 노부부가 서로를 부축하며 천천히 걸어가는 모습을 보게 되었다. 할머니는 수시로 손수건을 꺼내 할아버지의 이마에 맺힌 땀을 닦아 주었고, 할아버지는 할머니가 힘들까 봐 혼자서 무거운 장바구니를 들고 있었다. 젊은 부부는 이 모습을 보자 결혼할 때 했던 맹세가 생각났다. "서로의 손을 잡고 함께 늙어 가며, 기쁠 때나 슬플 때나 서로 사랑하겠습니다." 그랬는데 지금은 ……

두 사람은 스스로를 반성하기 시작했다. 남편이 말했다. "여보, 나도 집에서 당신하고 같이 저녁을 먹고 싶어. 하지만 일이 너무 바쁘고 접대가 많아서 그래. 내가 일부러 당신에게 소홀한 게 아니야."

아내도 부끄러운 듯 말했다. "여보, 나도 미안해. 내가 너무 속이 좁았어. 당신이 밖에서 돈 버느라 고생하는데 내가 아침에 늦잠자면 안 되는 거였어."

"아침밥은 내가 차려 먹을게. 내가 매일 집에 늦게 들어가서 당신 자는 걸 방해하잖아. 당신은 아침에 좀 더 자야지." 남편은 서둘러 말했다. "아까 집에서 그렇게 심하게 얘기해서 미안해. 나도 내가 부족하다는 거 잘 알아 …… "

아내도 서둘러 자신을 반성했다. 이렇게 해서 이혼의 위기는 잠잠해졌다. 그후로 부부는 서로 사랑하고 양보하며 행복하게 잘 살았다.

사랑을 위한 양보는 행복의 시작이다! 사소한 일로 당신의 사랑에 빨간불이 켜졌을 때, 자존심을 내려놓고 한 걸음 양보하라. 어쩌면 행복은 바로 맞은편에서 당신이 파란불을 켜기를 기다리고 있을지도 모른다.

사랑의 상처는 더 큰 사랑으로 치료해야 한다

연애할 때 생겨난 감정은 현실에서 점차 원래의 모습을 잃게 된다. 연애와 현실의 자질구레한 일들은 함께할 수 없기 때문이다.

하지만 결혼은 다르다. 결혼은 낭만과 함께하기 어려우며 오히려 일상의 먹고 자는 사소한 일들과 밀접한 관계가 있다. 일상에서 즐거움을 찾는 법을 배우지 않으면 사랑은 오래 지속될 수 없다.

잡다한 집안일과 매일 늘어나는 가계 지출은 부부의 감정에 안 좋은 영향을 미친다. 결혼 전의 동경과 결혼 후의 현실은 큰 차이가 있고, 낭만에서 현실로 변화하는 시련을 감당하다 보면 부부는 서로 지치게 된다. 이는 의심할 여지가 없는 사실이다.

친구 한 명이 결혼생활의 풍파를 한차례 겪으면서 그릇 하나를 통해 부부생활의 참 의미를 발견했다고 한다. 그의 이야기는 우리가 본보기로 삼을 만하다.

친구는 스물다섯 살 이전까지는 설거지를 해본 적이 없었다. 그는 결혼 후에야 그릇과 교류하기 시작했다. 그는 설거지를 싫어했다. 그의 아내도 물론 설거지를 싫어했다. 그래서 식사를 마치고 나면 싱크대에는 기름투성이의 그릇이 한가득 쌓여있었다. 생활을 유지해 나가기 위해서 그들은 여러 가지 방법을 생각했다. 예를 들어 그가 밥을 하면 아내는 설거지를 하고, 그 다음에는 서로 역할을 바꾸었다. 그들은 또 가위 바위 보로 누가 더 운이 좋은지 알아보기도 했다. 추운 겨울, 가위 바위 보를 해서 진 사람은 하는 수 없이 「북풍이 불면」이라는 노래를 부르며 찬물에 손을 담그고 그릇을 씻어야 했다.

하루 종일 부엌세간과 씨름하며 살다 보니 어느 날 문득 사는 게 재미없어졌다. 두 사람은 점차 싸움이 잦아졌고 상대방에 대한 불만도 커져 갔다. 그는 몇 년 전 작은 새처럼 가냘팠던 아내의 눈이 원망으로 가득 차 있는 모습을 발견했다. 길고 가늘던 손도 언제부턴가 몹시 거칠어져 있었다. 그러던 어느 날, 서로 물러서지 않고 싸우던 중에 그는 손에 들고 있던 밥그릇을 내던지고 말았다. 그릇은 산산조각이 나서 사방으로 튀었고, 아내는 흐느껴 울기 시작했다.

그는 몰랐겠지만, 그가 깨뜨린 건 단지 밥그릇 하나가 아니라 두 사람의 친밀한 감정이었다. 그때부터 두 사람 사이는 굉장히 서먹해졌고, 말 한 마디 할 때도 굉장히 조심스러웠다.

나중에 그는 일이 너무 바빠져서 집에서는 거의 밥을 먹지 않았다. 아내도 집안일을 줄이려고 동네 식당에서 대충 끼니를 때웠다. 주방은 어느덧 냉랭함이 감돌았다. 그릇은 더 이상 맛있는 음식을 담지 못하고 방치되었다. 설거지 때문에 싸움을 하지 않게 되자, 그들이 서로 대화하는 시간도 점점 줄어들었다. 그들은 각자 인터넷으로 다른 사람과 이야기했다.

이렇게 하루하루를 보내던 어느 날, 그는 아내가 시든 꽃처럼 생기를 잃고, 두 눈에 지친 기색이 가득한 모습을 발견했다. 병원에 가서 검사를 해보니 빈혈이었다. 의사는 아내의 빈혈이 심해서 음식을 잘 챙겨 먹어야 한다고 말했다.

아내의 누런 얼굴을 보자 그는 문득 안쓰러운 마음이 들었
다. 그는 대추와 연밥, 율무를 사서 요리책대로 아내에게 죽을
끓여 주었다. 아내는 그와 한 그릇을 쓰겠다고 고집을 부렸다.
그래서 그들은 서로 번갈아 가며 죽을 먹었다. 그의 보살핌 덕
분에 아내의 얼굴은 차츰 생기를 되찾았다. 그들은 처음 연애
하던 시절로 되돌아간 것 같았다.

그후로 그와 아내는 서로 설거지를 하겠다고 나섰다. 그릇
이 하나하나 씻겨 나올 때마다 그들은 따뜻한 온기와 평범하
지만 깊은 사랑을 느낄 수 있었다. 이때 햇빛이 주방으로 쏟아
져 들어왔다. 그는 문득 일상이 바로 이 그릇 안에 있다는 사
실을 발견했다. 그들의 삶과 사랑도 이 그릇 안에 있었다. 그
릇을 씻는 건 사랑 위에 쌓인 먼지를 닦아내는 일이었다.

그는 자신도 모르게 그릇을 가슴에 끌어안고 설거지를 하시
던 어머니를 떠올렸다. 그리고 그릇 하나를 같이 쓰자던 아내
를 떠올렸다. 가슴속에 따뜻함이 넘쳐흘렀다. 그는 깨달았다.
사랑을 표현하는 방식은 다양하지만, 어떤 때는 그저 그릇 하
나를 씻는 것도 사랑이라는 사실을.

결혼은 희한한 일이다. 결혼은 원래 남남이었던 두 사람을 한곳
에 모아놓고 서로가 원래 가지고 있던 개성의 모서리를 다듬는다.
그리고 그 과정에서 상대방의 모서리에 찔려 다치기도 한다. 어

쩌면 신혼은 낭만적이고 달콤할지도 모른다. 이른 봄의 꽃망울처럼 갓 피어나는 기쁨은 아름답다. 하지만 세월은 수술용 칼처럼 아름다운 겉옷을 조금씩 벗겨내고 진실의 상처를 드러낸다. 그리고 지난날의 배려와 열정을 벗겨내고 다툼과 냉전, 시샘을 가져온다.

어쩌면 우리는 소설 속 동화 같은 사랑을 너무 많이 봐서 사랑에 너무 큰 기대를 하고 있었는지도 모른다. 그러나 결혼의 본질은 일상의 자질구레함 속에서 착실하게 하루하루를 보내는 것이다. 신혼부부들은 되도록 빨리 이 사실을 깨달아야 한다. 결혼식장에 들어서고 나면 반드시 서로를 이해하고 포용하는 법을 배우고 상대방의 입장에서 생각할 줄 알아야 한다. 그래야만 부부 사이가 꿀처럼 끈끈하고 반석처럼 단단해질 수 있다.

사랑이 신선하면 행복은 달아나지 않는다

사랑은 전설과 같은 환상이 아닌 현실이다. 두 사람이 열심히 체득하고 느껴야만 아름다운 행복을 만들 수 있다. 사랑은 최고급 난초와 닮았다. 결혼이라는 화분에 사랑을 심어 넣는다고 모든 일이 해결되지는 않는다. 부부가 함께 물을 뿌리고, 비료를 주고, 잎을 잘라야만 맨 처음의 아름다움과 향기를 유지할 수 있다.

안셀무스는 간이식당에서 혼자 술을 마시고 있었다. 그때 여자 한 명이 식당으로 들어왔다. 종업원은 그녀에게 자리를 안내했다. 그녀는 마흔 살 정도 되어 보였는데, 옆에서 바라보니 이목구비가 또렷하고 선이 고왔다. 옷차림도 깔끔하고 세련됐다.

안셀무스는 또 다른 테이블에 마흔 살 정도 된 남자가 앉아 있는 걸 발견했다. 남자는 여자를 향해 미소 지었고 여자도 미소로 화답했다.

잠시 후, 남자는 일어서서 밖으로 나갔다. 그는 금세 돌아와 원래 자리에 앉았다. 그의 손에는 난화 한 송이가 들려 있었다. 그는 메뉴판에 뭐라고 쓰더니 종업원에게 건넸다. 종업원은 메뉴판과 난화를 여자 앞으로 가져왔다. 여자는 메뉴판을 보고 살짝 고개를 끄덕였다. 남자는 얼른 자리에서 일어나 그녀에게 다가갔다. "당신과 한 테이블에 앉도록 허락해 주셔서 정말 고맙습니다. 혼자는 너무 따분해서요." 이어서 또 이런 말소리가 들려왔다. "시내에서 자주 그쪽을 봤는데 어떻게 다가가야 할지 모르겠더군요." 여자는 남자의 말을 듣고 상냥하게 미소 지었다. 종업원이 포도주를 가져오자 남자가 말했다. "오늘은 정말 포도주를 마시기에 좋은 날이군요. 자, 우리의 만남을 위해 건배합시다!"

안셀무스는 자리에서 일어났다. 그가 계산할 때 종업원이 귓속말로 말했다. "저 사람들 저런지 굉장히 오래됐어요. 매년 3월 저녁에 남자가 먼저 오고 여자는 나중에 와서 항상 같은 테이블에 앉아요. 몇 년 동안 계속 그래왔죠. 한 번은 제가 저 교수님께 왜 이런 일을 하시냐고 물었더니 '우리는 젊음을 유지하고 싶거든요'라고 대답하더군요."

"그러면 저 여자는 누구죠?" 안셀무스가 종업원에게 물었다.

"저 분의 아내예요." 종업원은 웃으며 대답했다.

만약 우리가 처음 만났을 때의 마음으로 배우자를 대하고, 매일 함께하는 행복한 생활을 소중히 여기고, 마음을 다해 가족을 대하고, 사랑의 분위기를 만들기 위해 노력한다면 평생 행복의 달콤함을 맛보게 될 것이다.

서로 사랑하는 남녀에게 있어서 열정이 지나간 후의 결혼생활은 마치 시골 처녀처럼 소박하게만 느껴진다. 사람들은 "평범한 게 진리다"라는 말을 핑계로 사랑의 감정이 둔해지고 거칠어지는 걸 외면한다. 하지만 만약 우리가 열심히 노력하고 표현한다면 우리 가슴속의 사랑이 어떻게 그렇게 차갑게 변할 수 있겠는가?

우리는 소극적으로 결혼생활을 해 나가서는 안 된다. 그럴수록 단조로움과 짜증만 느끼게 될 것이다. 우리는 적극적으로 결혼생활에 임하고 생활의 즐거움을 찾아내야 한다. 그래야만 결혼생활이 더 행복하고 영원히 신선함을 유지할 수 있다.

사실 노력만 있으면 결혼생활을 신선하게 유지하고 사랑을 영원히 지속하는 일이 가능하다. 당신은 손을 잡고 석양 속을 한가롭게 걸어가는 노부부를 본 적이 있을 것이다. 당신은 그들 사이에 이미 사랑이 없다고 말할 수 있는가? 결혼을 지키기 위해서는 우리 각자가 사랑의 전술을 펼쳐야 한다. 그래야 사랑도 좋은 술처럼 세월이 흐를수록 맛과 향이 더욱 진해진다.

할 수 있는 한 사랑에게 기회를 주어라

사람이 성현이 아닌 이상 누군들 잘못이 없겠는가?

만약 사랑하는 사람이 당신을 배신했다면 절대로 화가 난 상태에서 결정을 내리지 말라. 그러면 당신은 분명 후회하게 될 것이다. 부부는 백년의 인연이다. 가능하다면 끝까지 결혼을 지켜라!

상대방에게 기회를 주는 건 스스로에게 기회를 주는 것과 마찬가지다. 상대방이 아직 당신이 사랑할 가치가 있는 사람이라면 한 번 용서해 주자. 그 사람도 더 큰 성실한 사랑으로 당신에게 보답할 것이다.

루카스는 이름이 조금 알려진 작가이다. 그의 아내는 루카스가 『리옹 석간신문』에 연재하는 단편소설을 타자기로 타이핑하고 인쇄하는 일을 담당했다. 그녀는 또 원고를 깨끗이 베껴서 잘 포장한 다음 신문사로 보냈다. 그녀는 이 일을 하면서 자신이 남편의 파트너라고 생각했다.

그런데 아내가 꿈에도 생각지 못한 일이 벌어지고 있었다. 남편 루카스가 최근에 어떤 이혼녀에게 푹 빠진 것이다. 그 이혼녀의 이름은 카다시안으로, 예쁘게 생긴 여자였다. 그녀는 자신의 아름다운 미모로 루카스를 굴복시켰다. 어느 날 카다시안은 뜻밖에도 루카스에게 결혼을 요구했다.

루카스는 아내와 이혼을 해야만 했다. "음. 이 일은 금방 해결할 수 있을 거야. 결혼한 지 20년이 넘었으니 아내도 더 이상 나를 사랑하지 않을 거야. 이별도 그렇게 괴롭지는 않겠지." 생각은 좋았으나 내성적인 성격의 루카스는 자신의 생각을 밝히기가 힘들었다.

그래서 루카스는 새로운 방법을 생각해 냈다. 그는 이야기를 하나 지어내서 자신과 아내의 상황을 가상의 두 인물에게 투영했다. 그는 아내가 자신의 의도를 알아챌 수 있도록 부부 사이에 있었던 세세한 일들까지 이야기 속에 담았다. 이야기의 결말에서 그는 가상의 인물들을 헤어지게 만들었다. 게다가 아내는 더 이상 남편을 사랑하지 않았기 때문에 눈물 한 방울 흘리지 않고 돌아서서 남방의 숲속 오두막으로 들어가 충분한 돈을 갖고 한가롭고 자유롭게 행복한 생활을 했다는 설명도 덧붙였다.

그는 불안한 마음으로 아내에게 원고를 건넸다. 저녁에 집으로 돌아와서도 아내가 자신을 어떻게 대할지 두근거렸다. "여보, 내가 집에 없을 때 우울하지는 않았어?" 그는 머뭇거리며 말했다.

아내는 평소와 마찬가지로 침착했다. "아니에요. 집에 해야 할 일이 얼마나 많은데요. 그래도 당신이 돌아온 걸 보니 기쁘네요."

설마 원고를 이해하지 못한 건가? 루카스는 어쩌면 아내가 원고를 타이핑하는 일을 내일로 미뤘을지도 모른다고 생각했다. 그런데 알아보니까 아내는 이미 원고 타이핑을 끝내고 꼼꼼히 교정해서 『리옹 석간신문』 편집부에 보내 놓은 상태였다.

아내는 왜 아무 말도 하지 않는 걸까? 그는 아내의 침묵을 이해할 수 없었다. "아내는 성격이 내성적인 사람이었군. 하지만 그래도 원고를 이해했을 텐데 …… "

신문에 이야기가 실리고 나서야 루카스의 궁금증이 풀렸다. 아내가 이야기의 결말을 바꿔 놓았던 것이다. "남편의 요구에 부부는 결국 이혼을 했다. 하지만 23년간의 결혼생활에도 여전히 남편을 사랑했던 아내는 멀리 남방의 숲속 오두막에서 괴로워하다 죽고 말았다."

이게 바로 아내의 대답이었던 것이다!

루카스는 깜짝 놀라며 자신의 잘못을 뉘우쳤다. 그리고 그 날 당장 카다시안을 찾아가 관계를 정리했다. 그러나 아내가 그의 동의 없이 원고의 내용을 고친 이유를 설명하지 않았던 것처럼, 루카스도 자신이 아내가 쓴 새로운 결말을 보았다는 사실을 평생 밝히지 않았다.

"여보, 내가 집에 없을 때 우울하지는 않았어?" 루카스는 집에 돌아와 아내에게 물었다. 그의 말투는 전보다 훨씬 부드러웠다.

"아니에요. 집에 해야 할 일이 얼마나 많은데요. 그래도 당신이 돌아온 걸 보니 기쁘네요." 아내는 이렇게 대답하면서 그에게 손을 내밀었다.

처칠은 이렇게 말했다. "세상에는 절대로 뒤집을 수 없는 일이 두 가지 있습니다. 하나는 자신을 향해 쓰러지는 벽이고, 또 하나는 다른 사람의 품을 향해 쓰러지는 연인이지요." 많은 사람들이 그의 깊은 식견과 교묘한 언어에 감탄했다. 하지만 이 명언 때문에 마땅히 해야 할 노력을 게을리 해서는 안 된다. 끝까지 가보지 않고 쉽게 포기하지 말라. 일도 그렇고 결혼은 더욱 그러하다.

*워쥐는 달팽이집이란 뜻으로 좁은 집조차 장만하기 어려운 서민들의 현실을 빗댄 표현이다. 이 드라마에서 하이짜오는 대학교를 졸업한 후 작은 회사에 취업하여 자기처럼 넉넉지 않은 샤오베이와 사랑에 빠지지만 고위층인 쑹쓰밍을 만나면서 결국 부자인 그의 첩이 되기로 결심한다. 저자는 이런 하이짜오와 샤오베이의 차원이 다르다고 말하고 있다.

Chapter 04
욕망과 한계 사이

육체를 유혹하는 건 돈과 욕심이다. 영혼을 끌어
당기는 건 지식과 이성이다. 욕망은 사람에게 꼭
필요하지만 지나치면 안 된다. 욕망은 사람에게
살아갈 힘을 준다. 그러나 과도한 욕망은 사람이
스스로를 과대평가하고 결국 멸망을 향해 걸어가
게 만든다.

욕망이 깊을수록 기쁨은 줄어든다

한 여자가 친한 친구에게 물었다. "나는 왜 항상 기쁘지 않은 걸까? 대학원까지 나왔고, 훌륭한 남편도 만났고, 부모님도 다 건강하신데 말이야. 나는 왜 항상 뭔가 부족하다고 느껴질까?"

친구가 물었다. "너는 돈이 좀 더 많았으면 좋겠다고 생각하지?"

여자가 대답했다. "맞아."

친구가 물었다. "너희 부부는 나중에 바다가 보이는 집과 오픈카를 사면 좋겠다고 생각하지?"

여자가 대답했다. "맞아."

친구가 물었다. "너는 남편이 밖에서 다른 여자랑 눈이 맞을까 봐 불안하지? 정상적인 이성 관계인데도 질투가 나고?"

여자가 대답했다. "맞아."

친구는 이렇게 말했다. "그러면 나중에 돈과 차, 집, 아이가 생겨도 너희 부부는 여전히 기쁘지 않을 거야. 왜냐하면 너희는 여전히 더 좋은 집과 차를 원하고, 여전히 상대방이 바람을 피울까 봐 불안해 하고, 아이가 명문대에 진학해서 출세하기를 바랄 테니까. 사람은 절대로 만족할 줄 모르거든."

그렇다. 사람은 절대로 만족할 줄 모른다. 그리고 완전히 만족해서도 안 된다. 안 그러면 인생이 정체될 테니까 말이다. 그러나 우리는 어느 정도 욕망을 조절할 수 있어야 한다.

우리의 삶은 마치 한 잔의 맹물 같다. 맨 처음 컵 속의 물은 맑고 투명하다. 색깔도 없고 냄새도 없다. 이는 모든 사람에게 똑같이 적용된다. 그 다음에 우리는 제멋대로 설탕을 넣거나 소금을 넣는다. 마음 내키는 대로. 많은 사람들이 의미 없이 컵 속에 각종 조미료를 넣는다. 컵 속의 물이 흘러넘칠 때까지 말이다. 하지만 나중에 이 물을 마셔 보면 쓰고 떫은맛이 나게 마련이다.

그때 그는 아직 젊었다. 그의 눈앞에는 모든 가능성이 열려 있는 세상이 펼쳐져 있었다.

새벽에 하느님이 그의 곁으로 다가왔다. "소원이 있으면 말해 보아라. 내가 이루어 주겠다. 너는 나의 사랑하는 아들이다. 하지만 기억해라. 단 하나의 소원만 말할 수 있다."

"하지만," 그는 내키지 않았다. "저는 소원이 아주 많은 걸요."

하느님은 고개를 가로저었다. "세상에는 아름다운 것들이 굉장히 많지만 생명은 한계가 있다. 어느 누구도 전부 다 가질 수는 없으니 선택을 하고 포기를 해야 한다. 자, 신중하게 선택해라. 영원히 후회하지 않도록 말이다."

그는 깜짝 놀랐다. "제가 후회를 한다고요?"

하느님은 말했다. "그건 아무도 모른단다. 사랑을 선택하면 마음의 고통을 견뎌야 하고, 지혜를 선택하면 고독과 외로움이 따라오고, 부를 선택하면 돈이 가져오는 번뇌가 생기니까. 세상에는 하나의 길을 선택하고 나서 다른 길을 선택하지 않은 걸 후회하는 사람이 굉장히 많단다. 다시 잘 생각해 보거라. 이 생에서 네가 가장 얻고 싶은 건 무엇이냐?"

그는 생각하고 또 생각했다. 그가 바라는 모든 소망이 그의 곁에서 춤추며 날아다니고 있었다. 그중에 포기할 수 없는 건 무엇일까? 결국 그는 하느님에게 이렇게 말했다. "조금만 더 생각해 볼게요. 조금만 더요."

하느님이 대답했다. "서둘러라, 아들아."

그는 계속해서 비교하고 따져 봤다. 그는 인생의 절반을 목록을 만드는 데 썼고, 나머지 절반을 이 목록을 찢어버리는 데 썼다. 왜냐하면 그는 항상 목록에서 뭔가 빠진 걸 발견했기 때문이다.

이렇게 하루하루, 한 해 한 해가 지나갔다. 그는 더 이상 젊지 않았다. 그는 이미 늙었으며 점점 더 늙어 갔다. 하느님이 또다시 그의 앞에 나타났다. "내 아들아. 아직도 소원을 정하지 못했느냐? 너의 생명은 이제 5분밖에 남지 않았다."

"뭐라고요?" 그는 놀라서 말했다. "지금까지 저는 사랑의 즐거움도 느껴보지 못했고, 돈을 모으지도 못했고, 지혜를 얻지도 못했어요. 제가 원하던 걸 하나도 얻지 못했다고요. 하느님, 어떻게 지금 제 생명을 가져가실 수 있나요?"

5분 후, 그가 아무리 울면서 애원해도 하느님은 어쩔 수 없다는 듯 그를 데리고 갔다.

많은 사람들이 평생을 고민하고 선택하는 데 허비하느라 확실한 한 가지 목표를 세우고 실행하지 못한다. 선택은 인생의 어디에나 존재한다. 전부 다 가질 수는 없으니 어떤 건 취하고 어떤 건 버려야 한다. 모든 걸 욕심내다가는 결국 아무것도 얻을 수 없다.

사실 당신이 온 세상을 가진다 해도 기껏해야 하루에 세 끼를 먹을 뿐이다. 이것은 인생을 깊이 사색한 뒤에 얻게 되는 깨달음이다. 이 숨겨진 의미를 깨닫는 사람은 홀가분하고 자유롭게 살아갈 수 있다. 만족함을 알면 항상 즐겁고, 잠도 푹 자고, 걸음도 안정적이다. 지난 일을 돌이켜 봐도 아쉬움이 남지 않는다.

그러니까 물건이든 지위든 스스로에게 부담을 주지 말고 가벼운 마음으로 마주하자. 자신이 원하는 것을 포기하든 떠나든 괴로워하지 않고 평온하게 받아들이는 법을 배우게 될 것이다. 인생은 무척 짧다. 설사 우리의 육체가 뒷골목에 있을지라도 매 순간의 아름다움을 즐기며 살아야 한다.

인생의 기쁨은 담담함에 있다

똑똑한 사람은 맑은 물과 먼지가 적당히 어우러져서 무슨 일이든 명확하게 따지려 들지 않는다. 물이 너무 맑으면 물고기가 없고, 사람이 너무 깨끗하면 친구가 없다. 가족과 싸워서 당신이 이긴다 해도 혈육 간의 정이 없어진다. 사랑하는 사람과 싸워서 당신이 이긴다 해도 감정이 상한다. 친구와 싸워서 당신이 이긴다 해도 우정이 사라진다. 비록 당신이 옳은 말을 했어도 정을 잃게 된다. 상처받는 건 결국 당신이다.

남편은 평범한 공무원이고 아내는 국가 소유 공장의 작업자였다. 남편은 여가 시간에 글을 쓰거나 책을 읽는 걸 좋아했다. 아름답고 열정적인 아내는 여가 시간에 무도회장에 가서 춤추는 걸 즐겼다.

처음에 남편은 억지로 아내를 따라 무도장에 가곤 했다. 그러나 그런 화려한 생활은 그를 어지럽게 만들었다. 그는 넌더리를 치며 아내에게 다시는 그런 곳에 가지 말라고 설득했다. 하지만 아내는 오히려 이렇게 반문했다. "내가 당신한테 책도 읽지 말고 글도 쓰지 말라고 하면 좋겠어요?"

남편은 말문이 막혔다. 아내는 승리의 미소를 짓고 콧노래를 부르며 무도회장에 춤을 추러 갔다. 방 안에는 아내의 진한 향수 냄새만 남아 있었다. 남편은 멍하니 소파에 앉아 담배를 피웠다. 그는 아내의 말이 논리적이지 않다고 생각했다. 책을 읽고 글을 쓰는 건 고상하고 격조 높은 취미로 정서 함양에 도움이 된다. 하지만 어둡고 방탕한 무도회장은 온갖 사람들이 드나드는 곳으로 돈 없는 건달들이 대부분이다. 그런 곳에서 다함께 미친 듯이 몸을 흔드는 게 어떻게 책을 읽고 시를 읊는 고상한 일과 같단 말인가.

그때까지 집안의 '재정권'은 자연스럽게 아내가 손에 쥐고 있었다. 하지만 아내가 무도회장에 가지 않도록 설득하는 데 실패한 남편은 아내의 경제권을 '동결'하기로 결심했다. 그는 더 이상 자신의 월급을 아내에게 주지 않았다. 아내의 보잘것

없는 월급으로는 매일 무도회장에 드나들고, 댄스 슈즈를 바꾸고, 고급 화장품을 사는 걸 감당할 수 없다고 생각했던 것이다. 하지만 아내는 월급을 전부 춤을 추는 데 사용했다. 아내는 매일 즐겁게 놀았고 집에 돌아와서도 경쾌한 무도곡을 흥얼거렸다. 그러자 남편은 다른 방법을 생각해 냈다.

그는 아내의 방에서 나와 아내를 차갑게 노려봤다. 그는 모든 집안일을 정확히 둘로 나눠 목록을 만들고 아내의 침대 머리맡에 가져다 놓았다. 밥은 당연히 아내가 해야 했고 옷도 당연히 아내가 빨아야 했다. 아이도 물론 아내가 돌봐야 했다. 아내가 일 때문에 바빠서 설거지할 시간이 없을 때도 그는 손가락 하나 까딱하지 않았다. 왜냐하면 '협의서'에 각자 맡은 바 임무를 완수하고 절대 서로 간섭하지 않기로 명시되어 있었기 때문이다. 도와주는 것도 '간섭'의 일종이 아닌가? 경제적인 면에서 그는 자신의 월급을 한 푼도 아내에게 주지 않았다. 그는 심지어 아내가 일하는 곳으로 찾아가 그의 '가장' 신분을 내세워 아내의 월급을 받아 갔다. 아내가 그에게 따졌지만 그는 그럴듯한 핑계를 늘어놓았다. "그전에 당신이 집안의 경제권을 가지고 있을 때 내가 뭐라고 한 적 있어? 이제 내가 관리하겠다는데 안 될 게 뭐야?" 아내는 할 말이 없었다.

그래서 아내도 '냉전' 정책을 펴기로 했다. 아내는 남편의 옷도 빨지 않고 밥도 짓지 않았다. 남편의 물건은 모조리 '남편

방'에 던져 놓았다. 아이는 부부가 하루씩 번갈아 돌봤다. 두 사람 다 한 치의 양보도 없었다. 집은 완전히 둘로 갈라진 거나 마찬가지였다.

나중에 아내는 공장을 그만두고 혼자 매대를 빌려서 옷 장사를 시작했다. 아내의 높은 안목과 세련된 취향 덕분에 장사는 순조로웠다. 얼마 지나지 않아 아내는 자신만의 매장을 개업했고 회사까지 차려서 이전 월급과는 비교도 안 되는 큰돈을 벌어들였다. 이름뿐인 '집'은 그녀의 마음에 어두운 그림자를 남겼다. 그녀는 이혼을 요구했다. 남편은 아이를 핑계로 아내를 붙잡으려 했지만 아내는 결심이 확고해서 흔들리지 않았다.

"우리가 지금 이렇게 사는 게 이혼하는 거랑 무슨 차이가 있는데? 밥도 같이 안 먹고, 잠도 같이 안 자고, 서로 '내정'이니 '외교'니 간섭도 안 하잖아. 이혼만 안했을 뿐이지 우리가 남이랑 다를 게 뭐야?" 남편은 냉정하게 고민한 끝에 이혼에 동의했다. 한때 따뜻하고 행복했던 가정이 결국 이렇게 깨지고야 말았다.

인생의 길에는 굽은 길이나 도랑, 구덩이가 있게 마련이고, 삶은 쓴맛과 매운맛, 신맛이 있게 마련이다. 이해할 수 없는 사람이 있다면 보고도 못 본 체 하라. 눈에 거슬리는 일이 있다면 차라리 본인에게만 집중하라. 납득할 수 없는 이치는 순리에 맡기는 게 낮다. 인생에서 가장 편안한 것은 평범한 즐거움이다. 나이가 들면서 수많은 옳고 그름을 겪다 보면 인생의 기쁨은 담담함에 있다는 사실을 알게 될 것이다.

만족을 알면 항상 즐겁다

인기 텔레비전 드라마 「내 청춘의 주인은 누구인가?」에 나왔던 한 대사가 사람들에게 깊은 감동을 주었다. "너는 개미의 행복이 뭔지 아니?" "알아. 위가 작으니까 욕심을 부리지 않는 거야. 만족할 줄 알면 남들이 한 그릇을 먹어도 배가 안 부를 때 개미는 쌀한 톨을 가지고도 반년을 행복할 수 있어." 이것이 바로 첸샤오양의 행복론이다. 스크린 속에서 미키마우스 가방을 메고 양 갈래로 머리를 땋은 첸샤오양의 소탈한 모습은 수많은 사람들을 감동시켰다. 이토록 짧은 인생에서 얻을 수 없는 걸 쫓느라 눈앞의 행복을 버릴 필요가 어디 있겠는가?

미국의 한 심리학자가 1992년 바르셀로나 올림픽 육상경기에서 비디오카메라로 20명의 은메달리스트와 15명의 동메달리스트의 정서 반응을 촬영했다. 심리학자들은 연구를 통해 막판 스퍼트 직후와 시상대에 올랐을 때, 동메달을 딴 사람이 은메달을 딴 사람보다 더 행복하다는 사실을 발견했다.

연구자들은 이 현상을 분석한 결과 다음과 같은 결론을 내렸다. 동메달리스트는 보통 자신에 대한 기대치가 별로 높지 않다. 애초에 동메달을 따는 게 목표였거나, 메달을 따겠다는 기대 자체가 없었을 수도 있다. 어느 쪽이든 동메달을 딴 건 놀랍고 기쁜 일이다. 한편 은메달리스트는 보통 금메달이 목표인데 우승을 하지 못했으니 아쉽고 속상한 것이다.

연구 결과는 사실이었다. 시상식이 끝난 후 기자가 메달을 획득한 선수들을 인터뷰했을 때, 수많은 은메달리스트가 금메달을 따지 못해 아쉽다고 말했다. 하지만 동메달리스트는 자신이 메달권에 들었다는 사실만으로도 충분히 만족했다. 만족하는 법을 배우고 올바른 목표를 설정해야만 자신의 감정을 지배할 수 있다. 당신이 어느 위치에서 문제를 바라보는지가 당신의 인생 태도를 결정한다. 이룰 수 없는 소망 때문에 낙담하거나 지속해 나갈 용기를 잃지 말라. 차근차근 문제를 바라보면 어떤 것도 당신의 즐거움과 성공을 막을 수 없다.

우리는 얻을 수 없는 걸 추구해서도 안 되고, 현실 상황에 맞지 않는 목표를 세워서도 안 된다. 만약 당신이 낙제했다면 일단 합격하는 것을 목표로 삼아야지 만 점을 목표로 삼으면 안 된다. 만족할 줄 알아야만 현재의 기쁨을 누릴 수 있다.

나귀 한 마리가 있었다. 나귀의 생활은 매우 편안하고 한가했다. 그의 주인은 포목상으로, 단 한 번도 나귀에게 힘든 일을 시킨 적이 없었다. 어쩌다 시내에 물건을 사러 가면 그다지 무겁지 않은 천을 나귀에 싣고 몇 차례 오가는 게 전부였다. 주인이 집에 없을 때마다 나귀는 주인 아들과 함께 산에 가서 풀을 뜯고 산책했다.

어느 날 주인 아들이 나귀 혼자 풀을 뜯게 하고 자기는 친구들과 놀러 산을 내려갔다. 이때 나귀는 이미 발밑의 풀밭에 싫증이 나 있었다. 나귀가 고개를 들어 보니 산 저쪽에 풀이 많이 자라 있었다. 나귀는 흥분해서 달리기 시작했다. 비록 수많은 언덕을 넘어야 했지만 신선하고 맛있는 풀을 먹기 위해 그는 산꼭대기까지 달려갔다.

산꼭대기에 도착했을 때 나귀는 배가 너무 고팠다. 게다가 한참을 뛰느라 온몸이 녹초가 되어 있었다. 그는 풀을 뜯기 위해 몸을 숙였다. 그때 갑자기 맞은편 산에 더 신선하고 맛있어 보이는 풀밭이 있는 게 눈에 들어왔다. 나귀는 눈앞의 맛있는 풀을 버리고 맞은편 풀밭을 향해 달려갔다. 하지만 그는 목적지에 도착하기도 전에 지쳐 쓰러지고 말았다.

불쌍한 나귀는 먼 곳의 풀을 욕심내다가 결국 목숨을 잃었다. 이 나귀가 너무 바보 같은가? 스스로를 한번 돌아보자. 우리 자신도 남의 떡을 욕심내고 만족을 모르며 살고 있지는 않은가?

만족할 줄 아는 건 인간 본성에 대한 수련이다. 만족할 줄 알면 인생의 길에 햇빛이 충만해서 언제든 따뜻함 속에서 살아갈 수 있다. 만족은 인생의 주요 배경이며 인생은 경쾌하고 열정적인 한 편의 교향곡이다.

가질 수 없는 게 꼭 좋은 것은 아니다

우리는 가질 수 없는 것을 아름답고 완벽한 것으로 상상하는 경향이 있다. 하지만 가질 수 없는 것은 우리가 상상하는 것처럼 그렇게 아름답지 않다. 우리가 그것을 아름답다고 여기는 이유는 단지 우리의 욕망이 만족을 얻지 못하면 더욱 더 그것을 갈망하고, 심지어 그것을 완벽한 꿈으로 인식하여 그것을 손에 넣으라고 우리를 자극하기 때문이다.

한 초등학교 교사가 있었다. 그는 항상 평범하고 분수를 지키는 생활을 해왔다. 그러던 어느 날 들어본 적도 없는 먼 친척이 외국에서 세상을 떠나면서 그를 유산 상속자로 지명했다.

친척이 남긴 유산은 만금의 값어치가 있는 고급 의류 매장이었다. 교사는 뛸 듯이 기뻐하며 분주하게 출국 준비를 시작했다. 그가 모든 준비를 끝내고 막 떠나려는 순간, 또 다른 소식이 날아들었다. 의류 매장에 큰 화재가 나서 모든 게 잿더미가 되었다는 소식이었다.

교사는 헛물만 켜고 다시 학교로 돌아갔다. 그는 전혀 딴 사람이 되어 온종일 미간을 찌푸리고 만나는 사람마다 자신의 불행을 하소연했다. "그게 얼마나 큰 재산인데. 평생 월급을 모아 봤자 그 뒷자리 수도 안 된다고."

"자네는 예전하고 똑같아. 잃은 건 아무것도 없잖아?" 그의 동료가 말했다.

"그게 얼마나 큰 재산인데 잃은 게 아무것도 없다고 할 수 있어?" 교사는 마음이 아파서 소리쳤다.

"자네가 한 번도 가본 적 없는 곳에 있는, 자네가 한 번도 본 적 없는 매장에 불이 났는데 그게 자네와 무슨 상관이야?" 동료가 그를 위로했다.

하지만 얼마 후 이 초등학교 교사는 우울증에 걸려서 그만 세상을 떠나고 말았다.

만약 이 초등학교 교사가 정말로 그 고급 의류 매장을 손에 넣었다면 그는 목숨을 잃지 않았을 것이다. 고급 의류 상점을 가질 수 없게 되었을 때, 그는 그것을 가졌더라면 삶이 얼마나 완벽하고 행복했을지 상상하다가 그 상상 속에서 고통스럽게 죽고 말았다. 그가 고급 의류 매장에 대해 지나친 기대를 품지 않았다면 이토록 비극적인 결말을 맞이하지는 않았을 것이다.

평생 가져본 적 없는 물건에 맹목적으로 집착하다가는 의미 없는 소유욕에 갇혀 우울한 날들을 보낼 수밖에 없다. 한 번도 가져본 적 없는 물건은 공허하고 허망한 것이다. 그 물건 없이도 편안한 생활이 가능하고, 어떤 때는 더 홀가분하고 행복하게 살아갈 수 있다.

한 남자가 한 여자를 사랑하게 됐다. 남자는 여자의 환심을 사기 위해 백방으로 노력했다. 그는 여자가 천사처럼 온화하고, 아름답고, 다정하고 귀여운 자기 마음속의 여신이라고 생각했다. 그는 온갖 방법을 써서 여자가 무엇을 좋아하는지 알아내고, 여자가 원하는 것을 만족시키기 위해 매일 고생을 마다하지 않았다.

하지만 여자의 마음속에는 이미 다른 남자가 있었다. 그래서 그녀는 남자의 마음을 받아주지 않고 계속해서 그를 거절했다. 그녀가 자신을 거절할수록 남자는 더욱 더 그녀가 완벽하다고 생각했다. 그는 그녀가 아니면 안 된다고 다짐했다.

결국 남자는 반년 동안 여자를 쫓아다닌 끝에 그녀와 사귀게 되었다. 그때 여자는 이제 막 다른 남자와 헤어진 상태였다. 남자는 여자와 사귀면서 여자가 자기가 상상했던 것처럼 완벽하지 않다는 사실을 발견했다.

남자는 여자가 잘 때 코를 고는 습관이 있다는 사실을 알게 됐다. 남자는 기분이 언짢았다.

그러던 어느 날 여자는 화가 나서 남자에게 성질을 부렸다. 남자는 그녀를 떠나야겠다고 결심했다. 그는 그녀의 여러 가지 단점을 도저히 참을 수가 없었다. 그는 생각했다. "이렇게 예쁘게 생긴 여자가 어떻게 이럴 수 있지?"

남자는 길게 한숨을 쉬며 말했다. "내가 환상에 속았구나."

우리는 어떤 것을 가질 수 없을 때, 그것에 대한 환상을 품는다. 그리고 그것을 갖게 되면 금세 그것의 단점을 발견하고 자연히 흥미를 잃는다. 사람의 마음이 이렇다. 자신에게 속하지 않은 걸 애써서 좇다가 정작 손에 넣게 되면 거들떠보지도 않는다. 그러다가 나중에 잃고 나서 후회해도 그때는 이미 너무 늦었다.

가질 수 없는 것을 간절하게 원하는 건 모든 사람들이 공통적으로 앓는 병이다. 거울 속의 달이나 물속의 꽃과 같은 허상에 미혹되지 말고 진실한 삶을 살아라. 득과 실을 시시콜콜 따지다 보면 삶이 무미건조해진다.

욕망을 합리적으로 제어하라

욕망이 지나치면 탐욕이 되고 구애받는 것도 많아진다. 욕망이 적을수록 자유롭고 행복한 삶이 가능하다. 영원히 만족할 줄 모르는 사람은 절대로 행복을 느끼지 못한다.

사람은 배고프면 먹을 것을 원하고 목마르면 마실 것을 원한다. 추우면 옷을 원하고 일을 하면 휴식을 원한다. 행복은 사람의 기본 생존 욕구와 밀접한 관계가 있다. 현실에서 사람들이 느끼고 의식하는 행복은 욕구의 충족 상태로 나타난다. 사람이 생존하고 발전하는 데 필요한 것들이 충족되면 내적인 행복감이 생겨난다. 행복감은 마음이 흡족한 상태로, 사람들이 필요로 하는 대상의 토양에 뿌리내린다.

한편 많은 사람들이 항상 더 많은 것을 원하느라 만족하지 못한다. 민간에 전해오는 『십불족시』(十不足詩)의 내용을 한번 보자.

"배고픔을 면하려고 온종일 일하다가 배불리 먹고 나니 옷 생각이 나네. 겨울에는 비단옷 여름에는 삼베옷을 입고 나니 집안에 아름다운 아내가 없네. 아내 셋과 첩 넷을 들이고 나니 관직이 없어 서럽네. 사품 삼품 벼슬은 눈에 차지 않으니 황제가 되고 싶네. 하루아침에 궁에 오르고 나니 신선 장기 두는 게 부럽네. 신선과 장기를 두고 나니 하늘로 가는 사다리를 찾네. 죽을 때가 되지 않았으면 구천에 가서도 낮다고 불평했을 기세네."

이 시는 욕심쟁이의 끝없는 탐욕을 통쾌하게 그려냈다. 물욕이 지나치면 영혼이 변해서 영원히 만족을 모르게 된다. 재산이 없을 때는 재산을 원하고, 재산이 생기면 벼슬을 하고 싶고, 작은 벼슬을 하면 큰 벼슬이 하고 싶고, 큰 벼슬을 하면 신선이 되고 싶고 …… 이런 식으로 평생 정신적인 평화도 기쁨도 얻지 못하는 것이다.

산시 남부 산간 지역에 아직 가난에서 벗어나지 못한 농민이 한 명 살고 있다. 그는 일 년 내내 깜깜한 굴집에서 지내며 끼니마다 옥수수나 감자를 먹는다. 그의 집에서 가장 값나가는 물건은 국수를 담는 궤짝이다. 하지만 그는 아무런 근심 없이 아침이면 민요를 부르며 일하러 나가고, 산 너머로 해가 지면 또다시 민요를 부르며 집에 돌아온다. 다른 사람들은 그를 이해하지 못한다. 대체 하루 종일 뭐가 그리 즐거운 거지?

그는 이렇게 말한다. "목마르면 마실 물이 있고, 배고프면 먹을 밥이 있고, 여름에 굴집에 있으면 선풍기가 필요 없고, 겨울에는 보일러보다 훌륭한 아랫목이 있으니 사는 게 즐거울 수밖에!"

이 농민은 물질적으로는 결코 풍족하지 않지만 마음속 깊은 곳에서부터 행복을 느낀다. 그는 욕심이 많지 않아서 자신이 가지지 못한 것 때문에 괴로워할 이유도 없다.

　위 이야기의 농민과는 정반대인 상인이 한 명 있었다. 그는 옷을 파는 상인으로 굉장히 많은 재산을 가지고 있었다. 그런데 그는 온종일 근심에 빠져 매일 밤 제대로 잠을 이루지 못했다. 세심한 아내는 상인의 괴로움을 다 알고 있었다. 상인이 근심으로 괴로워하는 모습을 더 이상 볼 수 없었던 아내는 상인에게 정신과 의사를 찾아가 보라고 조언했다. 결국 상인은 병원에 가서 정신과 의사에게 상담을 받아 보기로 결심했다.

　의사는 상인의 두 눈에 핏발이 가득 선 것을 보고 상인에게 물었다. "불면증 때문에 괴로우신가요?" 상인은 대답했다.

　"그래요. 정말 너무 괴롭습니다." 의사는 상인을 타이르며 말했다. "걱정 마세요. 큰 병은 아닙니다. 집으로 가셔서 만약 잠이 안 오거든 양을 한번 세어 보세요!" 상인은 고맙다고 인사한 후 병원을 나왔다.

　일주일 뒤, 상인은 또다시 정신과 의사를 찾아왔다. 그의 두 눈은 빨갛게 붓고 정신은 더욱 피폐해 있었다. 의사는 몹시 놀라며 물었다. "제가 말한 대로 해 보셨나요?" 상인은 억울하다는 듯이 대답했다. "물론이죠. 3만 마리도 넘게 세었다고요!" 의사가 다시 물었다. "그렇게 많이 세었는데도 잠이 오지 않던가요?" 상인은 대답했다. "사실 너무 졸리긴 했지만, 양이 3만

마리면 양털이 얼만데요. 자르지 않으면 아깝잖아요?" 의사가
말했다. "그러면 털을 다 자르면 잘 수 있잖아요?" 상인은 한
숨을 쉬며 말했다. "골치 아픈 문제가 하나 더 있어요. 양 3만
마리의 양털로 만든 스웨터를 어디 가서 판단 말입니까? 이 생
각을 하니까 잠을 잘 수가 없더라고요!"

이 상인은 과도한 스트레스를 받는 사람들의 모습을 현실적으
로 보여 준다. 그들은 갖가지 욕망에 이리저리 휘둘리느라 너무
나 피곤하다. 매일 눈을 뜨면 돈 생각, 눈을 감으면 권력 생각으
로 하루를 보내고 일 년을 보낸다. 이런 사람이 어떻게 행복을 느
낄 수 있겠는가?

어떤 욕망은 꼭 필요하다. 하지만 어떤 욕망은 불필요하다. 꼭
필요한 욕망은 빵이나 물이고, 불필요한 욕망은 권력욕이나 금전
욕이다. 사람이 이익이나 명예를 완전히 포기하고 소박한 생활에
만 만족하며 사는 건 불가능하다. 하지만 불필요한 욕망은 어느
정도 제어해야 한다. 만족할 줄 알고 욕망을 절제하면 욕망의 바
다에 빠져 헤어나지 못하는 상황을 피할 수 있다.

발 크기에 맞는 신발을 신어라

때때로 포기는 실패가 아니라 생명에 대한 여과(濾過), 영혼에 대한 세례, 스스로에 대한 재인식을 의미한다. 살면서 우리가 해야 하는 일은 많다. 그러나 우리의 정신과 체력에는 한계가 있다. 따라서 선택에 직면하면 포기할 줄도 알아야 한다. 인생에는 뭔가를 한 일뿐 아니라 하지 않은 일도 있어야 한다. 뭔가를 포기하고 나서야 정신과 체력을 필요한 일에 더욱 집중할 수 있다.

'중국 신발왕'으로 불리는 아오캉그룹 내부에는 이런 이야기가 전해져 내려온다. 2005년 1/4분기 업무보고 회의에서 사업부 책임자가 보고할 차례가 되었다. 책임자는 신이 나서 말했다. "1/4분기의 원래 계획은 매장 70개를 오픈하는 것이었는데 최종적으로 110개를 오픈하여 목표를 초과 달성했습니다." 왕전타오 회장은 보고를 들으며 미간을 찌푸렸다. "그런 걸 심각한 초과 달성이라고 하는 거네. 아주 나쁜 업무 습관이지." 회장은 거리낌 없이 말했다.

사업부 책임자는 칭찬을 들을 줄 알았는데 지적을 당하자 억울한 기분이 들었다. 그는 이해할 수가 없었다. 이렇게 훌륭한 성과를 내고서 왜 이런 소리를 들어야 하는 거지? 책임자가 뭐라고 항변하려는 찰나, 회장이 재빨리 앞에서 하던 말을 이었다. 회장의 말은 의미심장했다. "생각해보게. 자네가 그렇게 목표를 초과해 버리면 관리나 물류, 인원이 제대로 받쳐 줄 수 있겠나? 품질 보장 없이는 효과적인 시장규모나 이익을 형성할 수 없어. 오히려 기존의 균형을 어지럽히고 소탐대실(小貪大失)하는 결과를 낳지. 맹목적으로 매장만 늘리다가는 오픈하는 매장마다 문을 닫게 돼. 헛수고만 하는 거야. 이건 마치 부부가 아이를 하나만 낳으려고 계획했는데 세쌍둥이를 낳은 거나 다름없어. 부부에게는 울지도 웃지도 못할 일이지. 집안 식구가 갑자기 다섯 명이 되어 시끌벅적한 건 좋지만 기를 능력이 없잖나."

비유에 능한 회장이 차근차근 설명해 주었다. "기억하게. 적당한 게 가장 좋은 거야!" 회장은 마지막으로 강조했다.

적당한 게 가장 좋다. 무슨 일을 하든지 마찬가지다. 자신의 발 크기에 맞는 신발을 신어야 한다. 발이 작은데 큰 신발을 신으면 걸음걸이가 불편할 수밖에 없다. 아무것도 버리지 않으면 결국 어떤 일도 제대로 할 수 없다.

더 좋은 것을 얻기 위해서는 때때로 포기를 선택해야 한다. 손에 든 장미를 버려야만 아름다운 모란을 딸 수 있다. 컵에 남아 있는 물을 따라 버려야만 새로운 물을 더 많이 담을 수 있다. 마음 속의 걱정을 버려야만 즐겁게 영혼의 공간을 비워둘 수 있다. 현대 사회의 경쟁은 매우 치열하다. 찌꺼기를 버려야만 알맹이를 얻을 수 있다. 그리고 자신의 가치를 더 제대로 드러낼 수 있다.

돈의 좋은 점과 나쁜 점

이 세상에서 80퍼센트의 행복은 돈과 관계가 없다. 하지만 80퍼센트의 괴로움은 돈과 매우 밀접한 관계가 있다.

라시드라는 작가는 재산이 자신에게 가져다주는 근심에 대해 생각해 봤다. 몇 년 전 그는 작은 숲을 구입했는데 시간이 지나면서 문제가 생기기 시작했다. 이 재산이 그의 생활에 악영향을 미치게 된 것이다. 그는 이런 상황을 바꾸기 위해서 명상을 시작했고 다음과 같은 사실을 발견했다.

1. 숲은 그의 마음속에 있는 무거운 짐이다. 숲은 그에게 권위를 주었지만 기쁨을 빼앗았다. 이 재산은 그에게 귀찮고 불편한 일들을 가져왔다. 마치 가구가 있으면 먼지를 털어야 하고, 먼지를 털려면 하인이 필요하고, 하인을 고용하려면 거처를 마련해줘야 하는 것과 같다. 그는 연회에 참석하거나 강으로 수영하러 가기 전에도 숲에 대한 일들을 고민하느라 결국 가야 할지 말아야 할지 결정을 내리지 못한다. 즐거웠던 기분

도 이로 인해 사라진다.

2. 그는 자신의 숲이 높이 나는 새를 수용할 수 있을 정도로 더 컸으면 좋겠다고 생각한다. 하지만 그는 자신의 숲과 인접한 이웃의 들판을 구입할 만한 능력이 없다. 그렇다고 강제로 땅을 점령하고 싶지도 않다. 이런 식의 갖가지 제한 때문에 그는 마음이 몹시 심란하다.

3. 재산을 가진 사람은 마땅히 재산을 이용해서 뭔가를 해야 한다고 생각한다. 이를테면 나무를 벤다거나 나무 사이에 새로운 나무를 심는다거나 말이다. 그는 이런 생각을 하느라 고통스럽고 숲이 주는 즐거움도 느끼지 못한다.

4. 지나가던 사람들이 종종 숲에서 블랙베리나 디기탈리스, 버섯 등을 채집해 간다. 그는 이렇게 탄식한다. "하느님, 이 숲이 정녕 제 숲이 맞나요? 제 것이 맞다면 다른 사람들이 숲에서 산책하지 못하게 해도 될까요?"

그는 마지막으로 이렇게 썼다. 어쩌면 나도 몇몇 사람들처럼 숲을 둘러막는 울타리를 쳐서 사람들의 출입을 막을지도 모르겠다. 내가 진정으로 숲을 즐길 수 있을 때까지. 하지만 그렇게 되면 나는 점차 뚱뚱하고 탐욕적이며 겉은 강해 보이지만 속은 이기심으로 가득 찬 사람으로 변하게 될지도 모른다. 그리고 밤새 잠을 이루지 못할 것이다!

이것이 바로 재산이 인간의 본성에 미치는 영향이다. 티베트의 위대한 스승 뺄뛸 린뽀체는 이런 말을 했다. "찻잎 하나가 있으면 찻잎 하나만큼의 고통이 생기고, 말이 한 필 있으면 말 한 필만큼의 고통이 생긴다." 돈이 있으면 물론 좋지만 너무 많은 재물은 질곡과 같다. 당신이 만약 돈이 만능이라는 생각을 가지고 있다면 머지않아 고통 속에 빠져 있는 자신을 발견하게 될 것이다.

물론 우리는 모든 죄악과 고통을 돈 탓으로 돌려서는 안 된다. 객관적으로 말해서 돈은 선도 아니고 악도 아니다. 아름다움도 아니고 추함도 아니다. 돈은 분명 사람들에게 고통을 가져오지만 그렇다고 해서 돈이 가져다주는 즐거움을 완전히 부정할 수는 없다. 중요한 건 사람들이 돈을 바라보는 관점이다. 안타깝게도 이 시대 대부분의 사람들은 평상심으로 돈을 바라보지 못한다. 사실 돈이라는 건 생활의 도구에 불과하다. 그런데도 오늘날 사람들은 돈을 '역전할 수 있는 기회'로 생각한다. 그래서 돈이 주도권을 잡고, 선택하고, 인생을 바꾸도록 내버려 둔다.

오늘날 항간에는 이런 말이 나돌고 있다. "돈은 만능이 아니다. 하지만 돈이 없으면 절대 안 된다!" 이 말을 잘 살펴보자. 앞 문장에서는 '만능'이라는 단어를 사용했고, 뒤 문장에서는 강조하는 의미로 '절대'라는 단어를 썼다. 이를 통해 '돈'이 사람들의 마음속에서 얼마나 큰 무게를 차지하는지 알 수 있다. 더 비극적인 사실은, 계속 이렇게 나가다가는 앞 문장의 '아니'라는 말까지 지우게 될지도 모른다는 것이다. 누군가 이런 말을 했다. "BMW에 앉아 우는 한이 있어도 자전거 뒷좌석에 앉아 웃지는 않겠다!" 이런 사람은 돈 때문에 즐거움을 팔고, 감정을 팔고, 행복을 팔고, 심지어 진심과 자기 자신까지 팔아 버린다. 그들에게 있어서 돈으로 살 수 없는 건 아무것도 없다.

이런 사람을 과연 부유하다고 말할 수 있을까? 그들의 겉모습은 아름다울지도 모른다. 하지만 그들의 영혼은 의심할 여지없이 척박하다. 그들은 재물을 소유했다고 착각하지만 사실은 재물이 그들을 소유한 것이다. 돈을 탓해서는 안 된다. 돈은 죄악의 근원이 아니다. 풍족한 생활을 원하는 것 역시 잘못이 아니다. 잘 먹고, 잘 입고, 잘 자고 싶지 않은 사람이 어디 있겠는가? 하지만 이런 욕망에는 한계가 있어야 한다. 끝도 없이 욕심을 부리면서 남의 떡이 크다고 부러워하면 안 된다. 마음에 '돈'이라는 한 글자밖에 없는 건 너무 탐욕스럽다. 알렉상드르 뒤마는 『춘희』에서 이런 말을 했다. "돈은 좋은 하인이자 나쁜 주인이다." 만약 돈을 하인으로 여기면 돈은 있어도 그만 없어도 그만, 많아도 그만 적어도 그만이다. 사람들은 아주 홀가분하고 자유롭게 살 수 있다. 하지만 만약 돈의 노예가 되면 입고 먹을 것이 이미 충분한데도 만족하지 못하고 끝없이 욕심을 부리느라 영원히 기쁨을 얻지 못한다.

사실 돈은 쓸 때만 그 가치가 있다. 쓰지 않고 놔두면 돈은 아무런 의미가 없다. 이 점을 깨닫지 못하고 그저 돈만 파고든다면 그것은 자신의 인생을 돈에 팔아 버리는 것이나 마찬가지다. 돈을 쫓느라 다른 것들을 전부 포기하면 결국에는 돈을 끌어안고 외롭게 늙어갈 것이다.

진정으로 삶을 즐기는 사람은 쓸모없는 물건을 필요로 하지 않는다. 그들은 무거운 짐은 지지 않는다. 좀 더 건강하고 자유롭게 살기 위해서는 쓸모없는 물건을 모두 버려야 한다. 돈은 누군가에게는 굉장히 중요하다. 하지만 삶의 이치를 깨달은 사람에게는 조금도 중요하지 않다. 왜냐하면 돈으로 세상의 모든 것을 살 수는 없기 때문이다.

돈이 '마음의 병'이 되는 것을 막아라

삶의 비극은 가난에 있는 게 아니라 가난할 때 드러나는 비천함에 있다. 물질 때문에 무지해지고 그로 인해 존재의 가치와 방향을 잃게 되는 것이다. 따라서 우리는 수시로 자신의 영혼을 점검하고 영혼 깊은 곳의 빛을 찾아 그 빛이 물질에 가려지지 않도록 해야 한다.

살다 보면 이런 사람들을 자주 보게 된다. 가난했을 때는 부자만 보면 질투하고 급기야 부유층이나 부자 개인의 치부 수단이 합법적인지, 세금은 제대로 내는지 의심하며 부정적인 태도를 갖는다. 하지만 일단 자신에게 돈이 생기거나 갑자기 부자가 되면 또 다른 얼굴로 우쭐대며 거만하게 행동하거나 돈을 잃을까 봐 전전 긍긍한다. 이런 사람은 돈을 너무 중시한 나머지 돈을 모든 것의 기준으로 삼는다. 그들의 마음은 이미 심각하게 균형을 잃었다.

중국의 유명 만담가 자오번산은 2003년 설 특집 방송에서 「마음의 병」이라는 단막극을 통해 물질적으로 풍족해진 현대인들의 정신적인 문제를 날카롭게 풍자했다. 사람들은 이 방송을 보면서 웃긴다고 배를 잡았다. 하지만 이 웃긴 일이 현실에서도 종종 발생한다.

신문 보도에 따르면 쟝쑤 쑤첸시에 사는 이 모 씨는 2위안을 주고 산 복권이 1등에 당첨되어 당첨금 1,254만 위안(약 21억 원)을 받게 되었다. 그는 과도하게 흥분하고 긴장한 나머지 사흘 밤낮을 밥도 못 먹고, 물도 못 마시고, 잠도 자지 못한 채 병원에서 링거를 맞았다. 당첨금을 수령하러 갔을 때 그는 온몸이 떨려서 복권을 숨겨 둔 비닐봉지의 밀봉 테이프를 뜯는 것조차 힘겨워 했다. 심지어 세금 완납 증명서에 자신의 이름조차 쓰지 못했다.

복권에 당첨되었다는 사실을 알았을 때 그는 기쁨보다 걱정이 앞섰다. 복권은 이름을 쓰거나 분실신고를 할 수 없기 때문에 보관하는 게 가장 큰 문제였다. 그는 신발장과 찬장, 냉

장고, 서랍, 옷장, 책장 등 끊임없이 장소를 옮겨 가며 복권을 숨겼다. 그가 난징에 도착해서 호텔에 묵었을 때 복권을 보관하는 문제가 또다시 그를 괴롭혔다. 그는 보통 사람들은 이해할 수 없는 행동을 했다. 그는 시계 매장에 가서 시계 부품을 밀봉하는 방수 비닐봉지를 10장 구입해서 복권에 여섯 겹의 '보호복'을 입혔다. 그리고 완벽하게 방수되는 걸 확인한 후 변기 속에 복권을 집어넣었다. 그는 10분마다 화장실에 가서 복권이 안전한지 살폈다. 당첨금을 수령할 때까지도 마음이 놓이지 않은 그는 직원에게 이렇게 말했다. "꼭 비밀을 지켜 주세요. 꼭 제 안전을 보장해 주셔야 해요!"

당첨금을 직접 눈으로 확인하자 그는 미쳐 버릴 것 같았다. 그는 아내에게도 감히 이 '엄청난 기쁨'을 말해주지 못했다. "아내는 심장병이 있어요. 너무 흥분하면 사고가 날 수도 있거든요." 경험을 통해 그 사실을 알고 있던 그는 우선 아내에게 50만 위안에 당첨됐다고 알려 주었다. 그리고 아내의 기쁨이 가신 후에 또다시 50만 위안을 내놓았다. 그는 이런 식으로 차츰 아내가 1등에 당첨된 사실을 받아들이도록 했다.

이 모 씨 부부의 이야기를 읽다 보면 웃음을 참기가 힘들다. 한바탕 웃었다면 객관적으로 자기 자신에게 질문을 던져 보자. 만약 '내'가 이런 횡재를 한다면 어떨까? 자오번산이 「마음의 병」에서 맡았던 자오다바오라는 인물처럼 겉으로는 물질에 초연한 태도를 보이지만 속으로는 누구보다도 물질을 중요하게 여기지는 않을까?

복권을 사서 1등에 당첨될 확률은 극히 낮다. 더구나 1,254만 위안이라는 당첨금은 더더욱 드물다. 이 모 씨는 원래 부유한 사람이 아니었다. 뜻밖에 얻은 재산은 기쁨이 아니라 정신적인 큰 부담을 가져왔다.

다시 한 번 강조한다. 재산과 돈은 필요하지만 재산과 돈에 미쳐서는 안 된다. 우리는 돈 앞에서 침착한 태도를 유지해야 한다. 침착한 태도를 유지해야 돈에 휘둘려 우습고 어리석은 짓을 하는 걸 막을 수 있다.

오늘날 이 사회에서 명예와 이익을 냉정하고 담담하게 바라본다는 건 확실히 쉬운 일이 아니다. 보통 사람들은 심리적으로 균형을 잡지 못한다. 그러나 사실 평범하고 청빈한 생활은 돈밖에 모르는 생활과 비교했을 때 큰 부족함이나 차이가 없다. 러시아 시인 네크라소프의 장시 「러시아는 누구에게 살기 좋은가」에서 시인은 행복한 사람을 찾기 위해 러시아 곳곳을 누빈다. 나중에 시인이 찾아낸 행복한 사람은 뜻밖에도 호미를 베고 낮잠 자는 평범한 농부였다. 그렇다. 이 농부는 신체가 건강해서 잘 먹고, 잘 마시고, 잘 잘 수 있다. 그가 낮잠을 자는 모습과 코를 고는 소리는 마음에서 우러나는 기쁨과 자유를 드러낸다. 농부는 무엇이 그리도 즐거울까? 그가 즐거운 이유는 돈에 얽매이지 않고 생활의 기준을 매우 낮게 설정했기 때문이다. "사람의 행복과 불행은 뭔가를 얻거나 잃는 것에 달려 있지 않다. 오로지 본인이 어떻게 느끼는지에 달려 있다."

사람들은 생존과 생활을 위해 돈을 벌고 재산을 모아야 한다. 하지만 돈이 어느 정도 모여서 필요를 넘어서면 상황은 달라진다. 돈을 제대로 활용하면 인생을 행복하게 만들 수 있다. 그러나 제대로 활용하지 못하면 돈은 짐으로 변한다. 돈이 마음의 병이 되는 것을 막고 행복을 누릴 기회를 놓치지 말라.

도대체 돈은 왜 버는가?

우리는 항상 돈이 있어야만 삶을 즐길 수 있다고 생각한다. 하지만 삶의 즐거움은 당신의 마음가짐과 상관있지 돈과는 별로 큰 상관이 없다.

아름다운 해변에 출신을 알 수 없는 노인이 매일 똑같은 암초에 앉아 낚시를 했다. 운이 좋든 나쁘든, 낚은 물고기가 많든 적든, 노인은 두 시간이 지나면 바로 낚시 도구를 챙겨서 그 자리를 떠났다.

노인의 기이한 행동은 한 젊은이의 호기심을 자극했다. 어느 날 젊은이는 그만 참지 못하고 노인에게 물었다. "운이 좋을 때 왜 하루 종일 낚시를 하지 않나요? 그러면 물고기를 잔뜩 잡아서 돌아갈 수 있을 텐데요!"

"물고기를 그렇게 많이 잡아서 뭐하게?" 노인은 담담하게 반문했다.

"팔아서 돈을 벌어야죠!" 젊은이는 노인이 멍청하다고 생각했다.

"돈은 벌어서 뭐하게?"

"그물을 사서 더 많은 물고기를 잡고 더 많은 돈을 벌어야죠!" 젊은이는 얼른 대답했다.

"돈을 더 많이 벌어서 뭐하게?" 노인은 상관없다는 표정이었다.

"어선을 사서 바다로 나가 더 많은 물고기를 잡고 더 많은 돈을 벌어야죠!" 젊은이는 계속 대답했다.

"돈을 번 다음에는 뭐하게?" 노인은 여전히 아랑곳하지 않았다.

"선대를 조직해서 더 많은 물고기를 잡고 더 많은 돈을 벌어야죠." 젊은이는 속으로 노인의 어리석음을 비웃었다.

"돈을 더 많이 벌어서 뭐하게?" 노인은 이미 낚싯대를 거둔 상태였다.

"원양 회사를 차려서 물고기도 잡고 운송도 하면서 당당하게 세계적인 큰 항구를 드나들며 더 많은 돈을 벌어야죠." 젊은이는 의기양양하게 말했다.

"돈을 더 많이 벌어서 뭐하는데?" 노인의 말투에는 어느새 조롱이 담겨 있었다.

젊은이는 노인에게 화가 났다. 자신이 질문에 대답하는 쪽이 될 줄은 몰랐던 것이다. "그러면 당신은 돈 안 벌고 뭐하게요?" 그는 이렇게 반격했다.

노인은 웃었다. "나는 매일 두 시간 동안 낚시를 하고 남은 시간에는 아침노을과 석양을 감상하고, 꽃과 채소를 심고, 친척과 친구를 만나면서 즐거운 시간을 보내지. 더 많은 돈이 내게 무슨 소용이 있겠나?" 노인은 이렇게 말하면서 짐을 챙겨 떠났다.

공리적인 사고방식을 버리고 해변에서 여유롭게 낚시하며 돈 때문에 마음 쓰거나 남들과 아옹다옹할 필요 없는 삶. 이 얼마나 부러운 인생의 경지인가! 그런데도 여전히 많은 사람들이 돈을 충분히 벌어야만 돈 걱정 없이 자유롭게 인생을 즐길 수 있다고 생각한다. 하지만 과연 정말 그럴까?

레이 씨는 성공한 상인이었다. 그에게는 사랑하는 아내와 자식, 자동차와 집이 있었고 남들이 부러워하는 사업도 하고 있었다. 사람들은 레이 씨가 정말 운이 좋다고 말했지만 정작 레이 씨는 사는 게 피곤하다고 생각했다. 그는 아침부터 밤까지 접대가 끊이지 않았다. 속으로는 상대방을 없애 버리고 싶다고 생각하면서도 겉으로는 형님, 아우로 부르며 술을 따랐다. 사업상의 계략과 암투는 끊이지 않았고 회사는 바쁘게 돌아가는데 크고 작은 일은 전부 그가 직접 나서야 했다. 더 화나는 일은 집에 돌아갔을 때 아내와 아이가 그를 무시한다는 사실이었다. 아내는 그가 자신에게 관심을 갖지 않는다고 비난했고, 아이는 그가 같이 놀아 주지 않는다고 불만이었다. 레이 씨는 울화가 치밀었다. 자신은 돈을 더 많이 벌어서 가족들을 행복하게 해주려고 밖에서 죽어라 일하는데, 가족들은 어떻게 이렇게 불평만 할 수 있단 말인가? 그러다가 그는 일 때문에 전부터 미뤘던 가족 여행을 또다시 미루게 되었다. 이 일로 아내는 화가 났고 두 사람은 한바탕 말싸움을 벌였다. 아내는 아이를 데리고 친정으로 돌아갔다. 레이 씨는 혼자 집에 남아 홧김에 술을 마셨다. "대체 내가 뭘 잘못한 거지?"

레이 씨는 행복의 의미를 잘못 이해했다. 그는 가진 돈이 많으면 많을수록 인생이 행복해진다고 생각한 것 같다. 그는 항상 이렇게 생각한다. "돈을 충분히 벌면 모든 걸 내려놓고 자유롭게 인생을 즐길 거야." 하지만 돈의 유혹은 자신의 손에 쥔 금액과 정확히 비례한다. 가진 게 많을수록 더 많이 갖고 싶어 하는 것이다. 게다가 돈은 늘어날수록 실제 가치와 반비례한다. 가진 게 많을수록 더 많은 것을 필요로 하는 것이다. 돈은 편안함을 사거나 개인의 자유를 촉진할 수 있다. 하지만 일단 돈에 눈이 뒤집히면 돈에게 자유를 빼앗긴다. 만약 레이 씨가 마음가짐을 바꾸지 않는다면, 더 많은 돈을 소유해도 자신과 가족에게 기쁨을 가져다줄 수 없다.

아리스토텔레스는 부자를 이렇게 묘사했다. "그들의 머릿속은 온통 끊임없이 돈을 불리거나 어떻게든 돈을 잃으면 안 된다는 생각으로 가득 차 있다." 돈은 행복한 생활을 위해서 반드시 필요하지만 돈의 액수에는 한계가 없다. 일단 물질적인 욕망에 빠지면 금세 방향을 잃게 된다.

은행가 프랭크는 이런 말을 했다. "나는 200만 파운드가 넘는 재산이 있는데도 큰 부담을 느낀다. 언제까지나 매년 15만 파운드의 기본 수입이 있다는 전제 하에 수입과 지출을 맞출 수는 없다. 나는 자제력을 잃어 가고 있다. 항상 바쁘게 뛰어다니는데도 여전히 수많은 기회를 놓친다. 결정해야 할 순간이 되면 나는 누가 내 창자에 주먹을 집어넣는 듯한 기분을 느낀다. 나는 한밤중에 일어나 보고서를 들춰 보며 마음이 가라앉기를 바란다. 나는 잠을 잘 수도, 멈출 수도 없다. 그런데도 아무것도 나아지지 않는다."

프랑크는 자신이 이룬 모든 일들이 아무 의미가 없다고 생각한다. 그는 자신의 금융 목표를 달성하면 왕이 된 기분을 느끼게 될 거라고 굳게 믿는다. 돈은 이미 그의 자존심과 버팀목이자 인간의 가치를 대신하는 존재가 되었다. 그는 돈 그 자체만으로는 행복해질 수 없다는 사실을 깨달아야 한다. 자신의 가치와 자신에게 중요한 것들을 새롭게 정의하지 않는 한, 그는 성공의 언저리에서 중심을 잡지 못하고 자신의 가정과 건강을 위험 속에 빠뜨릴 것이다.

돈에 집착하는 방식은 다양하다. 프랑크는 그 중 하나일 뿐이다. 그런데 이 모든 방식을 관통하는 공통점이 하나 있다. 바로 돈이 생활을 행복하게 해 주는 도구로서의 가치를 상실하고 그 자체가 목적이 되어버린 것이다. 돈은 사랑이나 신뢰, 가정, 건강, 행복 위에 놓이는 순간 부패하기 시작한다.

필사적인 영혼에도 정비가 필요하다

이룰 수 없는 목표와 손이 닿지 않는 꿈은 자신의 그림자와 같다. 손을 뻗으면 쉽게 닿을 것 같지만 아무리 쫓아가도 닿을 수 없어 괴롭다.

중국 동북지역 깊은 산골에 이런 이야기가 전해져 내려온다. 호랑이는 백수의 왕이지만 힘으로는 흑곰을 당해내지 못한다. 흑곰은 생명력이 강한데다 가죽과 살이 두꺼워서 웬만한 공격으로는 상처를 입지 않는다. 그런데도 호랑이와 흑곰이 싸우면 항상 호랑이가 이기는 이유는 무엇일까?

호랑이와 흑곰은 둘 다 덩치가 크고 힘이 센 맹수다. 둘의 싸움은 몇 날 며칠 계속된다. 호랑이는 싸움을 하다가 지치고 배고프거나 상황이 불리하면 일단 싸움에서 물러난다. 그리고 다른 곳에 가서 사냥으로 배를 채우고 휴식을 취한 후에 다시 싸우러 돌아온다. 한편 흑곰은 싸움을 시작하면 먹지도 않고, 마시지도 않고, 쉬지도 않는다. 그러다가 호랑이가 도망가면 싸움터를 정리한다. 굵은 나무도 뿌리째 뽑아서 한 쪽에 던져놓고 호랑이가 돌아올 때까지 기다렸다가 다시 싸움을 재개한다. 싸움이 길어지면 흑곰은 결국 지치게 되고, 이때 호랑이가 흑곰을 물리치는 것이다.

호랑이와 흑곰의 이야기는 일을 할 때 한 번에 끝장을 보려고 하면 안 된다는 교훈을 준다. 긴장을 풀지 않는 강한 표면 아래에는 자기 자신에 대한 억압과 고집이 몸과 마음의 건강을 위협한다. 자신에게 너무 엄격한 사람은 일반인보다 훨씬 스트레스가 크고 마음이 초조하기 때문에 몸과 마음도 더 쉽게 무너진다. 이런 사람은 의식적으로 자신에게 휴가를 주어야 한다. 이런 상태가 장기간 계속되면 긴장이 풀리지 않아서 극단적인 결과가 나타난다. 많은 사람들이 젊은 나이에 우울증과 같은 마음의 병을 앓는 이유도 자신에게 너무 엄격하기 때문이다.

인생은 긴 여정이다. 인생은 마라톤이지 백 미터 달리기가 아니다. 긴장과 이완이 적당히 어우러져야 열정과 에너지를 끝까지 유지할 수 있다. 밥을 먹을 때 매끼 똑같은 음식만 먹으면 아무리 맛있는 음식도 역겹게 느껴진다. 마찬가지로 계속 긴장을 풀지 않으면 아무리 강한 사람도 언젠가 무너지고 만다. 선현들이 "끈기 있게 계속하라", "끝까지 견지하라"고 한 말은 열정과 에너지를 마지막 한 방울까지 쥐어짜라는 의미가 아니다. 연전연패하더라도 중간에 포기하지 말라는 뜻이다. 우리는 전자와 후자의 차이를 이해해야 한다.

영어 속담에 "일만 하고 놀지 않으면 똑똑한 아이도 바보가 된다"라는 말이 있다. 우리는 일을 인생의 전부로 생각하며 일만 하는 사람을 "일 중독자"라고 부른다. 일 중독자가 일에 파묻혀 지내는 건 일을 사랑해서도 아니고, 의지가 강해서도 아니다. 오히려 일 중독자는 의지가 약한 사람인 경우가 많다. 그들은 인생의 여러 가지 도전에 대처하지 못하기 때문에 도피 수단으로서 자신을 일에 파묻는 것이다. 일 중독자는 업무 성과가 뛰어날지는 몰라도 일상생활에서는 자기 뜻대로 되는 일이 별로 없다.

진정으로 이성과 의지를 갖춘 사람은 움켜쥘 줄만 알고 내려놓을 줄 모르는 사람이 아니다. 그들은 자신감이 있기 때문에 마음의 부담을 잠시 내려놓고 삶의 즐거움을 누릴 줄 안다. 그들은 지혜가 있기 때문에 칼 가는 일이 땔나무 하는 일을 지체시키지 않는다는 사실을 잘 안다. 그들은 의지가 있기 때문에 긴장을 풀면서도 나태해지지 않는다. 그들은 여유 있게 노력과 즐거움 사이를 자유자재로 드나든다.

시간을 내서 주변 사람들을 사랑하라

인생에는 오직 어제와 오늘, 내일만 존재한다. 어제에 사는 사람은 미련하고, 내일에 사는 사람은 기다리기만 한다. 오직 오늘에 사는 사람만 마음이 편안하다. 오늘을 너무 빨리 걷지 말라. 그러다가는 좋은 풍경을 전부 놓치게 된다.

현대인들은 너무 바쁘다. 많은 사람들이 손발을 바삐 움직이느라 한 순간도 쉬지 못하고 인생을 소비한다. 그들에게는 잠시 멈춰 주변을 바라볼 시간이 없다. 아름다움으로 가득 찼던 세상은 결국 텅 비어 분초를 다투는 조급함과 긴장감, 평생의 분주함과 피로만 남는다.

한 젊은 사장이 새로 산 자동차를 빠른 속도로 몰면서 주택가 골목을 지나고 있었다. 그는 길가에서 장난치던 아이들이 갑자기 길 한가운데로 뛰어들까 봐 신경을 곤두세웠다. 아니나 다를까 아이 한 명이 뛰어들었고 그는 제때 속도를 줄여서 아이를 비켜 갔다.

그가 아이들을 지나쳐 갈 때, 아이 하나가 그의 차 문에 벽돌을 던졌다. 그는 화가 나서 브레이크를 밟고 벽돌이 날아온 곳으로 되돌아갔다. 그는 차에서 뛰어내려 벽돌을 던진 아이를 붙잡아 차 문에 밀치며 소리쳤다. "뭐 하는 짓이야! 네가 방금 무슨 짓을 한 줄 알아? 이 못된 녀석 같으니라고!" 그는 계속 소리를 질렀다. "이 차를 수리하려면 네가 얼마를 물어내야 하는지 알아? 도대체 왜 이런 짓을 한 거야?"

아이는 간절하게 말했다. "아저씨, 죄송해요. 다른 방법이 없었어요. 제가 벽돌을 던진 건 아무도 자동차를 멈추려고 하지 않았기 때문이에요." 아이는 눈물을 흘리며 말했다.

아이는 이어서 말했다. "형이 휠체어에서 떨어졌는데 저 혼자서는 형을 휠체어에 앉힐 수가 없어요. 아저씨가 도와주실 수 없나요? 형이 다쳤어요. 그런데 형이 너무 무거워서 제가 안을 수가 없어요."

아이의 말은 젊은 사장에게 깊은 감동을 주었다. 그는 아이의 다친 형을 안아 휠체어에 앉혔다. 그리고 손수건을 꺼내 형의 상처를 닦아 주면서 큰 문제가 없는지 확인했다.

아이는 몹시 고마워하며 말했다. "아저씨, 감사합니다. 아저씨에게 신의 가호가 있기를!"

젊은 사장은 천천히 자동차로 돌아갔다. 그는 자동차를 수리하지 않기로 결정했다. 그는 자동차의 찌그러진 부분을 보면서 자기 자신을 일깨우기로 했다. "주변 사람이 벽돌을 던지기 전에 내 생명의 발걸음이 너무 빠른 건 아닌지 살펴보자."

생명이 당신의 마음에게 귓속말을 하려 할 때 당신은 두 가지 선택을 할 수 있다. 생명의 목소리에 귀 기울이거나 벽돌을 던져서 자기 자신을 일깨워라!

젊은 시절 매일 초과 근무를 하며 죽어라 돈을 벌던 사람이 있었다. 휴일에 동료들이 자녀와 휴가를 떠날 때 그는 친구의 가게 일을 도우며 별도의 수입을 올렸다. 그는 원래 집 대출금을 다 갚고 나면 아이들을 데리고 가까운 태국으로 놀러 갈 계획이었다. 그러나 세 아이가 자랄수록 학비며 생활비는 점점 더 많이 필요해졌다. 그는 돈을 더 함부로 쓸 수 없게 되었다. 놀러 가는 일은 한쪽으로 밀려났다.

부부는 큰아들이 대학을 졸업하면 일주일 동안 일본에 있는 친척을 방문하기로 계획했다. 그런데 출발하기 이틀 전, 그가 아침에 일어났을 때 베개 곁의 아내는 심장병으로 세상을 떠난 뒤였다. 그제야 그는 생명이 돈보다 훨씬 중요하다는 사실을 깨달았다.

이 얼마나 안타까운 일인가? 혹시 당신도 바쁘게 사느라 당신이 사랑하는 사람을 소홀히 하고 있지는 않은가?

사람은 경마장의 말처럼 눈가리개를 하고 죽어라 종점의 흰색 선만 바라보며 달리는 존재가 아니다. 우리는 매일의 일정을 너무 **빡빡하게** 세워서는 안 된다. 주변 풍경을 감상하고 자신 곁의 사랑하는 사람에게 관심을 쏟을 시간을 비워 놓아야 한다.

기쁨은 '내가 가진 것'을 소중히 여기는 것이다

당신은 지금 자신이 가진 걸 소홀히 하고 있지는 않은가? 사람들은 이미 가진 것을 소중히 여기지 않고 정말 좋은 건 다른 곳에 있을 거라고 생각한다. 이런 생각을 버려라. 당신이 가진 게 세상에서 가장 좋은 것이다.

하루 종일 우울하고 즐겁지 않은 남자가 있었다. 어느 날 그는 기쁨을 얻기 위해 현자를 찾아갔다. 현자는 '세상에서 가장 좋은 것만이 그를 기쁘게 해줄 수 있다'고 말했다. 그래서 남자는 세상에서 가장 좋은 것을 찾아 나서기로 결심했다.

그는 짐을 챙기고 가족들과 작별한 후 긴 여정에 올랐다.

첫째 날, 그는 정치인을 만났다. 그가 물었다. "선생님, 세상에서 가장 좋은 게 뭐라고 생각하시나요?" 정치인은 곧바로 대답했다. "세상에서 가장 좋은 거라. 그건 물론 최고의 권력이지!" 남자는 곰곰이 생각해 봤지만 권력은 자신에게 별다른 매력이 없는 것 같았다. 그래서 그는 또다시 길을 떠났다.

둘째 날, 그는 모퉁이에서 햇볕을 쬐고 있는 거지를 만났다. 그가 물었다. "당신은 세상에서 가장 좋은 게 뭐라고 생각하나요?" 거지는 눈을 가늘게 뜨더니 게으른 목소리로 말했다. "가장 좋은 거? 그건 바로 보기에도 좋고 맛도 좋은 음식이지." 남자는 곰곰이 생각해 봤지만 자신은 음식에 별다른 욕심이 없는 것 같았다. 그가 생각하기에 맛있는 음식은 세상에서 가장 좋은 게 아니었다.

셋째 날, 그는 아름다운 여자를 만났다. 그가 물었다. "당신은 세상에서 가장 좋은 게 뭐라고 생각하나요?" 여자는 즐겁게 말했다. "그야 물론 프랑스 파리의 명품 옷이죠!" 남자는 자신이 옷에도 별로 관심이 없다고 생각했다.

넷째 날, 그는 중병을 앓는 환자를 만났다. 그가 물었다. "당신은 세상에서 가장 좋은 게 뭐라고 생각하세요?" 환자는 지친 기색으로 말했다. "그걸 꼭 물어봐야 아나? 세상에서 가장 좋은 건 건강이야." 남자는 생각했다. '어떻게 건강이 세상에서 가장 좋은 것일 수 있지? 나는 지금 건강하지만 전혀 그렇게 생각하지 않는 걸?'

다섯 번째 날, 그는 햇빛 아래서 놀고 있는 아이를 만났다. 그가 물었다. "얘야, 너는 세상에서 가장 좋은 게 뭐라고 생각하니?"

아이는 천진하게 대답했다. "세상에서 가장 좋은 건 장난감이에요!" 남자는 고개를 절레절레 흔들며 또다시 세상에서 가장 좋은 것을 찾아 떠났다.

그후로 남자는 노파와 상인, 죄수, 아이 엄마 그리고 젊은 청년을 차례로 만났다.

노파가 말했다. "세상에서 가장 좋은 건 젊음이지."

상인이 말했다. "세상에서 가장 좋은 건 이윤이지."

죄수가 말했다. "세상에서 가장 좋은 건 자유지."

아이 엄마가 말했다. "세상에서 가장 좋은 건 자식이죠."

젊은 청년이 말했다. "저는 사랑하는 여자가 있어요. 세상에서 가장 좋은 건 그녀의 달콤한 입맞춤이에요."

하지만 그 어떤 대답도 남자를 만족시키지는 못했다.

그는 계속 길을 걸었다. 그리고 수많은 사람들을 만나서 질문했다. 결국 그는 각양각색의 '답'을 들고 또다시 현자를 찾아갔다.

현자는 남자의 실망을 눈치 챈 것 같았다. 현자는 미소 지으며 말했다. "지금 당장 자네의 질문에 대한 답을 찾으려 하지 말게. 영원하고 유일한 정답은 없으니까 말이야. 일단 이 질문을 잘 생각해 보게. 당신이 가장 좋아하는 건 뭐지?"

남자는 먼 길을 걷느라 몹시 춥고 배고팠다. 게다가 얼굴은 온통 먼지투성이였다. 그는 곰곰이 생각해 보더니 이렇게 말했다. "집을 떠난 지 너무 오래됐어요. 저는 사랑하는 아내와 자식이 보고 싶어요. 온가족이 겨울에 난롯가에 모여 웃고 떠들던 시절이 그립습니다." 그는 여기까지 말하더니 이내 탄식했다. "이게 바로 제가 가장 좋아하는 것이군요!"

현자는 그의 어깨를 두드리며 말했다. "돌아가게! 자네에게 가장 좋은 건 자네의 집에 있다네. 그게 자네를 기쁘게 해 줄 거야!"

남자는 의심스러운 듯이 물었다. "하지만 저는 바로 그 집에서 떠나온 걸요?"

현자는 웃으며 말했다. "자네는 집을 떠나기 전까지 자신에게 소중한 게 무엇인지 몰랐어. 집을 떠나고 나서야 그게 무엇인지 알게 됐지."

이미 잃은 것이나 가질 수 없는 것이 자신의 영혼을 휘두르게 하지 말라. 안 그러면 당신은 점점 더 지쳐갈 뿐이다. 게다가 그런 것들을 좇다 보면 지금 가지고 있는 것마저 잃게 될지도 모른다. 눈앞의 진실한 삶과 당신이 가진 모든 것을 소중히 여겨라.

Chapter 05
고통과 기쁨 사이

고통은 본질적으로 나약감과 무능함에 대한 표출
이다. 따라서 강한 영혼이 있으면 고통은 점차 사
라진다. 한편 행복은 영혼의 향기이자 노래하는
마음의 하모니다. 고통과 기쁨은 영혼의 너비에
달려 있다.

우울한 선율은 아름답지 않다

인생이 영원히 즐겁기만 할 수는 없다. 영원한 즐거움을 찾는 건 불가능하다. 하지만 그렇다고 해서 계속 슬픔 속에만 빠져 있으면 안 된다.

행복은 계속 움직인다. 하늘은 행복이 인간 세상에 영원히 머무는 걸 허락하지 않는다. 세상의 모든 것들은 빠르게 변화한다. 영원한 건 아무것도 없다. 주위를 둘러보면 모든 게 변하고 있다. 우리 자신도 변화하는 과정 속에 있다. 오늘 좋아하던 것도 내일이 되면 싫어할 수 있다. 따라서 인생에서 변하지 않는 행복을 찾겠다는 건 공상이나 다름없다.

'영원한 기쁨'이라는 말은 실현될 가능성이 없을 뿐 아니라 황당무계하다. 기쁨은 절대로 영원히 지속되지 않는다. 영원한 기쁨은 마치 네모난 원이나 움직이지 않는 동작과 마찬가지로 앞뒤가 맞지 않는다. 기쁠 때 삶은 빠르고 부드럽게 움직인다. 우리는 파우스트처럼 순식간에 지나가는 시간에 대고 속절없이 외친다. "조금만 더 머물러 줘! 넌 너무 아름답단 말이야!" 그래봤자 무슨 소용이 있겠는가? 인생의 문제는 바로 여기에 있다. 당신이 원하는 건 항상 빨리 지나가 버린다. 빨리 지나가지 않는 건 하필이면 당신이 원하지 않는 것이다.

인생에는 영원한 기쁨도 영원한 슬픔도 없다. 시련은 모두 평등하다. 모든 일이 순조롭고 완벽할 수는 없다. 우리는 항상 봄, 여름, 가을, 겨울을 겪어야 한다. 기쁠 때도 있고, 낙담할 때도 있다 우리는 기쁨이 찾아오기를 바라며 기쁨을 붙잡고 싶어 한다. 그리고 기쁨이 떠나가면 기쁨이 또다시 찾아오기를 바란다. 이 과정이 바로 전 인류가 노력해 온 역사다. 그런데도 우리는 기꺼이 영원한 기쁨이라는 속임수에 넘어간다. 심지어 영원한 기쁨이 있다는 천국에 가기를 희망한다. 이렇게 본다면 인생은 괴롭지만 슬프지는 않다. 기쁨에 대한 희망이 있기 때문이다. 기쁨은 오래 지속되지 않지만 그럼에도 우리는 여전히 인생을 즐기며 살 수 있다. 왜냐하면 인생에는 기쁨뿐 아니라 이상과 희망도 존재하기 때문이다.

시인 쉬즈모(徐志摩, 1896~1931)는 「미래를 믿는다」에서 이렇게 말했다. "거미줄이 무정하게 나의 부뚜막을 뒤덮을 때, 잿더미의 남은 연기가 가난의 슬픔을 탄식할 때, 나는 고집스레 실망의 잿더미를 펼쳐 아름다운 눈꽃으로 '미래를 믿는다.'"

그는 미래를 믿었고 운명이 객관적인 대답을 해줄 거라고 믿었다. 그리고 실제로 운명은 기구한 삶을 살았던 그가 마땅히 누려야 할 미래를 주었다.

시인 쉬즈모는 세상을 떠난 지 한참 됐지만 그의 낭만적인 상상력과 아름다운 시는 여전히 사람들의 가슴속에 남아 있다. 그는 케임브리지대학에서 공부하며 「재별강교」를 썼고 피렌체 골목을 산책하며 「피렌체의 일야」을 지었다. 그리고 일본을 돌아다니며 「사요나라」를 써냈다. 사람들이 쉬즈모의 시를 좋아하는 이유는 그가 섬세하고 구성진 심리 묘사를 통해 사랑과 자유, 아름다움에 대한 갈망을 능숙하게 표현했기 때문이다. 사랑에 실패하고 이상을 실현하지 못했던 자신의 경험 때문에 그의 시는 온화하고 부드러운 말투로 은연중에 쓸쓸한 감정을 드러낸다. 그의 시를 읽은 독자들의 마음에도 슬픔이 더해진다.

슬픈 시를 너무 많이 썼기 때문일까. 쉬즈모 본인조차 이런 말을 한 적이 있다. "삶은 린다이위(*중국 청나라 소설 『홍루몽』에 나오는 인물로 아름다운 용모와 순결한 심성을 가졌지만 결국 비극적인 죽음을 맞이한다)가 아니다. 삶은 슬픔으로 인해 아름다워지지 않는다."

현실에서 기쁨은 삶의 전부가 아니다. 슬픔 역시 삶의 전부가 아니다. 오늘날 많은 사람들이 자신의 블로그에 슬픈 글을 즐겨 쓴다. 순간의 심경을 표현하는 사람들도 있지만, 자신이 얼마나 슬픈지 또는 얼마나 '문학적'인지를 내보이려는 사람들이 더 많다. 하지만 대다수의 사람들은 그런 글을 보고 나서 아주 잠깐 공감할 뿐, 금세 각자의 현실로 돌아가 그 글을 깨끗이 잊고 살아간다. 그러나 그 슬픔의 흔적은 글쓴이 자신을 우울함 속에 빠뜨려 헤어나지 못하게 만든다.

기억하라. 우리가 사는 세상은 슬픔에 빠진 낙오자에게 메달을 주지 않는다.

인생의 의미는 고통을 기쁨으로 바꾸는 데 있다

당신이 원치 않는다 해도 인생의 길은 험난한 가시덤불로 가득하고 신맛과 쓴맛, 단맛과 매운맛이 골고루 존재한다. 당신은 이 모든 것을 뛰어넘어야 한다. 어려움을 극복하는 것이 바로 인생이며 좌절과 고난, 혼란스러움은 인생의 과정이다. 인생의 맛은 다양하다. 한 가지 맛이라도 부족하면 제대로 된 맛이 나지 않는다. 우리는 반드시 직접 하나하나 맛봐야 한다. 다른 사람이 대신해 줄 수 없다.

사실 인생에는 단맛보다 쓴맛이 더 많다. 사람은 고통 속에서 태어나 고통 속에서 죽는다. 사람의 일생은 끊임없이 고통에 맞서 싸우는 과정이다. 인생의 의미는 바로 이 고통과의 싸움에서 가치를 만들어 내는 데 있다.

고등학교 시절에 그는 선생님의 가르침이 마음에 들지 않아 자주 선생님과 충돌을 일으켰다. 배운 것도 없고 별다른 재주도 없었던 그는 말썽꾼으로 불렸다. 반항적이었던 그는 결국 고등학교를 졸업하지 않고 자퇴를 선택했다.

그는 열아홉 살에 아버지의 식품 공장에 들어가 사장직을 맡았다. 그러나 배움이 짧고 관리 경험이 부족했던 탓에 아무리 해도 손익계산서를 이해할 수 없었다. 어느 날 그는 재무팀 입구에서 누군가 이렇게 말하는 소리를 들었다. "아버지 덕에 손익계산서도 볼 줄 모르면서 사장 노릇을 하는군." 그는 얼굴이 화끈거렸다. 그는 화가 나서 큰 소리로 욕을 퍼부으려다가 생각을 바꿨다. "그래. 내가 무능한 게 잘못이지." 그는 그 자리를 떠나면서 마음속으로 결심했다. "언젠가 저 사람들에게 인정받고야 말겠어." 그후 그는 업무 관리를 익히는 한편 식품 공장의 전략을 바꾸는 일에 착수했다. 그는 기존의 수출 사업을 접고 오징어채를 가공 생산하여 내수 판매로 전환하기로 결정했다.

하지만 일은 그의 뜻대로 되지 않았다. 내수 판매로 전환한 지 1년 만에 그는 1억 타이완 달러의 손해를 보았으며 '집안을 말아먹은 놈'이라는 오명을 쓰게 되었다. 그는 우울증에 걸렸다. 늘 사람들이 뒤에서 자신을 손가락질하는 것 같았다. 그는 종종 높은 옥상에 올라가 아래로 몸을 날리는 상상을 했다. 그럴 때마다 그의 아버지는 걱정스러운 목소리로 그에게 말했다. "아들아. 푸른 산을 남겨두면 땔나무 걱정이 없듯이 살아만 있으면 기회는 있단다. 인생의 길에서 좌절하지 않는 사람이 어디 있겠니?" 그는 아버지의 늘어난 흰머리를 고통스럽게 바라보며 옥상에서 내려왔다. 부모님은 끈기 있게 그를 타일렀고 그는 조금씩 자살의 그림자에서 벗어났다.

3년간의 조사 연구 끝에 그는 타이완에 쌀이 심각하게 남아돈다는 사실을 발견했다. 그는 쌀과자 사업이 성장 가능성이 있다고 생각했다. 그는 자신만만하게 일본의 쌀과자 가공 공장을 찾아가 협력을 제안했다. 예순네 살의 일본 사장은 눈앞의 풋내기를 훑어보며 손을 내저었다. "제안은 고맙지만 지금 우리는 다른 곳과 협력하고 싶은 생각이 없네." 그는 일본 사장의 이 말이 완곡한 거절이라는 사실을 잘 알고 있었다. 사장은 자기 회사의 명성에 흠집이 날까 봐 걱정했던 것이다. 그는 다음을 기약하며 일단 물러섰다. 1991년 어느 겨울, 그는 과일을 들고 또다시 일본 사장의 사무실 앞에 나타났다. 마침 이때 사장의 사무실에서 직원 한 명이 걸어 나왔다. 직원은 그에게 사장이 지금 낮잠을 자기 시작했으니 용건이 있으면 자기가 전해 주겠다고 말했다. 그러나 그는 직원에게 고맙다고 인사한 후 문밖에 있는 의자에 앉아서 사장이 일어날 때까지 기다리기 시작했다. 밖에는 하얀 눈이 흩날렸고 그는 자신도 모르게 추위에 몸을 떨었다. 그가 오들오들 떨면서 오후까지 기다렸을 때 드디어 사장의 사무실 문이 열렸다. 사장은 그가 자신을 만나기 위해 밖에서 세 시간이나 기다렸단 사실을 알고 미안한 기색으로 말했다. "젊은이. 자네의 끈기가 대단하구만! 내가 자네에게 바라는 건 오직 하나일세. 본인의 사업에 착실하게 임해 주게."

그는 정신을 차리고 기쁜 목소리로 말했다. "스승님, 저를 믿어 주셔서 감사합니다. 제게 기회를 주시면 절대로 스승님의 기대를 저버리지 않겠습니다." 그의 태도는 겸손하면서도 자신감으로 넘쳤다. 이제 드디어 쌀과자 제조 기술을 배울 수 있게 된 것이다! 그는 성실하고 부지런하게 사업에 임했고, 그의 회사는 금세 타이완 쌀과자 시장을 선도하게 되었다. 얼마 후 그는 중국 시장으로 눈을 돌렸다.

그는 중국 시장의 잠재력이 매우 크다고 생각했다. 갖가지 노력 끝에 그의 회사는 중국 진입에 성공하여 후난성에 진출한 최초의 타이완 기업이 되었다. 어느 날 그는 정저우에서 열린 연회에 참석했다가 운 좋게 300개가 넘는 주문서를 받았다. 그는 자신의 미래가 매우 밝다고 생각했다. 그런데 그렇게 많은 주문서를 받는데도 그 중 어느 한 곳도 돈을 주고 물건을 인수하지 않았다. 그는 너무 막막했다. 주문서대로 생산한 쌀과자는 곧 유통기한이 끝나가고 있었다.

이때 그가 무심코 한 행동이 뜻밖의 행운을 가져왔다. 그는 쌀과자가 버려지는 걸 막기 위해 학생들에게 무료로 쌀과자를 나눠 주었다. 그는 쌀과자를 나눠 주면서 자신이 직접 만든 광고 문구를 곁들였다. "왕왕, 너도 왕, 나도 왕, 우리 모두 왕"(*'왕'(旺)은 중국어로 '기운이나 세력이 왕성하다'라는 뜻을 나타냄) 그의 목소리는 수많은 학생들을 불러 모았고 그가 가져온 쌀과자는 금세 동이 났다. 그가 무료로 쌀과자를 나눠 주는 이유를 알게 된 사람들은 그가 미쳤다고 생각했다. 하지만 그는 여기서 그치지 않고 이 무료 나눔 행사를 난징, 창사, 광저우 등지로 넓혀 나갔다. 그의 쌀과자를 맛본 아이들은 매우 기뻐하며 왕왕 쌀과자를 기억했다.

아이들이 맛있게 먹는 모습을 지켜보던 그의 얼굴에 웃음이 피어났다. 그는 쌀과자 포장지에 귀여운 어린 아이 스티커를 붙여서 "너도 왕, 나도 왕, 우리 모두 왕"이라는 성공적인 광고 문구를 더욱 생동적으로 표현했다. 그리고 그렇게 생산을 시작한 바로 그 해, 그는 2.5억 위안(약 420억 원)이라는 거액의 수익을 벌어들였다.

그의 이름은 차이옌밍으로 현재 왕왕그룹의 회장이다. 오늘날 "왕왕"은 중국에서 모르는 사람이 없을 정도로 유명한 식품 브랜드로 자리매김했으며, "왕왕"의 주인인 차이옌밍은 간식업계의 거물이 되어 "2013년 중국 최고 CEO"라는 영광을 얻었다.

차이옌밍은 포춘 포럼에서 이런 말을 했다. "저에게는 별다른 성공 비결이 없습니다. 제가 하고 싶은 말은 단 한 마디입니다. '하느님이 그대에게 레몬을 주신다면 실망하지 말고 레모네이드를 만들어라!'" 그의 말은 우리의 삶에도 그대로 적용된다. 당신이 고난을 기쁨으로 바꾸는 의지와 용기를 갖췄을 때 성공은 당신 가까이에 있을 것이다.

성장의 과정에는 반드시 고통이 따른다. 이 고통은 더 크고 강해지기 위한 전주곡이다. 이 과정에서 우리는 좌절과 우여곡절을 겪으며 두려움에 떨지만 그러다가 문득 고통은 우리가 아직 배우지 않은 과목에 불과하다는 사실을 깨닫게 된다. 우리는 고통과 함께 춤추는 법을 배워야 한다. 그래야만 고통의 본질과 내면의 참된 모습을 이해할 수 있다. 더 중요한 건 고통이 우리가 꼭 배워야 할 과목을 가르쳐 준다는 사실이다.

마음의 색이 영혼의 색이다

사람이 어떤 사건으로 인해 입은 상처는 본인이 생각하는 것만큼 심각하지 않은 경우가 대부분이다. 사건 그 자체는 중요하지 않다. 중요한 것은 당신이 그 사건을 바라보는 태도다. 태도가 바뀌면 사건 그 자체도 바뀔 수 있다.

이웃집 장 씨 할아버지가 이런 이야기를 해주었다.

예전부터 점술에 관심이 많았던 장 씨 할아버지는 퇴직 후 길가에 자리를 펴고 사람들에게 점을 봐 주며 시간을 보냈다.

그러던 어느 날, 마흔 살 정도 되어 보이는 중년 여성이 할아버지 쪽을 향해 걸어왔다. 그녀는 남루한 옷에 초췌한 얼굴을 하고 있었다.

"아주머니, 점 한번 보세요! 미래를 한번 점 쳐 보세요!" 할아버지는 호객을 하기 시작했다.

중년 여성은 깜짝 놀라며 말했다. "아뇨, 안 돼요. 저는 절대로 점을 보면 안 돼요!"

"왜죠?" 할아버지는 이상하다는 듯이 물었다. 점을 믿지 않는 사람은 여럿 보았지만 자신이 점을 보면 안 된다고 말하는 사람은 처음이었던 것이다.

"20년 전 어떤 점쟁이가 저한테 평생 재수가 없을 거라고 하면서부터 악몽이 시작됐어요. 그때 저는 사귀던 사람이 있었는데 그에게 피해를 주지 않으려고 어쩔 수 없이 그와 헤어졌죠. 나중에 식구들이 결혼을 독촉하는 바람에 저는 가난하고 못생긴 지금의 남편과 결혼했어요. 그런데 남편은 저를 마음 대로 부려먹고 심지어 때리기까지 한답니다. 하늘은 제게 정말 불공평해요!"

알고 보니 그녀는 운명을 믿는 사람이었다. 그 순간 장 씨 할아버지는 기지를 발휘해서 이렇게 말했다. "사실 하늘은 누구에게나 공평하죠. 당신이 20년 동안 불행했던 건 분명히 전생에 진 빚이 많아서 일 겁니다. 제게 손을 좀 보여 주세요. 언제쯤 그 빚을 다 갚을 수 있을지 봐 드릴게요."

"그게 정말인가요? 빚을 다 갚을 수 있을까요?" 중년 여성은 머뭇거리며 손을 내밀었다.

"이런 세상에! 도대체 점을 어떻게 본 거지?" 할아버지는 일부러 깜짝 놀란 시늉을 하면서 크게 소리쳤다. "아주머니 운은 나쁘지 않아요! 마흔 살이 지나면 묵은 빚을 다 갚고 운수가 트이게 됩니다! 그 점쟁이는 대체 왜 평생 재수가 없다고 말한 거지? 완전 돌팔이구면!"

"정말이에요?" 그녀의 눈이 기쁨으로 반짝였다. "제가 올해 마흔 살이거든요. 내년부터는 운이 좀 트일까요?"

"당연하죠. 몇십 년 동안 손금을 연구한 제가 본 것이니 틀림없어요."

몇 개월 후, 중년 여성은 또다시 장 씨 할아버지를 찾아왔다. "어르신, 감사합니다. 어르신 말씀이 맞았어요! 요새는 사는 게 예전보다 훨씬 나아졌답니다."

장 씨 할아버지가 보기에도 그녀는 확실히 예전보다 나아져 있었다. 단정한 옷차림과 웃는 얼굴은 그녀를 십 년은 젊어 보이게 만들어 주었다.

삶은 한 잔의 맹물이다. 소금을 뿌리면 짠맛이 나고 설탕을 뿌리면 단맛이 난다. 삶의 질은 사람의 마음이 조절하는 것이다.

중국 청나라 소설 『홍루몽』을 보면, 똑같은 대관원에서도 류 할머니는 즐거워하고, 린다이위는 슬퍼한다. 똑같은 보름달인데도 이백은 달을 바라보며 홀로 술잔을 기울였고, 두보는 과거를 그리워하며 현재를 슬퍼했다. 똑같이 양쯔강을 바라보면서도 소동파는 멋을 아는 한량을 노래했고, 이욱은 근심으로 가득했다. 마음의 색은 당신이 사는 세상의 색에 영향을 미친다.

즐거운 마음은 인생에게 주는 가장 큰 선물이다. 슬픈 일이 생기면 우는 소리 하는 대신 마음을 열고 고통과 번뇌는 삶의 전부가 아니라 일부라는 사실을 떠올려 보라. 그러면 당신의 삶이 얼마나 아름다운지 깨닫게 될 것이다.

마음에 꽃이 피면 나비가 날아온다

사나운 불길이 풀밭을 태우고 지나가도 슬픔을 이겨내면 봄은
또다시 찾아온다. 중요한 건 봄이 다시 찾아왔을 때 당신이 어떤
표정을 짓고 있느냐이다.

베이베이는 지난주 오랜만에 언니를 만났다. 그녀에게 이
만남은 놀랍고도 기쁜 일이었다. 그녀와 언니는 어려서부터
매우 사이가 좋았다. 하지만 나중에 각자 결혼을 하고 베이베
이는 북경에, 언니는 형부를 따라 외국에 나가 살게 되면서 두
사람은 거의 만나지 못했다. 평소에는 전화나 인터넷으로 서
로에 대한 관심과 그리움을 나눌 뿐이었다. 2년 전 형부가 외
도를 하면서 언니는 이혼 소송과 양육권 다툼, 재산 분할 문제
등 드라마 같은 일들을 겪다가 결국 반년을 앓아누웠다. 그런
데도 언니는 단 한 번도 베이베이에게 힘들다는 말을 하지 않
았다. 전화 통화를 할 때도 언니는 별다른 말을 하지 않았고
베이베이도 자세히 묻지 않았다.

언니를 만나기 전, 베이베이는 마음이 불안했다. 언니의 예
뻤던 얼굴이 미움으로 일그러지고 한때 눈부셨던 생명이 상처
로 가득한 모습을 보게 될까 봐 두려웠던 것이다.

하지만 베이베이의 걱정은 언니를 만난 그 순간 깨끗이 사

라졌다. 마흔이 넘은 언니의 화장은 깔끔했고 눈빛은 반짝였으며 몸매는 날씬했다. 언니는 편한 캐주얼 차림에 긴 머리를 자연스럽게 머리 뒤로 넘기고 현재의 남자친구와 손깍지를 낀 채 웃으면서 걸어왔다.

베이베이는 언니의 모습을 보고 진심으로 기뻤다. 말로 형용할 수 없을 만큼 복잡한 기쁨이었다. 언니의 모습은 마치 첫사랑에 눈 뜬 소녀처럼 달콤했다. 아직 세상의 풍파를 겪지 않아 꽃처럼 예쁘고 물처럼 맑은 소녀 말이다. 하지만 언니는 무정한 남편에게 버림받고 미움과 고통 속에서 헤어나지 못했던 여자였다. 사람들은 언니가 시들었을 거라고 생각했지만 그녀는 가장 어두운 곳에서 빠져나와 여전히 꽃처럼 고운 모습이었다.

한번 생각해 보자. 이때 베이베이의 언니가 초췌한 얼굴에 흐리멍덩한 눈빛, 망가진 몸매를 하고 있었다면 곁에 있는 사람과 이처럼 아름다운 풍경을 만들어 내지는 못했을 것이다. 그러나 중요한 건 그녀의 외모가 아니다. 만약 그녀의 몸속에 고통에 망가진 영혼과 세상에 지쳐 삶을 증오하고 더 이상 사랑을 원하지 않는 왜곡된 인격이 있었다면 아무리 그녀가 몸매를 아름답게 관리하고 우아하게 행동했더라도 '세상이 끝나도 곁에 있어 줄 사람'은 찾지 못했을 것이다.

마흔이 넘은 여자가 인생의 잔인함을 겪고 나서도 소녀 같은 사랑을 한다. 그녀는 새 삶을 얻은 것이다. 그런데 현실에서는 이제 막 서른 살밖에 안 된 여자들이 노파의 마음을 가지고 살아간다. 현실의 크고 작은 일들이 그녀들의 인내심을 바닥내고 인생의 갖가지 어려움이 그녀들의 웃음을 빼앗은 것이다. 꽃 같은 아름다움은 흐르는 세월을 이기지 못하고, 달콤했던 소녀는 근심에 시달리는 성질 급한 아줌마가 되며, 순진하고 착했던 여인은 날카롭고 이기적인 모습으로 변한다.

　물론 인생의 침전물을 지혜로 바꾸는 여자들도 있다. 그녀들은 인생의 고통과 세월의 마모에도 여전히 부드럽고 온화하다. 그녀들은 상처를 받고도 변함없이 사람을 신뢰하며 고통을 맛보고도 변함없이 열정적으로 살아간다. 그녀들은 씩씩하게 일하고 즐겁게 삶을 꾸려 나간다. 그녀들은 세련되게 사람들을 대하고 가장 가까운 사람에게도 절대 상스러운 말을 쓰지 않는다. 그녀들은 자녀와 평등하게 교류하고 배우자와 평화롭게 지낸다.

　그녀들의 삶은 아름답다. 이런 아름다움은 나이와는 관계가 없다. 어떤 선택을 할지는 오로지 당신의 마음에 달려 있다.

최대한 미소를 머금고 살아가라

최대한 미소를 머금고 살아가라. 그러면 외부의 영향을 받지 않고 스스로 자기 감정의 주인이 될 수 있다.

당신은 매일 당신의 삶을 사랑할지 증오할지 선택할 수 있다. 이는 사실 당신이 가진 유일한 권리이다. 당신의 태도는 다른 사람이 통제하거나 **빼앗을** 수 없다. 이 사실을 당신이 항상 기억한다면 인생의 많은 일들이 훨씬 수월해질 것이다.

카터는 평범한 사람이 아니었다. 그는 언제나 기분이 좋았고 모든 사물을 긍정적으로 바라봤다.

누군가가 요새 어떻게 지내냐고 물으면 그는 이렇게 대답했다. "더할 나위 없이 좋지요."

그의 직업은 식당 매니저였다. 그런데 매우 독특한 식당 매니저였다. 그가 직장을 바꿀 때마다 종업원들이 그를 따라 식당을 옮겼기 때문이다. 그는 사람을 격려하는데 타고난 재능이 있었다. 만약 어떤 직원이 우울해하면 카터는 그가 긍정적인 면을 볼 수 있도록 도와주었다.

그의 생활 태도는 많은 사람들의 호기심을 자극했다. 하루는 어떤 사람이 카터에게 물었다. "언제나 사물의 밝은 면만 보는 건 어려운 일이야! 그런데 자네는 대체 어떻게 그 일을 해내는 건가?"

카터는 대답했다. "저는 매일 아침 일어나자마자 저 자신에게 이렇게 말합니다. '카터, 너는 두 가지 선택을 할 수 있어. 하나는 기분이 좋은 거고, 하나는 기분이 나쁜 거야.' 저는 기분이 좋은 걸 선택합니다. 안 좋은 일이 생겼을 때 저는 피해자가 되기를 선택할 수도 있고 그 일을 통해 뭔가를 배우는 걸 선택할 수도 있죠. 저는 뭔가를 배우는 걸 선택합니다. 누군가 제게 하소연하거나 불평하면 저는 그들의 불평에 맞장구치는 걸 선택할 수도 있고 사건의 긍정적인 면을 알려주는 걸 선택할 수도 있어요. 저는 후자를 선택합니다."

"그렇군! 자네 말이 맞아. 그런데 그러기가 어디 쉬운가?"

"쉽습니다!" 카터는 대답했다. "인생은 선택이에요. 시시한 것들을 제거하고 나면 모든 상황에는 오직 하나의 선택만 남게 되죠. 당신은 각종 상황에 어떻게 대처할지, 다른 사람의 태도가 당신의 기분에 어떤 영향을 줄지, 당신의 기분이 좋을지 나쁠지를 선택할 수 있어요. 어쨌든 선택권은 당신에게 있으니까요."

몇 년 후 카터에게 나쁜 일이 생겼다. 뒷문을 잠그는 걸 깜박했다가 총을 들고 침입한 강도 세 명에게 붙잡혀 총을 맞은 것이다. 다행히 그는 제때 발견되어 응급실에 실려 갔다. 열여덟 시간의 수술과 몇 주에 걸친 치료 끝에 그는 퇴원할 수 있었다. 그의 몸속에는 아주 작은 총알 파편이 남아 있었다.

6개월 후, 친구 한 명이 카터에게 요새 어떻게 지내는지 물었다. 그는 이렇게 대답했다. "더할 나위 없이 좋아. 내 상처 좀 보여줄까?"

친구는 카터의 상처를 살펴보고 나서 집에 강도가 들었을 때 무슨 생각이 들었냐고 물었다. "가장 먼저 든 생각은 '뒷문을 잠갔어야 했는데'였지." 카터가 대답했다. "바닥에 쓰러졌을 때 나는 나 자신에게 두 가지 선택이 있다고 알려 줬어. 하나는 죽는 거고 하나는 사는 거였지. 나는 사는 걸 선택했어."

"무섭지 않았어? 의식을 잃지는 않았고?" 친구가 물었다.

"의사와 간호사가 다들 친절했어. 끊임없이 내게 괜찮을 거라고 말해 주었지. 하지만 응급실에 들어갔을 때 나는 그들의 얼굴에서 '이 사람은 끝났어'라는 표정을 읽었지. 나는 뭔가 행동을 취해야만 했어."

"무슨 행동을 취했는데?" 친구가 물었다.

"키 크고 건장한 간호사가 나한테 알레르기가 있냐고 물었어. 나는 얼른 '있어요'라고 대답했지. 의사와 간호사들이 전부 멈춰서 내 말이 끝나기를 기다렸어. 나는 깊게 숨을 들이쉰 다음 큰 소리로 외쳤지. '총알이요!' 다들 웃음을 터뜨렸고 나는 또다시 이렇게 말했어. '저는 사는 걸 선택했어요. 저를 죽은 사람이 아니라 산 사람으로 대해주세요'라고 말이야."

사람은 태어나면서부터 자신의 인생을 시작한다. 많은 사람들에게 인생은 길고 굴곡진 과정이다. 인생의 예상치 못한 수많은 문제는 우리를 당혹스럽고 막막하게 만든다. 그러나 아무리 깜깜한 밤에도 밝은 달 아래에는 언제나 깨끗한 땅이 있게 마련이다. 갖가지 어려움을 만나 고생하더라도 긍정적인 마음만 있으면 우울한 기분을 떨치고 홀가분해질 수 있다.

인생에서 중요한 건 기분과 심리상태다. 심리상태가 좋아서 무슨 일이든 마음을 넓게 갖고 긍정적인 쪽으로 생각한다면 기쁨은 당신에게 가까운 곳에 있다. 반대로 심리상태가 나빠서 무슨 일이든 따지고 전전긍긍한다면 설령 계속 행운이 따르더라도 괴로움 속에서 살아갈 수밖에 없다.

그림자에 영혼을 잠식당하지 말라

인생의 모든 변화와 매력, 아름다움은 빛과 그림자가 만들어 내는 것이다. 빛과 그림자는 서로 뒤섞여 있다. 빛의 뒤편에는 그림자가 있고, 그림자의 끝에는 빛이 있다.

그림자에서 벗어나지 못하는 사람은 평생 악몽과 동행해야 한다. 마음이 햇빛을 가린 사람은 그림자와 만날 수밖에 없다.

"나의 집은 바다를 마주하였으니 화창한 봄날에는 꽃이 피리"라는 기막힌 시구를 쓴 천재 시인 하이쯔(海子, 1964~1989)를 기억하는 가? 넘치는 재능과 명성을 가졌던 천재가 철로에 누워 자살한 이유는 무엇일까? 어쩌면 그는 빛과 그림자의 원리를 깨닫지 못하고 사회의 그림자만 보면서 어두움을 확대했는지도 모른다. 그는 자기 자신을 세상과 격리시키고 우울한 삶을 살다가 결국 비극적인 최후를 맞이했다.

삶의 기쁨과 슬픔은 우리의 생각 속에 있다. 많은 사람들이 인생 곳곳에 있는 크고 작은 그림자에서 벗어나지 못하는 이유는 그들의 타고난 조건이 남들보다 못해서가 아니라 그들에게 사상이나 인내심이 없기 때문이다. 우리는 눈앞에 새로운 출구가 나타날 때까지 천천히 한 곳을 향해 발걸음을 내딛어야 한다.

빛의 존재를 무시하고 그림자만 바라보면 기쁨을 얻을 수 없다. 마음속 그림자를 이겨내지 못하면 영원히 빛으로 나아갈 수 없다.

선태어(仙胎魚)라는 물고기가 있다. 선태어는 동작이 재빠르고 몸이 투명하기 때문에 물속에서 구별해내기가 굉장히 어렵다. 일반인이 선태어를 잡는 건 하늘의 별을 따는 것만큼이나 어려운 일이다.

그런데 노련한 어부는 이 재빠른 선태어를 대량으로 잡는다. 어부가 선태어를 잡는 방법은 간단하다. 두 사람이 각자 뗏목을 타고 강 중앙에서 서로 사이를 벌린 다음, 굵은 밧줄이 물에 닿도록 두 뗏목의 중간 부분을 잇는다. 그러고 나서 두 사람이 동시에 언덕을 향해 천천히 뗏목을 젓는다. 뗏목이 기슭에 닿을 무렵, 언덕에서 기다리고 있던 어부들이 그물을 집어 들고 물가로 나가면 손쉽게 선태어를 건져 올릴 수 있다.

어떻게 물에 닿은 밧줄 하나로 물고기를 강기슭까지 몰아갈 수 있는 걸까?

사실 선태어에게는 치명적인 약점이 하나 있다. 물에 그림자가 비치면 선태어는 절대로 그 그림자 가까이에 가지 않으려고 한다. 물에 비친 밧줄의 그림자가 선태어를 죽음으로 내몬 것이다.

사람은 누구나 조금씩 과거의 악몽을 가지고 살아간다. 이 악몽은 우리를 붙잡고 청춘과 생명을 헛되이 소모하게 만든다. 만약 그림자를 보자마자 겁에 질려 움츠러든다면 조그만 그림자 하나가 인생의 출구를 전부 막아버릴 수도 있다.

그림자를 두려워하지 말라. 그리고 자신의 것이든 남들의 것이든, 그림자 속에서 살아가지 말라.

괴로울 때는 마음에 설탕을 뿌려라

다채로운 삶 속에는 반드시 크고 작은 고통이 존재한다. 성숙한 사람은 고통 속에서 즐거움을 찾고 만족할 줄 안다. 고통은 현실이지만 즐거움은 일종의 태도다. 잔혹한 현실 속에서도 긍정적인 마음을 잃지 않고 스스로 즐거움을 만드는 것이야말로 성숙한 인생이라 할 수 있다.

한 어머니가 있었다. 그녀는 제대로 된 교육을 받지 못해서 간단한 글자를 읽거나 기본적인 산수만 할 줄 알았다. 그런데도 그녀의 자녀 교육 방식은 많은 사람들의 감탄을 자아냈다.

그녀의 집에 있는 병과 항아리에는 백설탕과 갈색설탕, 얼음설탕이 조금씩 담겨 있었다. 아직 어린 아이들이 병에 걸려 괴로워할 때마다 그녀는 빙그레 웃으며 약에 설탕을 섞어 주거나 겉에 설탕을 묻혀 주었다. 보기만 해도 무서웠던 약도 어머니의 손을 거치면 느낌이 완전히 달라졌다. 멀쩡한 아이도 한 입 먹어 보고 싶을 정도로 매력적으로 변한 것이다. 아이들에게 어머니는 쓴 약도 달게 만들고 무서운 일도 재미있는 일로 바꾸는 마술사 같았다.

"얘야, 약이 너무 써서 삼킬 수 없을 때는 겉에 설탕을 묻히면 좀 나아진단다." 이것은 한 소박한 가정주부가 깨달은 인생

철학이었다. 그녀는 비록 많이 배우지는 못했지만 인생을 제
대로 이해하고 있었다.

    이것은 일종의 '뺄셈식 사고방식'이다. 약의 쓴맛을 줄이면 비교
적 쉽게 목구멍으로 넘길 수 있다. 그녀의 아이들은 성인이 되어
가정을 꾸린 지금까지도 기분이 가라앉을 때면 어머니가 하셨던
말씀을 떠올린다. "약에 설탕을 묻히면 좀 나아진단다."
    그녀는 평범한 가정주부였다. 그녀는 아이들에게 물질적으로
많은 것을 해 주지는 못했지만 평생 도움이 되는 정신적인 재산을
물려주었다. 그녀가 아이들에게 심어 준 것은 고진감래(苦盡甘來)에
대한 믿음이었다. 삶의 고통을 아름다운 미래에 대한 상상으로 포
장하면 고통을 희석시킬 수 있다. 마음에 밝은 빛을 품고 긍정적
인 태도로 우울한 날들을 대하면 상황을 바꿀 수 있다.
    싼마오의 『사하라 이야기』를 읽어 본 적이 있는가? 이 책에는 고
통 속에서 즐거움을 찾는 사람들의 이야기가 가득 담겨 있다. 당
신이 이 책의 의미를 이해하고 나면 앞으로 여행을 동경하고 유랑
을 좋아하는 사람들이 싼마오의 작품을 읽은 적이 없다고 말하는
걸 이상하게 여기게 될 것이다.
    이 책에는 서문을 포함해서 총 14가지 이야기가 담겨 있다. 엄
마의 따뜻한 편지로 시작해서 자수성가한 사람의 자술로 마무리
된다. 사하라의 열악한 환경 속에서 싼마오는 원시적인 사고방식

을 지닌 현지인들과 함께 살아간다. 자원이 귀하고 부족한 상황에서도 그녀는 즐거운 명상을 하는 법을 터득한다. 삶이 뜻대로 되지 않을 때에도 그녀는 명상을 통해 작은 희망을 유머러스한 이야기로 변화시켜 흥미진진하게 풀어 나간다.

서문에서 싼마오의 어머니는 이렇게 말한다. "너의『자수성가』를 읽고 나서 나는 마음이 너무 아파 눈물을 흘렸단다. 애야, 너는 단 한 번도 아빠 엄마에게 너의 물질적 빈곤함과 체력적 한계가 너의 건강을 해치고 아프게 만들었다는 말을 하지 않았지. 너는 외지고 황량한 곳에 있는 초라한 작은 집을 (폐품을 사용해서) 너희들의 왕국으로 만들었구나. 나는 네게 그럴 만한 능력이 있다고 굳게 믿는단다."

싼마오와 그녀의 평범한 어머니는 모두 삶에 대한 깨달음을 얻은 사람들이다. 사실 삶은 모순적인 존재다. 고통이 없으면 기쁨도 없다. 우리가 뜻대로 되지 않는 인생 속에서 고통스런 마음에 설탕을 뿌리는 법을 터득한다면 극복하지 못할 어려움은 없을 것이다.

넓게 생각하면 즐겁다

인생의 모든 좋은 일과 나쁜 일, 갈채와 야유는 사실 뜬구름처럼 덧없는 것이다. 지혜로운 사람은 마음을 넓게 갖는다. 마음을 넓게 갖지 않으면 스스로 괴로워진다.

무슨 일이든 마음대로 되기를 바라지 말라. 결정권은 당신에게만 있는 게 아니다. 성공이든 실패든, 영예든 치욕이든 과거는 과거고 추억은 추억일 뿐이다. 가끔씩 회상하는 건 괜찮지만, 지나간 일에서 헤어나지 못한다면 홀로 위축되고 만다.

만약 너무 지쳤다면 자신을 위로해 주어라. 당신을 아껴 주는 사람이 없다면 스스로 자신을 사랑해 주어라. 짜증이 나면 우울해 하는 대신 즐거운 일을 찾아라. 바쁘다면 건강을 잃는 대신 게으름을 피워라. 이미 잃어버린 것이나 얻을 수 없는 것 때문에 아쉬워하지 말라. 삶의 불완전함 때문에 흐느껴 울지도 말라. 당신이 얻지 못한 건 단지 봄날의 꽃 한 송이에 불과하다. 봄날은 온전히 당신의 것이다.

한 소녀가 있었다. 그녀는 언제나 창가에 서서 창밖을 바라보았다. 그녀는 세상을 보는 걸 좋아했지만 세상과의 접촉은 거의 없었다. 그녀는 어려서 소아마비를 앓고 부모님에게 버림받았다. 마음씨 착한 할머니가 그녀를 맡아서 이곳에서 키우게 된 것이었다.

어느 주말, 한 소년이 풀밭에서 고무공을 가지고 놀고 있었다. 그런데 갑자기 고무공이 멀리 굴러가더니 사라져 버렸다.

소년은 사방을 뒤졌지만 고무공을 찾을 수 없었다. 그가 씩씩대며 집으로 돌아가려던 찰나, 달콤하고 수줍은 목소리가 들려왔다. "고무공은 네 뒤에 있는 구멍 속에 있어." 소년이 고개를 들어 보니 예쁘게 생긴 소녀가 창밖으로 얼굴을 내밀고 큰 눈을 깜박이며 고무공을 가리키고 있었다.

고무공을 찾은 소년은 고마운 마음에 소녀에게 함께 놀자고 말했다. 그러나 소녀는 고개를 가로젓더니 방으로 숨어 버렸다. 소년은 한참을 더 놀다가 다시 고개를 들었다. 그는 아까 그 소녀가 자신이 노는 모습을 넋 놓고 바라보고 있는 걸 발견했다. 그녀의 눈에는 눈물이 고여 있었다. 호기심이 생긴 소년은 고무공을 집어 들고 소녀가 있는 창문 쪽으로 다가갔다.

소년은 또다시 소녀에게 함께 놀자고 말했다. 소녀는 눈물을 닦고 소년을 향해 고맙다는 미소를 보냈다. 그리고 자신의 다리를 가리키며 손을 내저었다. 소년은 마음이 아팠다. "많이 속상하지?" 소녀는 고개를 가로젓더니 다시 또 고개를 끄덕였다. "속상할 때도 있지만 금세 지나가." 소녀는 그에게 말했다. "나는 거의 집에서만 지내고 햇빛도 많이 보지 못하지만, 매일 태양이 떠올라 내 방을 비춘다는 사실을 알고 있어. 그리고 태양의 따뜻함도 느낄 수 있지."

때때로 기쁨은 매우 간단하다. 태양을 한번 바라보는 것만으로도 삶이 우리에게 얼마나 많은 것을 주었는지, 삶이 얼마나 충만한지를 느낄 수 있다.

사는 것이 지치고 힘들 때는 이야기 속의 소녀를 떠올려 보라. 사실 당신이 고통스러운 이유는 삶이 무정해서가 아니라 당신이 너무나 쉽게 외부의 영향에 휩쓸리고 타인의 감정이나 언어에 좌지우지되기 때문이다. 당신은 지친 발걸음을 옮기며 길가의 가시덤불과 산비를 두려워한다. 그리고 남들이 당신을 이해하지 못할까 봐, 당신을 이해해주는 사람을 만나지 못할까 봐 걱정한다. 날씨의 변화나 사람들의 태도, 풍경의 변화가 모두 당신의 기분에 영향을 미친다. 하지만 이런 것들은 당신이 현실적으로 어떻게 할 수 없는 일들이다. 그러니 담담해져라. 그러면 하늘은 흐렸다가도 맑아지고 사람은 모였다가도 흩어지는 법이니 애써 힘들일 필요가 없다는 사실을 깨닫게 된다. 또한 타인을 멀리하지 않고도 자연스럽게 자유를 얻을 수 있다. 맞은편에 모래바람이 불어와도 웃는 얼굴로 마음을 넓게 가져라. 자신의 본분을 다하고 자신에게 속한 행복을 즐겨라. 두려워하는 마음이 없으면 평화롭고 자유롭게 살 수 있다.

자신의 즐거움을 타인의 손에 맡기지 말라

아무리 어둡고 흔들리는 인생이라도 건널 수 있는 배는 있다. 그리고 이 배는 바로 우리 손안에 있다. 모든 생명은 마음에 응어리를 가지고 있다. 이 응어리는 자신이 만든 것이고 자신만이 풀 수 있다. 생명은 계속되는 응어리 속에서 성장하고 다시 태어난다.

성숙한 사람은 기쁨의 열쇠를 스스로 손에 쥐고 있다. 그들은 남들에게서 기쁨을 받기를 바라지 않으며 오히려 남들에게 기쁨을 가져다준다. 사람은 누구나 마음속에 기쁨의 열쇠를 가지고 있다. 하지만 대부분의 사람들이 이 열쇠를 남에게 맡겨 놓는다.

한 부인이 말한다. "나는 사는 게 즐겁지 않아요. 남편이 항상 일 때문에 나한테 소홀히 하거든요." 이 사람은 기쁨의 열쇠를 남편 손에 맡긴 것이다.

한 어머니가 말한다. "아들이 제대로 된 직업이 없어서 나이가 찼는데도 결혼을 못 하고 있어요. 너무 속상해요." 이 사람은 기쁨의 열쇠를 자녀의 손에 맡긴 것이다.

한 할머니가 말한다. "아들 며느리가 효도를 안 해요. 과부살이 하면서 힘들게 아들을 키웠는데. 아이고, 내 팔자야."

한 남자가 말한다. "사장이 보는 눈이 없어서 제 능력을 인정해 주지 않아요. 정말 의욕이 떨어집니다."

한 젊은이가 식당에서 나오며 말한다. "식당 서비스가 너무 엉망이야. 열 받아 죽겠네!"

이 사람들은 모두 기쁨의 열쇠를 남의 손에 맡겼다. 남들의 행동이 자신의 기분에 영향을 미치는데 어떻게 즐거울 수 있겠는가?

남들이 우리의 기분을 지배하도록 내버려 두면 우리의 뇌는 스스로를 피해자로 인식한다. 뇌가 이렇게 부정적으로 설정되면 우리는 현재 상황에 대해 무력감을 느끼고 매사에 남을 탓하며 원망하게 된다. 부정적인 생각이 우리에게 "내가 이렇게 괴로운 건 다 '저 사람' 때문이야!"라고 말하기 때문이다. 우리는 남들이 우리의 괴로움을 책임지고, 남들이 우리에게 기쁨을 주기를 바란다. 이런 식으로 타인에게 지배당하는 인생은 가엾고 슬프다.

긍정적인 태도야말로 우리가 스스로 인생을 지배하고 즐거움을 찾도록 해주는 열쇠다.

행복은 바로 당신 곁에 있다

악착같이 행복을 좇을 때는 오히려 고통과 마주하게 된다. 홀가분하게 살다보면 행복이 줄곧 자기 곁에 있었다는 사실을 발견하게 된다.

추운 겨울, 외지에서 일하는 친구 한 명이 쥐안이 살고 있는 카이펑 시에 출장을 왔다. 둘은 함께 옛 거리를 걸으며 추억을 되새기기로 약속했다. 그런데 집을 나설 때까지만 해도 좋았던 날씨가 오후가 되니 갑자기 찬바람이 불면서 기온이 뚝 떨어졌다. 하늘에서 햇빛이 계속 비추는데도 차가운 바람 때문에 양 볼은 에이는 듯 아팠다.

쥐안과 친구는 덜덜 떨면서 변화무쌍한 날씨와 갑작스런 한파를 원망했다. 즐거웠던 기분도 한파에 휩쓸려 순식간에 자취를 감추고 말았다.

쥐안은 친구를 데리고 카이펑푸(*중국 북송시대 최고의 관청으로 현재는 카이펑 시의 유명 관광지가 됨)로 들어갔다. 벽돌의 이끼는 말라 있었고, 한때 꽃과 풀로 무성했을 지붕 벽돌과 담장 틈새만이 과거의 번영을 말해 주고 있었다. 카이펑푸 안에는 길고 좁다란 한적한 작은 골목이 있었다. 그곳을 걸으니 날씨가 더욱 춥게 느껴졌다.

모퉁이를 돌자마자 쥐안과 친구는 마치 다른 세상에 들어선 것 같았다. 갑자기 찬바람이 멈추기라도 한 것처럼 햇볕이 따스하게 느껴졌다. 둘은 깨끗한 돌을 집어서 계단에 앉아 오랫동안 이야기를 나눴다. 푸른색 벽돌을 쌓아 만든 담장 하나가 시끄러운 바깥세상을 차단해 주었다.

얼마 지나지 않아 두 사람의 몸은 훈훈해졌고 추위도 완전히 사라졌다. 친구가 말했다. "정말 이상한 일이지. 모퉁이 하나를 돌았을 뿐인데 완전히 다른 세상 같아." 방금 전까지 두 사람은 길에서 찬바람과 추운 겨울, 인생에서 뜻대로 되지 않는 일들을 불평했다. 하지만 몸을 돌려 모퉁이를 도는 순간 지금껏 겪어 보지 못했던 고요함과 따뜻함을 느끼게 되었다.

우리의 삶도 마찬가지다. 수많은 행복이 당신의 일상 속, 눈에 띄지 않는 곳에 존재한다. 너무 익숙해서 신경조차 쓰지 않게 된 것이다. 우리는 행복이 너무 먼 곳에 있다고 불평한다. 하지만 빛이 있는 곳에 서면 행복은 그림자처럼 우리 곁을 떠나지 않는다. 우리가 고개를 숙이고 몸을 돌리는 걸 잊었을 뿐이다.

배고플 때는 눈앞의 뜨끈뜨끈한 국수 한 그릇이 바로 행복이다. 하루 종일 피곤하게 일하고 나면 집에서 푹신한 침대에 눕는 게 행복이다. 목 놓아 울 때 옆에서 누군가가 따뜻하게 손수건 한 장을 건네주는 것 역시 행복이다.

자신의 주변으로 시선을 돌려라. 행복은 어디에나 있다는 사실을 깨닫게 될 것이다.

행복이 습관이 되면 불행하기가 더 힘들다

행복은 정원에 떨어진 꽃이나 먼 곳의 구름과 같다. 당신에게
필요한 건 오직 차분하고 담담한 마음가짐뿐이다. 행복은 다른 사
람한테서 찾는 게 아니라 혈관에 흐르는 습관이다. 당신은 이 습
관이 흘러넘치고 뻗어 나가는 걸 분명히 느낄 수 있다.

행복이 습관이 되면 순리에 따르는 평범한 일상도 잔치가 될 수
있다.

구식 기차의 침대칸 화장실에서 다섯 명의 남자가 수염을
깎고 있었다. 기차에서 하룻밤을 보내고 다음날 새벽이 되면
수많은 사람들이 이 좁은 곳에서 세수와 양치질을 한다. 이때
대부분의 사람들은 무심한 표정으로 서로 이야기조차 나누지
않는다.

그런데 바로 이때, 한 남자가 미소를 지으며 걸어 들어왔다.
그는 유쾌한 목소리로 사람들에게 아침 인사를 건넸다. 하지
만 대꾸하는 사람은 아무도 없었다. 그의 차례가 돌아오자 그
는 주변 사람들은 아랑곳하지 않은 채 노래를 흥얼대며 즐겁
게 수염을 깎았다. 사람들은 그의 이런 행동이 몹시 불쾌했다.
그때 누가 차갑고 비꼬는 말투로 남자에게 말했다. "이봐! 뭐
즐거운 일이라도 있나 보지?"

"그래요. 당신 말이 맞아요." 남자가 대답했다. "당신 말대로 저는 지금 굉장히 즐거워요. 정말로 유쾌하답니다." 남자는 다시 말을 이었다. "저는 스스로 행복하다고 생각하는 걸 습관으로 만들었거든요."

그때 화장실에 있던 사람들은 전부 "저는 스스로 행복하다고 생각하는 걸 습관으로 만들었거든요"라는 이 말의 깊은 뜻을 마음속에 확실히 기억해 두었다.

우리가 일상 속에서 행복을 느끼지 못하는 이유는 대부분 불행이 습관이 되었기 때문이다. 불행한 생각을 하는 사람은 정말로 일을 그르치게 된다. 그러나 아름다운 기대를 품고 하루하루를 시작하면 행복은 당신 곁을 맴돈다. 사고방식을 바꾸어 행복을 일종의 습관으로 만들고 습관적으로 삶의 밝고 즐거운 면을 찾아라. 그러면 분명 건강하고 행복한 사람이 될 수 있다.

무슨 일이든 견뎌낼 수 있다

우리는 어려움이 생길 때마다 피할 수 없는 치명적인 재난이 닥친 것처럼 놀라고 겁먹는다. 그러나 우리가 용기를 갖고 내재된 에너지를 깨우는 순간 위험은 사라지고 모든 일은 한바탕 소란으로 마무리 된다. 정말로 강한 사람은 무슨 문제가 생기든 침착하게 대처한다. 폭풍우가 닥쳐올 때 나약한 사람은 굴복하지만 강한 사람은 차분하게 앞일을 준비한다.

어윈의 아버지는 일흔에 가까운 나이에 병에 걸렸다. 과거 캘리포니아 복싱 챔피언이었던 아버지는 그전까지 줄곧 정정하게 살아왔다.

어느 날 저녁 식사가 끝난 후, 아버지는 가족들을 자신의 방으로 불렀다. 아버지는 창백한 얼굴로 계속 기침을 했다. 그는 힘겹게 가족들을 차례로 바라보며 느릿느릿 말했다. "캘리포니아 챔피언 대항전에 참가했을 때 내 상대는 덩치 큰 흑인 선수였어. 체격이 왜소했던 나는 계속 맞기만 했지. 잇몸에서는 피가 흘렀어. 휴식시간이 되자 코치가 나를 격려해 주었어. '스티븐, 아프지 않지? 너는 12라운드까지 버틸 수 있어!' 나도 말했지. '안 아파요. 저는 할 수 있어요!' 나는 내 몸이 돌덩이나 철판처럼 단단해지는 걸 느꼈어. 상대의 주먹이 내 몸을 때릴 때 텅 빈 소리가 들렸지. 나는 넘어지면 다시 일어서고 일어서면 또다시 넘어지면서 결국 12라운드까지 버텼어. 상대도 나를 두려워하게 됐지. 나는 반격을 시작했어. 정신을 집중해서 쇼트 훅과 롱 훅, 어퍼컷을 날렸지. 내 피와 상대의 피가 한데 섞였어. 눈앞에 수많은 그림자가 흔들렸고 나는 중간에 있는 그림자를 향해 필사적으로 주먹을 날렸어. 결국 상대는 쓰러졌고 나는 버텨냈지. 그게 내가 유일하게 금메달을 딴 시합이었다."

아버지는 이야기를 하면서 또다시 기침을 시작했다. 이마에서는 땀방울이 흘러 내렸다. 그는 어윈의 손을 단단히 붙잡고 씁쓸히 웃었다. "괜찮아. 조금 아플 뿐이야. 나는 견딜 수 있어."

아버지는 이튿날 돌아가셨다. 그때는 마침 미국 금융위기 때문에 어윈과 아내가 차례로 실직하고 경제적으로 곤궁했던 시기였다.

아버지가 돌아가시고 나서 집안 사정은 더욱 어려워졌다. 어윈과 아내는 매일 일거리를 찾으러 밖으로 나갔지만 저녁에 집에 돌아오면 서로 얼굴을 맞대고 고개를 가로저을 뿐이었다. 그러나 그들은 용기를 잃지 않고 서로를 격려했다. "괜찮아. 우리는 견딜 수 있어."

나중에 어윈과 그의 아내는 각자 새로운 직장을 구하게 되었다. 식탁에 앉아 조용히 저녁 식사를 할 때마다 그들은 아버지와 아버지가 하셨던 말씀을 떠올렸다. 참을 수 없을 정도로 삶이 힘들 때는 이를 꽉 물고 자신에게 이렇게 말해야 한다. "봐, 나는 견딜 수 있어!"

죽을 만큼 힘든 일과 도저히 버틸 수 없을 것 같은 충격도 차츰 괜찮아질 거라는 믿음을 가져야 한다. 그 속도가 아무리 느릴지라도 당신의 노력만 있으면 힘든 일들은 언젠가 과거로 변한다. 지금 당장 이겨내거나 바꿀 수 없는 일시적인 어려움을 만나거든 자신에게 이렇게 말해 보자. "너는 나를 쓰러뜨릴 수 없어. 나를 더욱 강하게 만들 뿐이야!"

인생의 수많은 변화를 담담히 받아들여라

인생의 나침반은 수시로 방향을 바꾼다. 원하는 방향과 반대로 갈 때도 있고 풍파를 겪을 때도 있다. 인생은 원래 그런 것이다. 이는 피할 수 없는 필연이다.

세상에는 낮이 있으면 밤도 있고, 좋은 점이 있으면 나쁜 점도 있다. 옳은 게 있으면 틀린 것도 있고, 삶이 있으면 죽음도 있고, 천국이 있으면 지옥도 있다. 그러니 인생의 변화를 두려워하지 말고 용감하게 받아들여라. 변화가 가져오는 즐거움을 기쁘게 맞이하고 변화가 가져오는 고통도 받아들여라.

작년 초가을, 야리의 집에 한 통의 시외전화가 걸려 왔다. 남편 양쯔가 전화를 받고 나서 야리에게 말했다. "장인어른이 심장병으로 응급실에 실려 가셨대. 상태가 심각한가 봐." 남편은 속으로 겁이 났지만 겉으로는 애써 냉정한 태도를 취했다.

"아빠가 그렇게 위급하시다고?" 남편은 야리를 차에 태우고 공항까지 맹속력으로 달렸다. 야리는 마음속으로 기도했다. "하느님, 제발 아빠를 살려 주세요!"

그녀가 병실에 들어섰을 때, 어머니는 아무 말도 하지 않았다. 모녀는 말없이 서로를 껴안았다. 야리는 어머니 곁에서 계속 기도했다. "제발 아빠를 살려 주세요!"

모녀는 꼬박 3주 동안 밤낮으로 아버지 곁을 지켰다. 어느 날 아침, 감각을 되찾은 아버지가 야리의 손을 붙잡았다. 아버지의 심장은 안정되었지만 또 다른 문제가 생겼다. 야리는 아버지나 어머니가 곁에 없을 때면 마음속으로 똑같은 기도를 되풀이했다. "제발 아빠를 살려 주세요!"

아버지의 회복을 기원하는 카드가 각지에서 날아왔다. 어느 날 저녁, 야리는 남편이 보내 온 카드를 받았다. 카드에는 이렇게 적혀 있었다. "여보, 하느님이 주시는 답을 믿읍시다."

그녀는 그 자리에 멈춰 서서 구겨진 카드를 손에 꼭 쥔 채 울다가 또 웃었다. 어머니는 무슨 일인지 몰라 어리둥절했다. 야리는 생각했다. "얖쯔가 나를 일깨워 줬어. 어쩌면 내 기도가 잘못됐을지도 몰라."

이튿날 새벽, 그녀는 병원 용수나무 아래에서 차분히 기도했다. "하느님. 저는 제 소망이 무엇인지 잘 알아요. 하지만 제 소망이 아빠에게 가장 좋은 답이 아닐 수도 있어요. 하느님도 아빠를 사랑하시죠? 저는 이제 아빠를 하느님 손에 맡길게요. 제 뜻이 아니라 하느님의 뜻대로 해 주세요!"

그 순간 그녀는 무거운 짐을 벗은 듯 홀가분해졌다. 하느님의 답이 무엇이든 그녀는 그것이 아버지를 위한 일이라는 걸 믿기로 했다.

한 달 후, 그녀의 아버지는 세상을 떠났다.

이튿날, 남편이 아이를 데리고 병원에 왔다. 아이는 울면서 말했다. "외할아버지가 죽는 거 싫어! 외할아버지는 왜 죽은 거야?"

야리는 아이를 품에 꼭 안고 실컷 울도록 내버려 두었다. 그녀는 창문 밖으로 먼 산과 푸른 하늘을 바라보며 사랑하고 존경하는 아버지를 생각했다. 그리고 어쩌면 그가 겪어야 했을 수많은 고통들을 생각했다. 남편은 그녀의 어깨에 손을 올렸다. 그녀는 조용히 말했다. "이게 바로 답이었어."

자연의 법칙은 사람의 의지로 바꿀 수 있는 게 아니다. 사랑하는 사람에게 죽음이 다가오면 간절한 기도로 그의 발걸음을 늦추는 대신 바꿀 수 없는 현실을 담담히 받아들이고 평온한 마음을 유지하라.

사람들은 봄날이 영원하고 꽃이 항상 피어 있기를 바란다. 하지만 봄은 왔다가도 흔적도 없이 사라지고, 꽃은 피었다가도 떨어진다. 꽃잎조차 한밤중 비바람에 짓이기고 진흙과 섞여 온데간데 없이 사라진다.

진시황과 한무제, 당태종과 송태조 같은 위대한 황제들도 눈 깜짝할 사이에 사라졌다. 인간 세상의 영광과 슬픔은 결국 흙속에 묻혀 차가운 잿더미로 변한다. 그들은 살아 있을 때 남쪽을 정벌하고 북쪽을 토벌하며 천하를 주름잡고 풍류를 즐겼다. 하지만 결국 뜻을 이루지 못하고 하늘을 향해 울부짖으며 인간 세상을 탄식하다 눈을 감았다. 모락모락 피어오르는 향불도 없이 한 줌의 재로 변한 것이다. 만약 생전에 냉정하게 자신을 반성했더라면 이 세상에서 계속 다투며 살 필요가 없었다는 사실을 깨달았을 것이다.

"한가로운 구름은 연못에 그림자 드리우고 유유히 지나는데, 만물이 바뀌고 별자리가 옮겨가 몇 차례나 가을이 지났는가. 누각 안에 있던 황제는 지금 어디에 있는가? 난간 밖의 장강만이 부질없이 절로 흐르네."(*중국 당나라 시인 왕발의 「등왕각서」(滕王閣序)에 나오는 구절)

인생의 변화는 우리에게 끊임없이 다양한 경험을 안겨 준다. 우리는 이를 통해 분별력과 침착함을 배울 수 있다. 인생은 원래 무상하고 세상일은 예측이 힘들다. 침착하게 현실을 직시하는 것만이 정답이다.

Chapter 06

상처와 관용 사이

관용은 위대한 영혼을 밝혀 주는 빛이다. 관용은
하늘에서 내리는 이슬비처럼 대지를 촉촉이 적시
며 베푸는 사람과 받는 사람 모두에게 큰 축복이
되어 준다.

과거를 잊어야 새롭게 시작할 수 있다

지난날은 이미 지나간 시절이고 추억은 되돌릴 수 없는 기억이다. 이미 지나가서 되돌릴 수 없는 일을 왜 아직 붙잡고 있는가?

안 좋았던 일을 마음에 담아 두고 시시때때로 떠올려 봤자 괴로움만 커질 뿐이다. 그러니 더 이상 마음에 담아 두지 말고 담담해져라. 삶의 진정한 의미는 용서하고 잊는 데 있다. 우리에게 상처 주었던 사람들을 용서하고 기억할 가치가 없는 일들을 잊어 버려라. 지난 일을 잊는 건 인품을 드높이고 마음을 평화롭게 하며 삶을 차분하게 만들어 준다.

과거의 나쁜 일을 청산해야만 인생을 새롭게 시작할 수 있다.

애플 중국 본부에서 재무담당 경영자를 채용할 때 경쟁이 굉장히 치열했었다. 부사장은 수많은 지원자들에게 썩은 반점이 있는 사과 한 개와 손톱만한 상표 몇 장 그리고 과도 한 개씩을 나눠 주었다. 그리고 10분 동안 앞에 놓인 사과의 썩은 반점을 처리해서 제출하라고 말했다.

부사장은 설명했다. "사과는 우리 회사의 이미지입니다. 반점을 처리하는 방식은 자유입니다." 10분 후 지원자들은 모두 '시험지'를 제출했다.

부사장은 '시험지'를 모두 살펴보고 나서 말했다. "전문 지식은 앞으로 실전에서 배울 수 있기 때문에 테스트하지 않았습니다. 누가 더 전문 지식이 뛰어난지는 짧은 시간 안에 판단하는 게 불가능하죠. 우리가 중요하게 생각하는 건 복잡한 문제에 대한 반응 능력과 처리 방식입니다."

부사장은 첫 번째 사과 더미를 보여 주었다. 사과들은 모두 멀쩡해 보였다. 상표로 썩은 부분을 감추었기 때문이다. 부사장은 말했다. "어느 회사든 단점이나 잘못은 있습니다. 바로 이 사과의 썩은 반점처럼 말이죠. 상표로 썩은 부분을 가려서 잘못을 덮고 시정하지 않는다면 아주 작은 반점이 사과 전체를 썩게 할 수 있습니다. 이 지원자들은 회사의 잘못을 바로잡는 것을 자신의 책임으로 생각하지 않았습니다. 그러니 탈락입니다."

부사장은 두 번째 사과 더미를 보여 주었다. 사과의 반점은 칼로 도려내졌고 상표는 아무렇게나 여기저기 붙어 있었다. 부사장은 말했다. "썩은 곳을 도려낸 건 올바른 방법입니다. 하지만 이렇게 도려내고 나면 이미지가 손상을 입습니다. 이 지원자들은 잘못을 시정하기만 하면 된다고 생각한 것 같군요. 이미지와 신용은 회사의 발전에 생명과도 같습니다. 이 지원자들 역시 탈락입니다."

부사장의 손에는 단 하나의 사과만 남아 있었다. 빨갛고 동그란 그 사과는 조금도 상한 데 없이 완벽했다. 게다가 상표도 붙어 있었다. 부사장이 물었다. "이건 누구의 답안입니까?" 지원자 한 명이 자리에서 일어나 대답했다. "제 답안입니다." "이 사과는 어디서 난 거죠?"

지원자는 주머니에서 부사장이 나누어 주었던 사과와 상표들을 꺼냈다. "저는 아까 들어올 때 회사 앞 노점에서 사과를 파는 걸 보았습니다. 다른 지원자들이 썩은 사과에 집중할 때 저는 밖에서 새 사과를 사 왔습니다. 10분이면 충분했죠. 돌이킬 수 없는 일이 생겼을 때, 저는 새롭게 다시 시작하는 걸 선택하겠습니다."

부사장은 그 자리에서 당장 합격자를 발표했다. "당신은 우리 회사에 채용되었습니다!"

과거의 나쁜 일을 청산해야만 다시 새롭게 시작할 수 있다.

이것이 바로 애플 채용 시험의 정답이었던 것이다.

인생은 언제든 다시 새롭게 시작할 수 있다. 그러나 그러기 위해서는 반드시 먼저 과거의 나쁜 일들을 청산해야 한다. 살다보면 괴로운 일들이 종종 발생한다. 이런 불쾌한 기억은 목에 걸린 가시처럼 우리를 불편하게 만든다. 떠올릴수록 괴로운 기억을 붙잡지 말라. 차라리 마음을 크게 먹고 불쾌했던 기억을 잊어 버려라. 그것이 타인과 스스로에 대한 관용이다.

애써 잊으려 노력하거나 슬퍼하지 말라

가장 아름다운 풍경은 눈이 아니라 마음으로 보는 것이다. 가장 큰 즐거움도 몸이 아니라 마음으로 느끼는 것이다. 세상일은 다툼이 끝이 없으니 잠시 내려놓자. 인간의 욕심도 끝이 없으니 순리를 따르자.

영혼의 용량에는 한계가 있다. 그래서 과거를 잊어야 한다. 빈 공간이 생겨야 새롭고 아름다운 것들을 더 많이 저장할 수 있다. 잊을 때는 아프지만 아픔이 지나가면 홀가분해진다.

샤오장은 절망적이었다. 사업은 실패했고 친구는 그를 배신했다. 그는 마음이 불안해서 하루하루 술로 자신을 마비시켰다. 친척 중 한 명이 이 소식을 듣고 그를 찾아와 타일렀다. 하지만 아무리 좋은 말도 샤오장의 마음을 움직일 수는 없었다. 그는 슬픈 얼굴로 말했다.

"그만 하세요. 저도 다 알아요. 하지만 잊을 수 없는 일도 있는 거라고요."

친척이 말했다. "네 의지만 있으면 무슨 일이든 다 잊을 수 있단다."

"제가 절대 잊을 수 없는 일도 있다고요!" 샤오장은 화가 나서 소리쳤다.

친척은 찻잔을 하나 꺼내더니 샤오장의 손에 쥐어 주었다. 그리고 천천히 뜨거운 물을 부었다. 물은 점점 차오르더니 결국 찻잔 밖으로 넘치고 말았다. 뜨거운 물이 찻잔을 쥐고 있던 샤오장의 손으로 흘렀다. 그는 얼른 찻잔을 쥐고 있던 손을 폈다. 찻잔은 쨍그랑 소리를 내며 바닥에 떨어졌다.

친척은 혼잣말처럼 중얼거렸다. "세상에 잊지 못할 일은 없어. 정말 고통스러우면 자연히 잊게 마련이지."

샤오장은 이 말을 들으며 뭔가를 깨달은 듯 했다.

그렇다. 세상에 잊지 못할 일은 없다. 정말 고통스러우면 자연히 잊게 마련이다!

어떤 사람들은 평생 잊을 수 없는 일이 있다고 생각한다. 하지만 대체할 수 없는 사람이나 반드시 손에 쥐고 있어야 하는 일은 존재하지 않는다. 우리에게는 단지 시간이 필요할 뿐이다. 누군가는 아픔 없이 잊을 수 있는 방법은 없냐고 물어볼 수도 있다. 그런 방법은 없다. 진정으로 아픔을 느껴야만 잊겠다고 결심할 수 있기 때문이다.

애써 잊으려 하지 말라. 너무 오랜 시간 괴로움에 빠져 있지도 말라. 인생은 짧다. 우리가 낭비할 수 있는 시간은 없다. 인생의 여정에서 괴로운 감정과 경험은 잠시 스쳐가는 손님에 불과하다. 그러니 평온하게 마주해야 한다. 우리가 해야 할 일은 현재를 소중히 여기는 것이다. 자신이 좋아하는 일과 해야 할 일을 하면서 하루하루 제대로 된 인생을 꾸려 나가라.

불행은 삶의 원점으로 돌아가는 것에 불과하다

사람은 본능적으로 좋은 일은 쉽게 기억하고 나쁜 일은 더 쉽게 기억한다. 그래서 대부분의 사람들이 자신은 별로 행복하지 않다고 생각하는 것이다. 스스로 행복하다고 생각하는 사람들은 좋은 일은 기억하고 나쁜 일은 잊어버린다.

한 젊은 여자가 인생의 괴로움을 이기지 못하고 강에 뛰어들었다. 그때 마침 그곳을 지나가던 늙은 뱃사공이 그녀를 구해서 배에 태웠다.

뱃사공은 도저히 이해가 되지 않았다. "젊고 예쁜 처자가 도대체 왜 목숨을 끊으려 한 게요?"

여자는 울면서 대답했다. "결혼한 지 이제 2년밖에 안 됐는데 남편이 바람이 나서 집을 나갔어요. 하나밖에 없는 아이도 얼마 전에 병에 걸려 죽었고요. 제 모든 걸 빼앗아 가다니, 하늘은 너무 불공평해요. 이러니 제가 더 살아서 뭐 하겠어요?"

뱃사공은 또다시 질문했다. "그러면 2년 전에는 어떻게 살았소?"

여자가 대답했다. "그때는 아무 걱정 없이 자유롭게 살았죠. 인생에 아무런 괴로움도 없었고요." 그 시절을 떠올리자 그녀 자신도 모르는 새 입가에 미소가 떠올랐다.

"그때도 남편과 아이가 있었소?" 뱃사공이 질문을 계속했다.

"당연히 없었죠."

"그렇다면 운명의 배가 처자를 2년 전으로 데리고 간 것에 불과하구먼. 처자는 지금도 아무 걱정 없이 자유롭게 살 수 있소. 이제 배에서 내려 뭍으로 나가시오!"

뱃사공의 말에 여자는 갑자기 가슴이 후련해졌다. 그녀는 뱃사공에게 작별인사를 하고 배에서 내렸다. 뱃사공의 배가 멀어지는 걸 바라보고 있자니 모든 일이 꿈처럼 느껴졌다. 그 후 그녀는 두 번 다시 자살하려는 생각을 하지 않았다.

사람에게 기억은 일종의 선물인 동시에 벌이다. 마음이 넓은 사람은 기억으로 자신을 행복하게 만든다. 하지만 마음이 좁은 사람은 기억으로 자신을 불행하게 만든다. 기억력이 너무 좋은 게 나쁠 때도 있다. 기억력이 너무 뛰어나면 근심이 많아진다.

즐거운 일이든 괴로운 일이든 과거는 과거일 뿐이다. 억지로 추억에 얽매여 봤자 괴로움만 더해진다. 내일이 어떤 모습이든 간에 미래는 반드시 다가온다. 내일을 잘 살기 위해서는 반드시 긍정적인 마음으로 내일을 맞이해야 한다. 과거에 처참히 실패했다 해도 그것은 삶이 원점으로 돌아온 것에 지나지 않는다.

상처를 곱씹는 건 스스로에 대한 벌이다

당신이 상처를 의식할수록 상처는 더 깊게 파고든다. 온종일 불행했던 일과 되돌릴 수 없는 상처를 생각해 봤자 당신에게 상처 준 사람을 벌할 수는 없다. 오히려 당신의 아픔과 괴로움만 더 커질 뿐이다.

강간을 당하고 몹시 괴로워하는 여자가 있었다. 그녀는 절에 찾아가 부처님께 자신을 상처 입힌 그 사람에게 벌을 내려 달라고 빌었다. 나이든 스님이 슬픔과 분노에 찬 그녀의 얼굴을 보고 무슨 일인지 물었다.

여자는 갑자기 대성통곡을 하기 시작했다. 그녀는 목이 메어 말했다. "저는 정말 비참하고 불행해요. 저는 평생 그 일을 잊지 못 할 거예요."

그녀의 울음 섞인 하소연을 들은 스님이 말했다. "시주님, 그건 당신이 스스로 원한 일입니다."

여자는 스님의 말에 깜짝 놀랐다. 그녀는 분노에 차서 쏘아 붙였다. "스님이란 사람이 어떻게 그런 말을 할 수 있죠? 그게 어떻게 제가 원한 일이에요?"

스님이 말했다. "그 사람은 당신에게 딱 한 번 상처를 입혔지만, 당신은 마음속으로 매일매일 또 다른 상처를 입고 있어요. 그렇게 일 년이면 365번의 상처를 입는 거예요."

"그게 무슨 말이죠?" 여자는 스님의 말에 뼈가 있다는 건 알았지만 완전히 이해할 수는 없었다.

"당신에게는 나쁜 일이 하나 생겼어요. 그건 나쁜 영화를 한 편 본 거나 마찬가지예요. 그런데 매일 그 일만 곱씹고 있으니 어리석은 일이 아니고 뭐겠어요? 그게 실수를 되풀이하는 것과 무슨 차이가 있나요?"

다른 사람이 당신에게 입힌 상처를 곱씹는 건 다른 사람의 잘못으로 자기 자신을 벌주는 일이다. 마음을 넓게 갖고 지난날 자신의 불행과 무지, 타락을 용서하라. 과거의 나쁜 일은 깨끗이 잊고 전부 새롭게 시작하라.

미치광이 같은 남자친구에게 폭행을 당해 얼굴이 망가진 타이완 여성 쩡더후이. 그녀는 침착하게 기자들 앞에 섰다. 알아볼 수 없을 정도로 얼굴이 망가졌는데도 그녀는 기자들에게 농담을 던졌다. "제 하얀 이가 보이면 제가 웃고 있다고 생각해 주세요!" 마흔 번의 고통스런 수술을 겪는 동안 그녀에게는 이미 다른 일을 생각할 힘도, 누군가를 미워할 기운도 남아 있지 않았다.

그녀는 생계를 위해 거리에 나가 드라이플라워가 담긴 향기 주머니를 팔았다. 그리고 미래를 위해 대학에 가기로 결심했다. 그러려면 우선 고등학교부터 졸업해야 했다. "저는 손도 없고, 귀도 없고, 코도 없습니다. 입을 다물 수도 없어요. 게다가 가슴까지 불에 타 버렸죠." 그녀는 마치 남의 이야기를 하듯 가벼운 말투로 말했다. 하지만 실은 앞으로 자신을 사랑해 줄 남자가 없을까 봐 두려웠다. 한번은 그녀가 공포 영화 「사다코」를 보러 극장에 갔다가 화장실에 들른 적이 있었다. 그녀는 당시를 회상하며 이렇게 말했다. "'사다코'

한테도 놀라지 않던 사람들이 절 보고 놀라더라고요!"

그녀는 웃으며 말했지만 듣는 사람들은 너무나 가슴이 아팠다. 외출할 때마다 그녀는 몸 전체에서 유일하게 온전한 열 개의 발톱에 파란색 매니큐어를 칠하며 지난날의 아름다움을 떠올렸다.

쩡더후이는 거울을 던져 버리는 대신 현실을 마주했다. 현실을 마주하는 일은 때때로 죽음보다 더 큰 용기가 필요하다.

기억을 지우는 건 과거의 괴로움에 대한 부정이 아니다. 오히려 나쁜 일이 우리의 과거를 망가뜨렸지만 현재는 망가뜨릴 수 없다는 강한 긍정이다.

인생은 쏜살같이 지나간다. 상처 속에서 헤매다가는 흐르는 세월을 다 놓치고 만다. 과거를 잊고 대범해져라. 그래야 인생에서 자신만의 멋을 발견할 수 있다.

이별 후, 미움과 저주는 내려놓아라

만남과 헤어짐은 억지로 되는 게 아니다. 만났다가도 헤어지고 헤어졌다가도 또 만나는 인연을 누가 예측할 수 있겠는가? 어차피 떠날 사람은 떠나고 남을 사람은 남는다. 그러니 만남과 헤어짐은 인연에 맡기자!

사랑은 인연에 달렸기에 누가 옳고 그른지 꼭 따질 필요는 없다. 사랑하는 감정과 사랑하지 않는 감정을 어느 누가 확실히 설명할 수 있을까? 사랑할 때는 마음껏 사랑하고 사랑이 떠나면 쿨하게 손을 흔들어라. 인생은 짧은 몇십 년에 불과하며 자신의 운명은 스스로 만드는 것이다. 득과 실, 소유와 포기, 열애와 이별에 너무 마음 쓰지 말라.

이별 후, 미움과 저주를 내려놓으면 진정한 사랑을 이해하게 된다. 비록 가끔씩 여전히 마음이 시리고 아플지라도 말이다.

루소는 열한 살 때 외삼촌댁에서 자신보다 열한 살 많은 그녀를 만났다. 별로 예쁘지는 않았지만 루소는 그녀가 지닌 성숙한 여성의 청순함과 아름다움에 깊게 매료되었다. 그녀도 루소에게 관심이 있는 듯 보였다. 두 사람은 빠르게 가까워져 어른처럼 뜨거운 사랑을 시작했다. 그러나 얼마 후 루소는 그녀가 자신에게 잘해 주는 이유가 단지 몰래 짝사랑하는 다른 남자의 질투를 유발하기 위해서라는 사실을 깨달았다. 그녀의 호의가 "고작 또 다른 꿍꿍이를 감추기 위해서"라는 사실을 깨달았을 때, 그의 어리고 조숙한 마음은 비교할 수 없는 분노와 미움으로 가득 찼다.

그는 자신을 배신한 그 여자를 다시는 만나지 않겠다고 맹세했다. 그리고 20년 후, 최고의 명예를 누리던 루소는 아버지를 뵈러 고향으로 돌아갔다. 그는 반짝이는 호수에서 배를 타고 놀다가 뜻밖에도 근처에서 배를 타고 있는 그녀를 보게 되었다. 그녀의 옷은 소박했고 얼굴은 초췌했다. 루소는 잠시 고민하다가 사공에게 그 자리를 떠나달라고 요청했다. 그는 생각했다. "지금이야말로 복수할 수 있는 절호의 기회야. 하지만 마흔이 넘은 여자에게 20년 전 원한을 갚을 수는 없지."

사랑이 지나간 후에야 사랑 그 자체에는 옳고 그름이 없다는 사실을 알게 된다. 기쁨과 슬픔은 삶이 끝날 때까지 당신의 손을 잡고 동행한다. 사랑한 여자에게 무정하게 농락당한 루소의 분노와 미움이 얼마나 컸을지 생각해 보라. 하지만 그녀를 다시 만났을 때, 화산처럼 솟구치던 분노와 복수심은 이미 사그라졌고, 그는 조용히 그 자리를 떠났다. 루소의 이야기는 세상의 수많은 감정 중에서 가장 설명하기 어려운 감정은 사랑이란 사실을 보여준다.

인생을 가지와 잎이 무성한 커다란 나무에 비유한다면 사랑은 고작 나무 열매 하나에 불과하다. 사랑에 좌절하고 실패했다고 해서 인생이 전부 끝난 것은 아니다. 세상에는 불행한 사랑에도 불구하고 천고불후의 위인이 된 사람들이 많이 있다. 실연당한 사람은 사랑을 포기하는 법을 배워야 한다. 과거는 평생을 의미하지 않는다. 한 번의 사랑도 일생을 의미하지 않는다.

만남과 헤어짐은 인연을 따라야 한다. 집착하는 마음을 버리고 모든 원한을 물결에 흘려보내라. 깊이 새겨졌던 기억도 시간의 발걸음에 따라 자취를 감추게 된다. 과거는 과거에 머무르게 하라. 미래야말로 우리가 기대해야 할 대상이다.

당신을 버린 사람에게 감사하라

사람은 누구나 금상첨화를 좋아한다. 당신이 일이 잘 풀리고 나날이 발전할 때 사람들은 적극적으로 당신에게 다가온다.

사람은 유리한 것만 찾고 해로운 것은 피하는 본성이 있다. 당신이 어려움을 만나 힘들어 할 때 많은 사람들이 당신 곁을 떠난다.

당신을 배신하고 떠난 사람을 원망하지 말라. 세상인심이 야박하다고 한탄하지도 말라. 한때 당신과 가깝게 지냈던 사람들에게 감사하라. 그들은 당신이 행복했던 시절에 기쁨을 더해 주었다. 어려울 때 당신을 떠난 사람들에게 감사하라. 그들이 떠나면서 찬물을 끼얹었기 때문에 당신은 정신을 차리고 고독 속에서 반성하며 위기를 깨달을 수 있었다. 그들 덕분에 낡은 울타리를 부수고 앞으로 나아갈 동력을 얻은 것이다.

천원허와 린잉잉은 5년 넘게 교제한 사이였다. 원래 약속대로라면 올해 두 사람은 함께 손잡고 결혼식장에 들어서야 했다. 그런데 결혼하기 얼마 전, 린잉잉은 '도망간 신부'가 되었다. 한 통의 이별 편지만 남긴 채 다른 남자와 멀리 떠나 버린 것이다.

천원허의 지인들은 모두 그들의 우여곡절 많은 감동적인 러브 스토리를 잘 알고 있었다.

천원허는 잘생기고 품위 있는 청년이었다. 그는 홍콩과학기술대학교에서 학업을 마치고 아버지의 회사에 들어가 중요한 부서를 관리했다. 오랫동안 아버지를 따랐던 친척 한 분이 그를 교육하고 지도해 주었다. 천원허는 일처리가 과감하고 창의력이 넘쳤다. 그의 훌륭한 관리 능력 덕분에 그가 맡은 부서는 점차 뛰어난 성과를 보여 주었다.

그 시절 수많은 아가씨들이 그의 뒤를 쫓아다녔고 혼담도 줄줄이 들어왔다. 그 중에는 그 지역 명문가 아가씨들도 적지 않았지만 그는 모두 정중히 거절했다. 그에게는 소도시 출신의 린잉잉이 전부였다.

린잉잉은 얼굴이 예뻤을 뿐만 아니라 마음도 굉장히 순수했다. 차가운 도시 생활에 물든 속물적인 여자들에 비하면 그녀는 마치 찬바람 속 연약하고 수줍은 한 송이 설련화 같았다. 그녀의 소박하고 순진한 아름다움은 천원허를 푹 빠지게 만들었다.

그러나 천원허의 부모님은 보수적인 사고방식을 가진 사람들이었다. 그의 부모님은 천잉잉의 조건 때문에 두 사람의 만남을 인정하지 않았다. 이 일로 천원허는 부모님과 자주 다투었고, 심지어 그녀를 위해서라면 자신이 가진 모든 걸 포기하겠다고 말했다. 그의 확고한 의지에 결국 부모님도 두 사람을 인정해 주었다.

린잉잉의 몸이 줄곧 약했기 때문에 의사는 그들에게 3년 동안은 결혼하지 말라고 권유했다. 천원허는 하는 수 없이 결혼 날짜를 미뤘다. 그는 3년 동안 정성껏 그녀를 보살피며 세심한 관심과 사랑을 쏟았다. 린잉잉도 차츰 건강을 되찾았다.

그후로 천원허는 또다시 외로움을 억누르고 린잉잉이 외국에서 기업 관리를 배울 수 있도록 유학까지 보내 주었다. 5년이 넘는 연애 기간 동안, 천원허는 남자로서 할 수 있는 거의 모든 것을 그녀에게 해 주었다.

2007년, 국가 화폐 정책의 영향으로 인민폐 가치가 끊임없이 상승하면서 그의 아버지 회사는 큰 충격을 받았다. 회사의 이윤은 급속도로 떨어졌고 나중에는 밑지는 장사가 되고 말았다. 아버지는 어쩔 수 없이 파산을 신청했다. 천원허도 백마 탄 왕자에서 실업자로 전락했다.

그때 그 누구도 예상치 못한 일이 일어났다. 천원허가 가장 힘들 때, 그가 자신의 전부를 걸고 사랑했던, 함께 영원한 사랑을 맹세했던 린잉잉이 그에게 이별을 통보하고 어떤 영국 남자를 따라 외국으로 떠나 버린 것이다.

아버지의 회사가 파산했을 때도 천원허는 별로 슬퍼하지 않았다. 언젠가는 자신의 능력으로 다시 재기할 수 있다고 믿었기 때문이다. 그는 가난뱅이가 되었어도 사랑하는 여자가 곁에 있기 때문에 버틸 수 있다고 생각했다. 그런데 그녀가 떠나 버린 지금, 그는 정말로 자신이 모든 걸 잃었다고 생각했다. 한동안 그는 활기를 잃고 의기소침하게 지냈다.

혼자 있을 때면 그는 끊임없이 자기 자신에게 물었다. "그렇게 사랑했는데, 그녀는 왜 하필 지금 나를 떠났을까?" 결국 그는 잔인한 사실을 받아들일 수밖에 없었다. 린잉잉은 속물적인 사람이었다. 그녀는 무일푼의 가난뱅이하고는 평생을 함께할 수 없었던 것이다! 그녀가 나중에 변한 건지, 아니면 처음부터 그랬던 건지는 이미 중요하지 않았다. 중요한 건 앞으로 무엇을 어떻게 해야 하느냐였다.

냉정을 되찾은 그는 자신이 노력하지 않으면 정말로 모든 걸 잃게 된다는 사실을 깨달았다. 린잉잉의 무정한 배신을 통해 그는 사랑에 대한 새로운 시선을 갖게 되었다. 그는 사랑이 결코 일방적인 충동이 아니란 사실을 깨달았다. 사랑할 가치가 없는 사람도 있다. 마지막까지 사랑해야 하는 사람이 아니라면 그 사람이 떠날 수 있도록 손을 놓아야 한다. 하지만 그 사람을 미워해서는 안 된다. 그러면 영원히 마음의 평화를 얻지 못한 채 자신을 사랑하지 않는 사람을 위해 가치 없는 슬픔을 바쳐야 하기 때문이다.

얼마 후 천원허는 아버지의 오랜 친구를 찾아가 진심으로 도움을 청했다. 그의 도움으로 천원허는 상하이에 투자 회사를 설립했다. 그는 사람들의 경험을 배우고 훌륭한 인재들을 초빙했다. 회사는 금세 정상적인 궤도에 올랐고 천원허는 다시 부자가 되었다.

그는 아버지 친구의 소개로 프랑스에서 유학을 마치고 돌아온 예쁜 여성을 만났다. 두 사람은 첫눈에 반해 곧 사랑하는 사이로 발전했다. 양쪽 부모님도 그들의 교제에 매우 흡족해했다.

만약 당시에 린잉잉이 천원허를 떠나지 않았다면, 그는 그렇게까지 분발하지 않았을지도 모른다. 어쩌면 그는 남의 회사에서 일하면서 평범하게 살았을지도 모른다. 하지만 그녀가 떠나자 그에게는 아무것도 남지 않았다. 이 현실은 그에게 전에 없던 위기감을 주었고, 그가 노력해서 뭔가를 이루도록 채찍질했다. 그리고 결국 노력의 대가는 그 자신에게 돌아왔다.

상처 받았던 사람은 외로움 속에서 다시 태어나고 나면 전보다 더 즐겁게 살아간다. 과거의 사람과 사건들이 세상과 자기 자신을 더욱 똑똑히 보게 해 주었기 때문이다. 연인이나 친구가 당신을 배신했다면 그 사람에게 "고마워"라고 말하는 걸 잊지 말라. 그 사람의 배신을 통해서 당신이 더욱 강해지고, 어떻게 사랑해야 하는지, 어떻게 자신을 보호해야 하는지 깨달을 수 있기 때문이다.

선한 마음으로 세상과 대화하라

당신은 결코 혼자가 아니다. 사람들은 각자 자신의 길을 걸어가지만 혼란스런 세상을 살다보면 서로 부딪히고 충돌이 생기게 마련이다. 그럴 때마다 상대에게 보복하려 한다면 마음의 상처는 절대 치유되지 않는다. 끊임없는 다툼 속에 상처만 덧날뿐이다.

세상을 증오하고 원망하는 사람이 있었다. 학업과 일상생활, 업무에서 수많은 오해와 좌절을 겪으면서 그는 점차 경계하고 미워하는 마음으로 세상을 바라보게 되었다. 답답하고 우울한 환경 속에서 그는 하루가 일 년처럼 길게 느껴졌다. 온 세상이 자신을 따돌리는 것 같았고 정신이 무너질 것 같았다.

그는 자신의 분노를 쏟아 내고 싶었다. 이 욕망은 몇 년 동안이나 그의 가슴속을 맴돌았다. 그는 당장이라도 분노를 쏟아 내고 싶었지만 더 많은 상처를 받게 될까 봐 두려웠다. 그는 계속해서 자신의 욕망을 억누르고 자제했다. 하지만 그럴수록 괴로움은 더욱 커져만 갔다. 그는 잠도 제대로 이루지 못하고 밥도 넘기지 못했다.

어느 날 그는 기분 전환을 위해서 경치 좋은 산에 올라갔다. 그는 산에서 아무 생각 없이 고요한 풍경을 바라봤다. 문득 자신이 겪었던 오해와 멸시, 좌절이 떠올랐다. 그러자 그의 가슴속에 쌓였던 원한과 증오심이 홍수처럼 밀려들었다. 그는 깊은 산골짜기를 향해 큰 소리로 외쳤다. "난 너희들을 증오해! 난 너희들을 증오해! 난 너희들을 증오해!" 그러자 산골짜기에서 똑같은 메아리가 들려왔다. "난 너희들을 증오해! 난 너희들을 증오해! 난 너희들을 증오해!" 메아리 소리에 그는 기분이 더욱 언짢아졌다. 그래서 더 큰 소리로 소리쳤다. 그의 욕이 심해질수록 메아리도 더 크고 길게 되돌아왔다. 그의 분노도 더욱 심해졌다.

그가 다시 한 번 큰 소리로 욕을 하려는 찰나, 뒤편에서 "난 너희들을 사랑해! 난 너희들을 사랑해! 난 너희들을 사랑해!"라는 외침이 들려왔다. 그가 고개를 돌려 보니, 근처 절의 주지 스님이 그를 향해 소리치고 있었다.

잠시 후, 스님이 미소를 지으며 그를 향해 걸어왔다. 스님의 선한 얼굴과 자애로운 눈빛을 본 그는 자신이 겪었던 일들을 몽땅 털어놓았다.

스님은 웃으며 말했다. "절간의 새벽종과 저녁 북소리는 명예와 이익을 좇는 수많은 사람에게 깨달음을 주고, 불경을 읽고 부처님 이름을 부르는 소리는 속세에서 길을 잃은 사람들을 불러들이죠. 제가 당신에게 하고 싶은 말은 네 가지입니다. 첫째, 이 세상에 실패란 없습니다. 지금 당장 눈에 보이는 성공이 없을 뿐이죠. 둘째, 세상을 바꾸기 전에 먼저 스스로 변해야 합니다. 셋째, 변화는 결심에서 시작되고 결심은 행동 앞에 있습니다. 넷째, 당신의 운명은 환경이 아니라 당신의 결심이 바꾸는 겁니다. 우선 자신의 습관을 바꾸고 선한 마음으로 주변의 모든 것들을 바라보세요. 생각지도 못했던 기쁨을 얻게 될 겁니다."

그는 반신반의하면서 복잡한 표정을 지었다. 그의 마음을 꿰뚫어 본 스님이 다시 말을 이었다. "세상이 하나의 벽이라면 사랑은 세상의 회음벽(回音壁)입니다. 세상은 당신의 마음가짐이 말하는 대로 메아리를 들려줍니다. 사랑을 주는 사람은 사랑을 받고 복을 주는 사람은 복을 받죠. 삶의 고통은 대부분 외부 세계에 너무 많은 것을 바라기 때문에 생겨납니다. 당신이 다른 사람을 사랑하면 다른 사람도 당신을 사랑합니다. 당신이 다른 사람을 도우면 다른 사람도 당신을 돕지요. 세상은 서로 주고받는 것입니다. 당신이 세상을 사랑하는 만큼 세상도 당신을 사랑해 주지요. 미움은 잠깐의 만족을 주지만 사랑은 그보다 훨씬 큰 기쁨을 준답니다."

스님의 말씀을 듣고 나서 그는 즐거운 마음으로 산을 내려왔다.

그후 그는 긍정적이고 건강하며 다정한 마음으로 주변의 모든 것들을 대했다. 그와 동료들 사이의 오해는 사라졌고 그와 갈등을 일으키는 사람도 없었다. 업무적으로도 예전보다 훨씬 나아졌다. 그는 자신이 전보다 훨씬 행복하다는 사실을 깨달았다.

그렇다. 사랑은 세상의 회음벽이다. 미움을 없애고 인생에 사랑을 더하고 싶다면 선한 영혼으로 세상과 대화하라. 당신의 목소리가 다정할수록 돌아오는 대답도 더욱 아름답다. 그리고 이 대답은 우리의 영혼에 더 많은 평화와 기쁨을 가져다준다.

선한 마음은 누구에게나 값을 매길 수 없는 귀중한 보물이다. 우리는 선한 마음을 통해서 사랑이 필요한 사람에게 따뜻함을 나눠 줄 수 있다. 사랑을 주고받는 사람은 그렇지 않은 사람보다 훨씬 행복하다. 선한 마음을 더 많이 베풀수록 더 많은 보답이 돌아온다. 이것은 영원히 변하지 않는 인과관계다.

괴로워하지 말고 용서하라

용서는 상처가 계속 커지는 걸 막아주는 일종의 능력이다.

미움은 당신이 억울하게 상처 입었을 때 생기는 자연스러운 반응이다. 미움의 감정은 빠른 속도로 생겨난다. 미움은 주는 사람이나 받는 사람 모두에게 해로운 감정이다. 미움은 기쁨을 질식시키고 건강을 위협한다. 그리고 받는 사람보다 주는 사람에게 더 큰 상처를 남긴다.

미움을 없애는 가장 직접적인 방법은 바로 용서하는 것이다. 그러기 위해서는 우선 자신이 상처 입었다는 사실을 받아들이고 '미움'에서 '인정'까지의 감정변화를 거친 후, 마지막으로 용서하지 않았을 때의 나쁜 점을 인식해야 한다. 그러면 상대방을 어떻게 용서할지 긍정적으로 생각할 수 있다.

1993년 2월, 미네소타 주에서 충격적인 살인 사건이 벌어졌다. 총에 맞아 사망한 피해자는 라르만 바야드라는 어린 남자아이였다. 그리고 살인범인 오시는 열여섯 살 소년이었다.

미국 법률에 따르면 피해자의 가족은 살인범을 직접 만나볼 수 있었다. 살인범은 무조건 이 만남을 받아들여야 했다. 살인범에게는 선택의 여지가 없었다. 12년 후, 라르만의 어머니 마리가 오시를 찾아왔다. 그리고 그녀는 오시를 용서했다.

"아들이 죽은 후 12년 동안 제 생활은 엉망진창이었어요. 제 마음은 매일매일 분노로 가득했죠. 12년 동안 저는 계속 고통 속에서 살았어요. 그 애의 죽음이 바로 어제 있었던 일인 것처럼 말이에요." 수년의 시간이 흘렀는데도 그녀는 그 일만 생각하면 여전히 눈물이 흘렀다.

"미움은 마치 암세포 같았어요. 미움의 독이 제 혈관 깊숙이 침투했죠. 저는 그 뿌리를 끊어 버리고 싶었지만 방법을 찾을 수 없었어요. 마치 저 자신이 안에서 밖으로 조금씩 잠식당하는 느낌이었답니다." 마리는 오시가 건네는 티슈를 받아 들고 눈물을 닦았다. 그들은 이미 화해한 것이었다.

몇 년 전, 어떤 사람이 마리에게 『철저한 용서』라는 책을 선물했다. 그녀는 책에서 이야기하는 방법을 하나씩 시도하면서 영혼을 치유해 나갔다. 그러던 어느 날, 그녀는 자신이 아들을 죽인 살인범을 용서할 수 있을지 시험해 보기로 했다.

"나중에 목사님이 제게 살인범을 한번 만나 보라고 하시더군요. 결코 쉬운 일은 아니었죠. 하지만 저는 그게 살인범뿐만 아니라 저 자신을 위한 일이라는 걸 알았어요. 현실과 마주하거나 아니면 천천히 고통 속에서 죽어 가든가 둘 중 하나였죠." 마리가 말했다.

"처음 마리와 얼굴을 마주하고 이야기한 건 제가 교도소에 들어온 지 12년째 되는 해였어요. 그때 저는 미네소타 주립 교도소에 있었죠. 저는 굉장히 겁이 났어요. 마리는 계속 저를 만나겠다고 요청했고, 저는 앞으로 무슨 일이 생길지 알 수 없었죠." 오시는 당시를 이렇게 회상했다.

"마리는 처음 절 보고 이렇게 말했어요. '애야, 너는 나를 잘 모르지. 나도 너를 잘 모른단다. 그때 법정에서 나는 자리를 박차고 뛰어나가 너를 죽이고 싶은 마음뿐이었어. 너는 어느덧 열여섯 살이 아닌 성인이 되었구나. 나는 너와 함께 내 아들에 대한 기억을 나누고 싶단다'라고요." 오시는 당시 마리가 했던 말을 들려주었다.

"그후 제게 목숨을 잃었던 그 남자아이도 제 마음속에서 성인이 되었지요." 그는 계속해서 말을 이어 나갔다.

"저는 어떻게든 마리의 슬픔을 멈춰 주고 싶었어요. 그녀를 껴안았을 때 마치 제 어머니를 껴안은 듯한 느낌이었죠." 첫 번째 면담이 끝난 후 오시는 자신의 불편했던 감정을 극복할 수 있었다.

"오시가 면회실을 나가고 나서 저는 속으로 이렇게 말했어요. '나는 내 아들을 죽인 사람을 껴안았어.' 그 순간 모든 게 분명해졌어요. 오시로 인해 겪어야 했던 12년 동안의 분노와 슬픔이 전부 끝난 거예요. 저는 오시를 완전히 용서했답니다." 마리가 말했다.

마리는 목에 걸고 있던 펜던트를 풀어서 보여 주었다. 양면

이 은으로 제작된 작은 상자였다. 상자의 한쪽 면에는 마리와 그녀의 아들 사진이 끼워져 있었고, 다른 면에는 오시의 사진이 끼워져 있었다.

당신은 미움과 후회로 주름지고 변형된 얼굴에 딱딱한 표정을 지은 여자들을 본 적이 있을 것이다. 아무리 꾸미고 가꿔도 그녀들의 외모는 쉽사리 나아지지 않는다. 가슴속 충만한 관용과 온화함 그리고 사랑만이 그녀들의 모습을 바꿀 수 있다.

미워하는 마음은 당신의 식욕마저 앗아간다. 한 성인은 "사랑하는 마음으로 먹는 채소가 미워하는 마음으로 먹는 소고기보다 훨씬 맛있다"라고 말했다.

용서는 자비이자 자기 수양인 것이다.

외로움이 습관이 되어서는 안 된다

인생을 살다보면 혼자일 때도 있게 마련이다. 혼자인 건 두려운 일이 아니다. 두려운 건 외로움이다.

기억력이 나쁜 사람은 외로움이 무엇인지 제대로 이해하지 못한다. 시간이 지난 후에야 자신의 기억 속에 외로움은 얼마나 있는지, 행복은 얼마나 있는지 깨닫기 때문이다.

외로움은 인생의 괴로움이다. 내면의 외로움은 겉으로 혼자인 것보다 훨씬 위험하다. 외로움에 깊이 빠져 사는 사람은 무리에서 벗어나 마음을 굳게 닫고 온정을 거절하며 홀로 슬픔을 떠안는다. 심지어 어떤 사람들은 외로움 때문에 성격이 왜곡되고 정신에 문제가 생기기도 한다. 외로움을 극복하지 못하면 괴로운 인생을 살아야 한다.

마이클 잭슨이 세상을 떠났다. 이 세계적인 우상의 삶이 결코 행복하지 않았다는 건 널리 알려진 사실이다. 그는 여러 차례 이렇게 말했다. "저는 세상에서 가장 외로운 사람입니다."

그는 또 말했다. "제게는 어린 시절이 없었어요. 크리스마스도 없었고 생일도 없었죠. 그런 건 정상적인 어린 시절이 아니에요. 저에게는 어린 시절의 즐거움이 하나도 없어요."

그가 다섯 살 때 아버지는 그와 네 명의 형을 데리고 '잭슨 파이브'라는 그룹을 만들었다. 그의 어린 시절은 '아침부터 저녁까지 끝없는 연습'뿐이었다. 다른 사람들이 신나게 노는 주말에도 그는 여기저기 공연을 다녔고 월요일 새벽 4시가 되어서야 집에서 잘 수 있었다.

어린 마이클 잭슨은 아버지의 인정을 받고 싶었다. 그는 여덟 살에 이름을 알렸고 열 살에 앨범을 출시했다. 그리고 열두 살에는 미국 역사상 최연소 빌보드 차트 1위를 기록했다. 그런데도 아버지는 그를 인정하지 않았다. 게다가 걸핏하면 그를 욕하고 때렸다.

심리학자의 말에 따르면 열두 살은 아직 가치관이나 판단 능력이 형성되지 않은 시기이기 때문에 부모님의 말이 절대적인 권위를 갖는다. 부모가 지나치게 높은 요구를 하면서 아이를 책망할 때 아이는 억울해 하면서도 마음 깊은 곳에서는 부모의 말이 옳다고 믿는다. 마이클 잭슨이 성인이 되고 나서 보였던 '강박적 행위와 열등감' 등은 아버지의 부정적인 평가와 관계가 깊다.

마이클 잭슨은 「차일드후드」라는 곡을 통해 이렇게 말했다. "사람들은 내가 이상하다고 생각하지. 내가 항상 어린애처럼 행동한다고 …… 하지만 난 그저 내가 갖지 못했던 어린 시절의 즐거움을 보상받고 싶을 뿐이야."

그는 말했다. "저는 단 한 번도 진심으로 행복했던 적이 없어요. 오로지 공연을 할 때만 만족에 가까운 감정을 느낄 수 있죠."

마이클 잭슨의 안무를 지도했던 빈스 패터슨은 "그는 사람들을 두려워했어요"라고 말했다.

집에 있을 때 마이클 잭슨은 그가 숭배하는 '다이애나(인형)'에게 대중매체를 대할 때 자신이 얼마나 두렵고 무력한지를 털어 놓았다.

그와 엘비스 프레슬리의 딸 리사 마리 프레슬리의 결혼은 당시 전 세계의 최대 이슈였다. 그러나 두 사람의 결혼 생활은 행복하지 않았다. 리사는 이렇게 말했다. "수많은 일들 앞에서 저는 무력감을 느꼈어요. 마치 저 자신이 기계가 된 것 같았죠." 1996년 마이클 잭슨은 데비 로우와 재혼했다. 하지만 이 번에도 행복은 오래 지속되지 않았다. 1999년 두 사람은 이혼 했다. 그후 마이클 잭슨은 브리트니 스피어스와도 가깝게 지 냈다. 하지만 브리트니 스피어스는 "우리는 단지 좋은 친구일 뿐"이라고 선을 그었다.

마이클 잭슨은 솔직히 말했다. "제 내면세계를 이해할 수 있 는 사람은 아무도 없어요. 많은 여자들이 저를 외로움 속에서 구해내거나 저와 함께 외로움을 맛보려고 노력하죠. 하지만 저는 누구에게도 기대하고 싶지 않아요. 저는 세상에서 가장 외로운 사람이니까요."

외로움을 느끼는 사람은 많이 있다. 아니, 누구나 많든 적든 얼 마간의 외로움을 안고 살아간다. 하지만 절대로 외로움을 습관으 로 만들어서는 안 된다. 외로움이 습관이 되면 행복으로 가는 길 을 찾을 수 없다. 사실 외로운 사람도 과거의 짐을 내려놓고 마음 을 열어 세상을 받아들이기만 하면 사랑과 우정을 나눌 인생의 파 트너를 만날 수 있다.

그 누구도 당신의 한계를 제한할 수 없다. 인생의 진짜 적은 자기 자신이다. 다른 사람은 당신이 외부와 소통하는 다리를 봉쇄하지 않는다. 하지만 만약 당신이 스스로를 가둔다면 사람들의 우정이나 사랑, 관심을 받을 수 없다. 자신만의 좁은 공간에서 걸어나와 마음을 열고 진심으로 주변 사람들을 대하라. 우정과 사랑을 얻는 동시에 눈앞의 세상이 더욱 아름답게 변할 것이다.

Chapter 07

선와 악 사이

외모의 아름다움은 한순간이다. 정신의 아름다움
이야말로 영원하다. 아름다운 영혼과 아름다운 겉
모습이 조화를 이룰 때, 사람들은 세상에서 가장
완벽한 아름다움을 보게 된다.

선과 악은 마음에 달려 있다

선량함은 인간의 본성 중에서 가장 아름답고 따뜻한 일면이다. 선량함이 없다면 타인에게 마음에서 우러나는 온정과 사랑을 줄 수 없다. 정신적인 부유함도 얻을 수 없다. 우리가 사는 별은 거칠고 사나운 파도를 떠다니는 한 척의 배와 같다. 인류가 생존하기 위해서는 단결이 절대적으로 중요하다. 인류의 미래라는 배가 파도에 뒤집히는 걸 막으려면 우리 스스로 지구라는 배를 타기에 합당한 선원이 되어야 한다. 그리고 그러기 위해서는 용감하고 강한 사람이 되어야 할 뿐만 아니라 선한 마음을 지녀야 한다.

한 물귀신이 있었다. 희생자를 찾아야 하는 날이 되었을 때, 그는 절망에 빠져 강가에 자살하러 온 사람을 발견했다. 그런데 물귀신은 그 사람을 홀리지 않았다. 오히려 가슴 아파하며 그 사람을 구해 주고 어리석은 짓 하지 말라고 달래서 돌려보냈다. 물귀신은 이런 식으로 계속 희생자를 찾을 수 있는 좋은 기회를 놓쳐 버렸다. 그렇게 백 년이 흘렀다. 그는 여전히 고통 받는 물귀신에서 벗어나지 못했다. 음양을 다스리는 천신은 화가 나서 그를 불러 꾸짖었다. "그렇게 마음이 약해서 물귀신이라고 할 수 있겠느냐!" 천신의 말이 끝나기가 무섭게 물귀신은 곧 신으로 변했다.

자비로운 마음은 반드시 다른 사람과 자기 자신에게 행운을 불러 온다. 착한 일을 하면 보답을 받는다. 이것은 천고불변의 진리이다. 한번 생각해 보자. 지난 3개월 동안 당신은 다른 사람을 위해 어떤 착한 일을 했는가?

『남자와 전갈』이라는 이야기가 있다. 이 이야기는 당신에게 큰 감동을 줄 것이다.

한 남자가 물에 빠져 죽기 일보직전인 전갈을 발견했다. 남자가 전갈을 구하려고 손을 내밀었을 때 전갈은 도리어 그를 독침으로 쏘았다. 남자는 아픔을 참지 못하고 전갈에 쏘인 손을 거둬들였다. 그는 여전히 물속에서 몸부림치는 전갈을 보고 다시 한 번 구원의 손길을 내밀었다. 하지만 또다시 전갈에게 쏘이고 말았다. 지나가던 사람이 남자에게 말했다. "당신도 참 고집이 대단하군. 전갈을 구하려고 할 때마다 독에 쏘인다는 걸 모르시오?" 남자가 대답했다. "사람을 쏘는 것은 전갈의 천성입니다. 그렇다고 해서 누군가를 돕고 싶어 하는 제 본성을 바꿀 수는 없지요." 남자는 나뭇잎을 찾아서 전갈을 감쌌다. 그리고 전갈을 물속에서 끄집어내 목숨을 살려 주었다.

전갈의 목숨이 중요한지 여부는 일단 넘어가도록 하자. 중요한 건 남자가 말한 "누군가를 돕고 싶어 하는 본성"이다. 스스로를 '사람'이라고 칭하는 우리는 이 부분을 깊이 반성해야 한다. 경제적 이익이 무엇보다 앞서는 현대 사회에서 크게는 나라와 나라 간의 외교부터 작게는 주변 사람들과의 관계까지, 사람들의 행동은 전부 이익과 연결되어 있다. 일어나서는 안 되는 비극들이 하루가 멀다 하고 되풀이 된다. 나라와 나라 간의 전쟁, 종족 학살, 테러 습격 때문에 무고한 사람들이 포화 속에서 잔혹하게 살육된다. 수많은 사람들의 생명이 너무나도 일찍 고통 속에서 시들어 간다. 우리 주변에는 인간 본성에 위배되는 추악한 사건들이 끊임없이 일어난다. 사람이 물에 빠져 죽어 가는데도 수백 명의 사람들이 그저 구경만 할 뿐 도움의 손길을 내밀지 않는다. 경제적으로 부유한 자녀들이 연로한 부모를 모시지 않으려고 서로 원수가 되어 법정에서 만난다. 이런 사건들은 사람의 선량함을 짓밟는다. 사람과 사람 사이의 추악한 비극을 보고 들을 때마다 우리는 분노하고 실망한다.

그러나 우리는 반드시 인간 본성의 선량한 면을 보아야 한다. 선량한 많은 사람들이 세계 평화와 인류의 평등을 위해 끊임없이 노력한다. 중국의 빈곤 지역에서는 몇몇 선생님들이 아이들의 학업 중단을 막기 위해서 연약한 신체와 보잘것없는 수입으로 마을 전체의 수업을 감당한다. 아픈 사람을 살리기 위해 얼굴도 모르는 수많은 사람들이 모금 활동에 참여하기도 한다. 이런 일들은 모두 사람의 선량한 면을 보여 준다. 사람들의 선량함이 있기에 인류의 미래는 희망으로 빛난다.

우리는 종종 사람들이 친구를 원망하는 소리를 듣는다. 친구가 돈을 벌고 큰일을 하게 된 게 다 자기 덕분인데 배은망덕하다는 것이다. 선량한 마음이 없는 사람은 똑똑하고 용감하고 의지가 강할수록 사회에는 더 크고 무서운 위협이 된다. 양심 없는 친구는 나중에 결국 나쁜 결말을 맞이할 것이다. 어떤 사람들은 어디서나 선행을 베풀고 선량한 마음을 우직하게 지켜 나가면서 곳곳에 선한 씨앗을 뿌린다. 세상 사람들은 그들을 바보라고 부른다. 하지만 그들이 하는 일이야말로 진정한 지혜이며 돈으로는 살 수 없는 정신적 재산이다. 그들의 삶은 더할 나위 없이 충실하다.

선량한 마음과 수양은 정신의 핵심으로서 세심하게 배양되어 모든 사람의 마음속에 심어져야 한다. 성공하고 싶은 사람은 선량한 마음을 키우고 온몸으로 사랑을 나누며 하루하루를 맞이해야 한다. 그러면 반드시 사회의 보답을 받는다.

누구든 마음먹은 대로 천사가 될 수도 있고 악마가 될 수도 있다. 이는 사람의 본성에 빛과 어둠의 양면이 존재하기 때문이다. 망상이 지나치면 빛을 버리고 어둠을 향해 걸어가게 된다. 그 결과는 어두울 수밖에 없다. 인생은 눈앞을 지나가는 구름과 연기처럼 덧없이 사라진다. 평생 악하게 살면서 손에 얻은 것들도 죽을 때는 가져갈 수 없다. 욕심을 버리고 선행을 베풀어야만 '기쁨'이란 선물을 받을 수 있다.

영혼의 '깨진 유리창'을 수리하라

미국의 정치학자 윌슨과 범죄학자 켈링은 '깨진 유리창 법칙'이라는 개념을 내놓았다. 어떤 집의 유리창이 깨졌는데 아무도 수리하는 사람이 없다면 얼마 지나지 않아 다른 창문들도 누군가에 의해 깨지게 된다. 어떤 벽에 낙서가 생겼는데 아무도 지우는 사람이 없다면 벽은 금세 지저분하고 보기 싫은 낙서들로 뒤덮이게 된다. 깨끗한 곳에는 사람들이 함부로 쓰레기를 버리지 못한다.

그러나 바닥에 쓰레기가 보이면 사람들은 서슴없이 쓰레기를 버린다. "천리의 둑도 개미구멍에 무너진다"라는 말은 사실이다. 맨 처음 깨진 유리창을 제때 수리하지 않으면 일련의 부정적인 영향이 따라온다. 이와 마찬가지로 작은 실수를 제때 발견하고 바로잡지 않으면 시간이 지나면서 작은 실수가 큰 잘못으로 변한다.

"선이 작다고 하여 행하지 않아서는 안 되고, 악이 작다고 하여 행해서는 안 된다." 사실 우리는 어려서부터 이런 교육을 받으며 자라왔다. 그러나 가슴에 손을 얹고 자기 자신에게 한번 물어 보자. 우리는 제대로 살고 있는가? 많은 사람들이 고개를 숙일 것이다. 우리는 항상 자신의 잘못에 관대하다. 작은 실수나 나쁜 짓 정도는 해도 상관없다고 여긴다. 하지만 이런 생각은 매우 잘못된 것이다. 불교에서는 이렇게 말한다. "소악을 해가 없다고 여기고 지속하면 대악이 된다. 이는 마치 물 한 방울이 오랜 시간 모여서 병을 가득 채우는 것과 같다. 따라서 소악이라 해도 행해서는 안 되며, 만일 행한다면 언젠가는 악으로 가득 차게 될 것이다." 만약 우리가 나쁜 생각을 제때 자각하고 바로잡지 않는다면 결국에는 끝없는 욕심이 큰 화를 불러올 것이다. 명예는 땅에 떨어지고 심하면 목숨이 위태로워질 수도 있다. 그러므로 우리는 늘 자신의 행동을 점검해야 한다. 나중에 나쁜 일이 생겼을 때 땅을 치고 후회해봤자 아무런 소용이 없다. 나쁜 생각은 우리 인생에 부정적인 영향을 미친다.

당신 주변에 혹시 이런 비슷한 일이 없었는지 기억을 한번 더듬어 보라. 아이가 이웃집에 놀러갔다가 무심코 작은 귀걸이 하나를 옷에 붙인 채로 집에 돌아왔다. 여기서 중요한 건 '무심결'에 일어난 일이라는 점이다. 이때 교양 있는 부모라면 반드시 자초지종을 듣고 나서 아이에게 귀걸이를 돌려주라고 말할 것이다. 그러나 욕심에 눈이 멀고 이기적인 부모라면 양심을 속이고 귀걸이를 가질 수도 있다. 자신이 보기에 별로 큰일이 아니기 때문이다. 그렇다. 이웃이 이런 작은 일을 캐물을 리는 없다. 설령 사실을 알아채더라도 따지지는 않을 것이다. 하지만 그 결과는 어떨까? 아이의 무의식적인 행동은 부모의 용인 아래 나쁜 습관으로 변해서 걸핏하면 다른 사람 물건에 함부로 손을 대기 시작할 것이다. 상대방은 아이가 아직 어리고 귀중한 물건도 아니기 때문에 문제 삼지 않고 넘어갈 수도 있다. 이런 식으로 작은 도둑이 큰 도둑이 되면 그 결과는 분명하다. 법의 제재를 피할 수 없게 되는 것이다.

아이가 그렇게 된 책임은 이기적인 부모에게 있다. 아이는 아직 어려서 무엇이 옳고 그른지를 판단하는 능력이 부족하다. 아이들이 성장 과정에서 가장 많이 배우고 따라하는 사람은 바로 자신의 부모다. 만약 부모가 스스로 모범을 보이고 처음부터 나쁜 짓을 차단한다면 아이도 자연히 바르게 자란다. 그러나 부모가 반면교사가 되어 나쁜 행동을 하는 모습을 자주 보여준다면 아이는 금세 물이 든다. 이런 일들은 매우 흔하게 볼 수 있다. 부모가 자신의 부모에게 효도하지 않으면 아이들도 나중에 어른이 되어서 부모에게 효도하지 않는다. 때리고 욕하는 부모에게서 자란 아이들은 나중에 폭력적인 사람이 되어 걸핏하면 남들과 치고 박고 싸우다가 감옥에 들어갈 수도 있다. 어쩌면 부모들은 나쁜 행동을 하면서도 문제의 심각성을 깨닫지 못할 수도 있다. 어쩌면 별 것 아닌 일이라고 생각할지도 모른다. 하지만 바로 이런 작은 일들이 본인과 아이들의 인생에 큰 영향을 끼친다. 우리가 자주 말하는 "착한 일을 하면 보답을 받고, 나쁜 일을 하면 대가를 치른다"는 말이 바로 그런 이치다.

그러므로 다시 한 번 강조한다. "선이 작다고 하여 행하지 않아서는 안 되고, 악이 작다고 하여 행해서는 안 된다." 사람의 선행과 악행은 경중을 가리지 않는다. 작은 선행이라도 베풀면 따뜻함이 되고, 작은 악행도 저지르면 상처가 된다. 따라서 살면서 반드시 말과 행동을 각별히 조심하고 사소한 일에서도 선행을 추구해야 한다. 그래야만 인생의 고난에서 발을 헛딛지 않고 아름다운 미래로 나아갈 수 있다.

진실함을 잃으면 영혼은 지옥에 떨어진다

우리가 진실하게 산다고 해서 반드시 100퍼센트의 신뢰와 우애가 보답으로 돌아오는 것은 아니다. 하지만 시간이 지나면 언젠가 진실함을 이해하는 맑은 눈과 진실함을 수용하는 성실한 영혼을 만날 수 있다.

언제부턴가 성실함은 사람들에게 잊히기 시작했다. 점점 더 많은 영혼이 공리를 추구하면서 성실함을 케케묵은 낡은 것으로 간주한다. 이런 사람들은 자신이 똑똑하다고 생각한다. 언제나 작은 이득을 취하기 때문에 실속 있다고 여기는 것이다. 그들은 몹시 의기양양하다. 수단 방법을 가리지 않고 얻은 성과를 가지고 진실을 모르는 사람들의 존중을 받기 때문이다.

하지만 그들의 좋은 시절은 오래 가지 못한다. 이치는 매우 간단하다. 사람은 누구나 본능적으로 안전함을 추구하기 때문에 자기 주변 사람이 우호적이고 진실하기를 바란다. 최소한 자신에게 적의가 없는 사람이기를 바란다. 만약 주변에 위선적이고 돈에 눈이 먼 사람이 나타난다면 누구나 그를 멀리 피할 것이다. 진실하지 않은 사람은 점점 고립된다. 인생의 길도 점점 좁아진다.

세상의 모든 부귀영화를 누린 부자가 죽어서 지옥에 떨어졌다. 그는 이 사실을 인정할 수 없었다. 생전에 그는 건강했고 잘생겼으며 돈과 명예가 있었다. 모든 것을 다 가졌는데 왜 죽어서 이런 고통을 받아야 한단 말인가? 그는 불만으로 가득 차서 천국으로 보내달라고 요청했다.

하느님은 웃으며 그에게 물었다. "무슨 근거로 천국에 가고 싶다는 것이냐?"

부자는 그가 생전에 소유했던 것들을 전부 말했다. 그리고 이렇게 반문했다. "제가 천국에 가는데 이걸로 충분하지 않나요?" 부자는 의기양양하게 웃었다.

하느님은 차분하게 질문 하나를 던졌다. "네게서 뭔가가 부족한 걸 깨닫지 못했느냐?"

"방금 말씀드렸잖아요. 저는 가진 게 많습니다. 천국에 갈 자격이 충분하다고요!" 부자는 자신만만했다.

하느님은 계속해서 그에게 질문했다. "너는 굉장히 중요한 것 하나를 포기했다. 잊었느냐? 인생의 나루터에서 너는 인생의 배낭 하나를 포기했어. 그렇지 않느냐?"

부자는 그제야 기억이 났다. 젊었을 적에 그는 배를 타고 바다를 건너다가 큰 풍랑을 만났다. 작은 배는 위험에 빠졌고 늙은 사공은 그에게 뭔가 하나를 포기하라고 말했다. 그는 이리저리 생각했다. 돈, 외모, 명예 …… 그는 그것들을 버리기가 아까웠다. 그래서 결국 진실함을 버렸다. 하지만 부자는 여전히 인정할 수 없었다. 그는 하느님에게 따졌다. "그 일로 저를 무서운 지옥에 보낼 수는 없어요. 저는 천국에 갈 자격이 있단 말입니다!"

하느님의 표정이 엄숙하게 변했다. "그러고 나서 너는 무슨 일을 했느냐?" 부자는 기억을 더듬었다. 그는 집으로 돌아가서 아내에게 영원히 배신하지 않겠다고, 어머니께 효도하겠다고, 친구에게 함께 사업을 하겠다고 약속했다. 하지만 …… 그는 계속 기억을 떠올렸다. 그는 밖에서 딴 여자를 만났다. 어머니가 그를 타일렀지만 그는 어머니를 모른 척 했다. 그는 친구와 동업을 하다가 친구의 몫까지 집어 삼켰다.

하느님이 말했다. "진실함을 버리고 나서 네가 얼마나 많은 신의를 저버렸는지 깨달았느냐? 천국은 신성하고 순결한 장소인데 어떻게 너 같은 놈을 들이겠느냐?"

부자는 할 말을 잃었다. 그는 그제야 자신이 모든 것을 다 가졌던 게 아니라는 사실을 깨달았다. 그에게는 아무것도 없었다. 사랑, 혈육 간의 정, 우정 …… 그 모든 것들이 진실함과 함께 떠나 버렸다.

하느님은 그를 바라보며 말했다. "진실함이 없는 사람에게는 가족과 친구, 동료, 고객 등 주변의 모든 사람들이 더 이상 믿음을 주지 않고 일정한 거리를 유지하지. 생전에 그랬으니 천국에서도 예외가 될 수 없다. 천국은 너 같은 놈을 받아들일 수 없으니 어서 지옥으로 돌아가거라!"

진실함을 잃으면 영혼은 지옥에 떨어진다.
세계 어느 나라에서도 진실함은 사람의 기본 자질이며 명예의 뿌리이자 매력의 원천이다. 오늘날 비즈니스에서 기업이 광고를 하고 기업의 대중적 이미지를 만드는 이유도 기업의 신용도를 높이기 위해서이다. 신용도가 높아져야 사람들이 당신을 믿고 당신과 교제하며 거래가 성립된다. 그러나 기업의 신용도는 제품의 품질과 훌륭한 서비스로 만드는 것이지 떠들썩한 광고나 몇 차례의 이벤트로 만드는 것이 아니다. 사람의 신용도 이와 마찬가지다.

허풍이 심한 사람은 입으로 무슨 일이든 할 수 있다. 사람의 신용은 뛰어난 말재주가 아니라 착실한 행동으로 얻는 것이다. 말만 번지르르 하고 말과 행동이 일치하지 않는 사람은 누구나 혐오하고 경멸한다. 신용은 말할 것도 없다. 사람들의 신임을 얻게 위해서는 자신의 신용을 쌓아야 한다. 당신이 어떤 방법을 쓰든 간에 성실함은 가장 근본적인 비결이다.

쟝쑤 싱화시에 왕둥치라는 남자가 살았다. 그의 행동은 우리에게 '진실함'이란 무엇인지를 제대로 보여 준다.

왕둥치는 싱화시 장양 단지에 있는 복권 판매소의 업주다. 어느 날 그는 한 손님의 요청으로 56위안(약 1만 원)어치의 복권을 대신 구입했다. 그런데 저녁이 되어 가게 문을 닫을 때까지 그 손님은 복권을 찾으러 오지 않았다. 왕둥치는 하는 수 없이 복권을 가지고 집으로 돌아갔다. 그날 저녁 왕둥치는 평소와 마찬가지로 복권 당첨 프로그램을 시청하고 있었다. 그런데

이게 웬일인가! 손님을 대신해서 구입한 복권이 500만 위안(약 8억 2천만 원)이라는 거액에 당첨된 것이다! 왕둥치와 아내는 기뻐하며 조금의 망설임도 없이 그 손님에게 전화를 걸었다. 처음에 그 손님은 왕둥치가 장난을 친다고 생각했다. 그는 1등에 당첨됐다는 사실을 믿을 수 없었다. 게다가 1등에 당첨된 복권을 왕둥치가 이렇게 순순히 넘겨줄 거라고는 생각하지 않았다.

"그 사람 복권이니 그 사람에게 주는 게 맞지요." 왕둥치는 순박하게 말했다. 그는 자신의 훌륭한 행동을 조금도 과시하지 않았지만 그의 진실함은 사회의 수많은 사람들을 부끄럽게 만들었다. 왕둥치의 다섯 식구는 지금까지도 50제곱미터의 좁은 집에서 살고 있다. 그와 아내는 차례로 퇴직하고 날품팔이를 해서 겨우 모은 돈으로 복권 판매소를 차린 것이었다. 이 일이 생기기 얼마 전에는 그의 열 살짜리 아들이 화상을 입어서 상하이에서 수술하는 바람에 2만 위안을 지출한 일이 있었다. 게다가 복권은 이름이 있는 것도 아니고 분실 신고를 할 수 있는 것도 아니다. 왕둥치와 손님 사이에는 어떤 계약도 없었다. 왕둥치는 얼마든지 핑계를 대고 복권을 돌려주지 않을 수도 있었다. 가난한 부부에게 503.9만 위안은 거대한 유혹이었을 것이다. 그러나 두 사람은 조금도 흔들리지 않았다. 왕둥치 가족은 이렇게 말했다. "복권을 가졌다면 평생 돈 걱정은 없이 살 수 있었겠지요. 하지만 평생 정신적인 빚을 지고 살다 가 죽었을 겁니다."

진실함을 목숨처럼 여기고 정정당당하게 자신의 매력을 드러내는 사람은 설사 물질적으로 빈곤하더라도 정신적으로는 부유한 사람이다. 이런 사람을 고귀하다고 생각하지 않을 사람이 어디 있겠는가?

진실함이 위기에 처한 이 시대에 물욕의 팽배는 진실함을 경제적 이익으로 바꾸고 사람과 사람 사이의 연약하고 미묘한 관계를 묶어 놓는다. 사람과 사람 사이의 관계를 유지하는 연결 고리가 끊어지는 걸 막기 위해서는 진실한 정신이 필요하다. 진실함을 생명의 벌판에서 흙을 뚫고 나온 어린 싹으로 생각하고 애지중지하며 물을 주고 가꿔라. 연약하고 작은 묘목이 하늘을 찌를 듯한 큰 나무로 자라 향기로운 열매를 맺을 것이다.

본성을 유지하고 원칙을 지켜라

자신의 원칙과 선을 지키지 않는 사람은 담장의 뿌리 없는 풀처럼 바람에 흔들리며 자신의 방향을 찾지 못한다. 이런 사람은 타인의 신임을 얻지 못한다. 성공은 더더욱 말할 것도 없다. 스스로 무엇을 해야 하고 무엇을 하면 안 되는지 모른다면 다른 사람이 어떻게 당신을 도울 수 있겠는가? 조그만 이익 때문에 수단 방법을 가리지 않고 자신의 마지막 원칙까지 저버려서는 안 된다. 원칙을 잃어버리는 순간 미래는 다른 사람의 손에 들어간다.

외국의 한 도시에서 시장 비서를 공개 모집했다. 조건은 남자여야 한다는 것이었다. 여기서 말하는 남자란 정신적으로 남자다운 사람을 뜻한다는 걸 지원자들은 모두 잘 알고 있었다.

여러 차례의 경쟁 끝에 몇몇 사람들이 마지막 '특수 시험'에 참가할 수 있는 자격을 얻게 되었다. 이것은 가장 중요한 테스트였다. 시험 당일, 지원자들은 시청 건물 앞에 모여 차례로 사무실에 들어가 시험을 치렀다. 마지막 관문의 시험관은 시장 본인이었다.

첫 번째 남자가 들어왔다. 빛나는 금발에 관상이 좋은 건장한 남자였다. 시장은 그를 특수 제작한 방으로 데려갔다. 방바닥은 날카로운 깨진 유리 조각으로 가득해서 간담을 서늘하게 만들었다. 시장은 위엄 있는 목소리로 말했다. "신발을 벗고 테이블에 놓인 서류를 작성해서 내게 제출하게!" 남자는 서슴없이 신발을 벗어 던지고 날카로운 유리 조각을 밟으며 서류를 가져왔다. 그리고 서류를 작성해서 시장에게 건넸다. 그는 억지로 아픔을 참으면서 침착하고 태연한 표정으로 말없이 시장을 바라봤다. 시장은 로비를 가리키며 냉담하게 말했다. "저기 가서 대기하고 있게." 남자는 몹시 흥분했다.

시장은 두 번째 남자를 또 다른 방으로 데려갔다. 방문은 굳게 잠겨 있었다. 시장은 냉랭하게 말했다. "안에 테이블이 하나 있고 테이블 위에는 서류가 한 장 있네. 들어가서 서류를 작성한 다음 내게 제출하게!" 남자는 문을 밀었다. 문은 잠겨 있었다. "머리로 박아서 문을 열게!" 시장이 명령했다. 남자는 아무 말 없이 문에 머리를 박았다. 한 번, 두 번, 세 번 …… 머리가 깨져서 피가 났을 때 드디어 문이 열렸다. 남자는 열심히 서류를 작성해서 시장에게 건넸다. 시장이 말했다. "로비에 가서 기다리게." 남자는 매우 기뻤다.

이런 식으로 건장한 남자들이 한 명씩 차례로 자신의 의지와 용기를 증명했다. 시장의 표정은 엄숙했다. 그는 마지막 남자를 특수 제작한 방으로 데려갔다. 시장은 방안에 있는 야윈 노인을 가리키며 말했다. "저 사람 손에 있는 서류를 가져와서 작성한 다음 내게 제출하게! 저 사람이 쉽게 내주지 않을 테니 주먹으로 쓰러뜨려야 하네!" 남자는 진지한 눈빛으로 시장을 바라봤다. "왜죠?" "왜라니? 이건 명령이야!" "당신 미쳤군요. 제가 왜 사람을 때려야 하죠? 게다가 저런 노인을 말이에요!"

남자는 화가 나서 몸을 돌렸다. 그때 시장이 그를 불러 세웠다. 시장은 지원자들은 모두 불러 모았다. 그리고 마지막 남자만 테스트를 통과했다고 말했다.

온몸이 상처투성이인 지원자들은 테스트를 통과한 남자의 몸이 멀쩡한 것을 보고 깜짝 놀랐다. 그리고 잇달아 불만을 토로했다.

시장이 말했다. "자네들은 모두 진정한 남자가 아니네."

"왜죠?" 지원자들은 이구동성으로 물었다.

시장은 의미심장하게 말했다. "진정한 남자는 반항할 줄 알고 정의와 진리를 위해 희생할 줄 아는 사람이네. 진정한 남자는 명령에만 복종하며 불합리한 희생을 하지 않지."

이 이야기를 통해 깨달은 것이 있는가? 사람이 성공하려면 교제를 벗어날 수 없고 교제는 원칙을 벗어날 수 없다. 당신이 원칙을 고수해야만 훌륭한 명예를 얻을 수 있고 타인도 당신과 안정적이고 장기적인 교제를 원한다. 원칙을 고수하면 정직하고 정의로운 에너지가 생긴다. 당신은 이 에너지를 가지고 옳은 일을 계속해 나갈 수 있다. 그리고 당신이 옳지 않다고 여기는 일을 용감하게 공개적으로 반대할 수 있다.

원칙을 지키는 일은 우리에게 우정, 신뢰, 감탄, 존중 등 수많은 가치를 가져다준다. 인류에게 희망이 있는 이유 중 하나는 사람에게 거의 본능적으로 원칙을 변별할 수 있는 능력이 있기 때문이다. 사람들은 자신도 모르게 원칙에 끌린다.

그러면 어떻게 해야 원칙을 지키는 사람이 될 수 있을까? 다양한 답이 있을 수 있지만 가장 중요한 건 스스로 작은 일에서부터 완벽하게 진실한 사람이 되는 것이다. 솔직히 말하는 게 불편할 때 작은 거짓말을 하거나, 진실이 아닌 유언비어에 신경 쓰거나, 개인 전화비를 사무실 장부에 기재하지 말라. 이런 일들이 하찮아 보일 수도 있다. 하지만 진정으로 원칙을 지키는 사람이 되고 싶다면 이 작은 일들이 가진 에너지를 무시하면 안 된다. 가치 있는 일은 그릇된 일을 허용하지 않는다. 당신도 결국 이 사실을 깨닫고 좋은 사람이 되어 자신이 원칙을 지킨다는 사실을 자랑스러워하게 될 것이다.

모든 사람은 본성을 유지하고 원칙을 지켜야 한다. 사람의 기본이야말로 우리가 세상에 발붙이고 살아가는 토대가 된다는 사실을 잊지 말라.

'작은 나'가 당신을 지배하지 않도록 하라

천징은 무슨 일이든 시시콜콜 따지기 좋아하는 사람이다. 그녀는 자신이 조금이라도 손해 보는 걸 용납하지 않는다. 시장에서 장을 볼 때도 그녀는 10원 때문에 상인과 말싸움을 벌인다. 그녀는 가족이나 친구와도 사이가 좋지 않다. 온종일 누가 손해를 보고 누가 이득을 봤는지 하는 사소하고 의미 없는 일들로 다툼이 끊이지 않는다. 천징은 항상 이해득실을 따지지만 그렇다고 해서 별다른 이득을 보는 것도 아니다.

천리중은 천성이 예민한 사람으로 항상 감정의 소용돌이 속에서 오르락내리락한다. 상사의 표정이 안 좋거나 누군가 말실수를 하면 그는 끊임없이 그 일을 곱씹으며 영혼에 큰 상처를 입는다. 어떤 일이든지 그의 마음속에서 무한정 확대되어 영혼에 커다란 충격을 가져오고 다양한 방식으로 표출된다.

위의 두 가지 사례는 모두 '작은 나'가 장난을 친 것이다. '작은 나'란 도대체 무엇일까?

예를 한번 들어 보자. 어떤 사람들은 남을 돕거나 정보를 나누는 걸 원하지 않는다. 심지어 남에게 해를 입히기도 한다. 바로 '작은 나'의 지배를 받기 때문이다. '작은 나'는 남이 '나' 보다 잘되는 걸 용납하지 않는다.

'작은 나'에게 가장 중요한 건 '나'의 이익이다. 뭔가 꿍꿍이가 있지 않는 한, '작은 나'의 사전에 '나눔'이란 단어는 없다. 남들이 성공하면 '작은 나'는 마치 그들이 '나'에게서 뭔가를 빼앗아 간 것처럼 반응한다.

'작은 나'가 보기에 '나'는 언제나 남들보다 훌륭하다. '작은 나'가 갈망하는 것은 바로 이런 우월감이다. 이 우월감을 통해서 '작은 나'는 더욱 강해진다. 예를 한번 들어 보자. 당신은 상대방에게 뭔가 중요한 소식을 알려 주려고 한다. "너한테 말해 줄 일이 있어. 아주 중요한 일인데, 넌 아직 모르지?" 이때 '작은 나'는 '나'와 타인 사이에 관계의 불균형이 생겼다고 생각한다. 그 짧은 순간에도 '작은 나'는 "내가 너보다 많이 알고 있다"라는 만족감을 얻는다. 설령 상대방이 모든 면에서 당신보다 나을지라도 그 순간만큼은 우월감을 느끼는 것이다. 일상에서 많은 사람들이 루머에 큰 관심을 보이는 이유가 바로 여기에 있다. 게다가 사람들은 루머를 전달할 때 악의적인 비평이나 판단을 곁들인다. 이것 역시 '작은 나'의 명령을 받았기 때문이다. 남에 대해 부정적인 평가를 할 때마다 우월감은 저절로 생겨난다.

'작은 나'가 어떤 행동을 하든지 간에 그 배후에 숨겨져 있는 열망은 똑같다. 남들보다 뛰어나고 싶고, 남들과 다르고 싶고, 자신이 주도권을 쥐고 싶은 것이다. '작은 나'는 권력을 갈망하고 사람들의 주목을 받고 싶어 하며 더 많은 것을 원한다.

사람은 누구나 마음속 깊은 곳에 축소된 '작은 나'를 가지고 있다. 뜻밖의 일이 생기면 '작은 나'는 가장 먼저 반응해서 자기방어를 위한 저항 심리를 만들어 낸다. '작은 나'의 반응이 지나치면 자기방어가 확대되어 괴팍한 성격이나 자기비하, 변덕스러움과 과장된 행동으로 나타난다.

탐욕, 이기심, 착취, 잔인함 그리고 폭력 …… '작은 나'의 힘은 두려울 정도로 크다.

물론 '작은 나'를 나쁜 사람으로 볼 수는 없다. '작은 나'는 애초에 '나'를 보호하기 위해 생긴 것이기 때문이다. '작은 나'는 당신이 원하는 대로 일이 풀리기를 바란다. 그래서 당신이 자신의 말을 들어 주기를 바란다. 설사 그게 남에게 나쁘고 해가 되는 일이라 할지라도 말이다. '작은 나'는 그런 것까지는 의식하지 못한다.

'작은 나'는 객관적으로 존재한다. 인간이 '작은 나'로부터 완전히 벗어나는 건 불가능하지만 '작은 나'를 지배하고 함께 조화롭게 살아가는 건 가능하다. 사실 '작은 나'의 지배를 받지 않고 살아가는 사람들도 많이 있다. 교사나 의사, 예술가, 과학자, 미용사, 봉사자, 사회복지사 등 특정 영역에서 특수한 성과를 거둔 사람들은 일을 하면서 '작은 나'에게서 벗어날 수 있다. 이때 그들이 추구하는 건 자아가 아니라 당장 필요한 일을 하는 것이다. 그들이 관심을 갖는 건 현재와 일 그리고 도움이 필요한 사람들이다. 그들은 타인에게 자신들이 제공하는 서비스 이상의 큰 영향력을 미친다.

이렇게 보면 축소된 '작은 나'는 결국 진실하고 견고한 실체가 아니라 사람들의 영혼 깊은 곳에 있는 일시적인 감정에 불과하다고 할 수 있다. '작은 나'가 텅 비었다는 사실을 깨닫고 나면 '작은 나'를 인정하고 보호하며 걱정하는 일을 그만둘 수 있다. 그리고 오랜 시간의 고통과 불행에서 벗어날 수 있다.

자기 자신을 사랑해야만 자신의 불완전함을 용서하고 받아들일 수 있다. 타인을 사랑해야만 상대방의 각도에서 생각하고 이해하며 용서할 수 있다. 세상을 사랑해야만 감사와 찬미로 가득한 마음으로 원만한 인생을 향해 나아갈 수 있다.

냉정하고 무심하면 영혼은 마비된다

인심이 각박하다는 말은 오래전부터 있었다. 안 그러면 "각자 자기 집 앞의 눈만 쓸고 남의 집 기와의 서리는 신경 쓰지 않는다", "자신과 무관한 일은 거들떠보지도 않는다"와 같은 성어는 없었을 것이다. 최근 몇 년간 이런 생각은 점점 더 확산되고 있다. 노인이 넘어져도 부축하는 사람이 없고, 화물차가 뒤집히면 앞다퉈 물건을 훔쳐 간다. 도시에서는 이웃 간에 왕래가 전혀 없다. 마치 모든 사람들이 외톨이가 된 것 같다. 각박한 세상은 사람들을 두렵고 외롭게 만든다.

린판은 회사의 분위기가 비인간적이고 동료들 간에 관심이나 협력이 부족하다고 느꼈다. 회사는 위선적이고 냉담한 분위기로 가득했다. 그는 여러 차례 사표를 내려고 했지만 보수적인 부모님이 허락하지 않았다.

어느 날 린판은 출장을 가면서 두 명의 여동생에게 대신 숙소를 봐 달라고 부탁했다. 밤 11시가 넘었을 무렵, 두 사람은 누군가 세차게 문을 두드리는 소리에 잠을 깼다. 큰 여동생은 깜짝 놀라서 옷을 걸치고 침대에서 내려와 큰 소리로 물었다. "누구세요?"

아무런 대답이 없었다. 하지만 문 두드리는 소리는 멈추지 않았다. 그 커다란 소리는 고요한 겨울밤 난폭하고 무섭게 느껴졌다.

작은 여동생도 침대에서 내려와 언니 뒤에서 안절부절못하며 상황을 살폈다. 큰 여동생이 용기를 내서 소리쳤다. "말 안 하면 신고할 거예요!"

문 두드리는 소리가 잠시 멈추더니 또다시 미친 듯이 울려 퍼졌다. 극도의 공포감에 사로잡힌 두 사람은 대체 누가 장난을 치는 건지 문구멍으로 내다볼 엄두조차 나지 않았다. 집에 전화가 없었기 때문에 바깥세상과 연락할 수 있는 유일한 방법은 소리를 지르는 것뿐이었다. 두 사람은 베란다로 뛰어가 떨리는 목소리로 크게 소리쳤다. "도와주세요! 도둑이 들어오려고 해요! 살려 주세요!"

경비실에서 몇 사람이 나왔다. 하지만 그들은 5층 베란다에 있는 그녀들을 힐끗 쳐다보고는 다시 경비실로 돌아가 카드게임을 계속했다. 그녀들은 아직 불을 끄지 않은 집들이 있는 걸 똑똑히 보았다. 하지만 그녀들의 살려달란 외침은 마치 군대의 소등 신호처럼 순식간에 주변을 칠흑으로 물들였다. 문 두드리는 소리는 두 사람의 절망적인 외침과 한데 섞여 30분 동안이나 계속되었다. 아무런 도움도 받지 못한 채, 밤은 잔인하게 깊어 갔다.

문 두드리는 소리가 잠잠해지자 두 사람은 벌벌 떨면서 서로를 껴안았다. 상대방의 '쿵쾅쿵쾅' 뛰는 심장소리만 들려왔다. 두 사람은 옷을 갖춰 입고 침대에 앉았다. 머리맡에는 주방에서 찾아온 시퍼렇게 날이 선 부엌칼이 놓여 있었다.

이튿날 린판이 급히 비행기를 타고 돌아왔다. 화가 머리끝까지 난 그는 드디어 무슨 일이 있었는지 알아냈다. 아래층에 사는 동료 하나가 술에 취해 집을 잘못 찾아와서는 아내가 문을 열어 주지 않는다고 생각했던 것이다. 한 달 뒤, 린판은 연봉이 높고 안정적인 그 회사를 그만 뒀다. 이유는 단 하나였다. 생명을 경시하는 사람들 틈에서 살고 싶지 않았던 것이다. 이번에는 보수적인 부모님도 더 이상 그를 말리지 않았다.

오늘날 우리 사회는 줄곧 '화합'을 강조한다. 그런데 어떻게 화합해야 할까? 화합은 무엇으로 만드는 것일까? 답은 간단하다. 화합은 '인화'(人和)로 만드는 것이다. 사회의 모든 사람들이 선량한 마음으로 타인을 대하고 도와야만 사회 전체의 분위기를 향상시키고 "내 어른을 공경하는 마음으로 남의 어른을 공경하고, 내 아이를 사랑하는 마음으로 남의 아이도 사랑한다"라는 사회 환경을 만들 수 있다. 만약 누가 넘어졌는데 아무도 일으켜 세우는 사람이 없다면 그 사회는 진정으로 화합하는 사회가 아니다. 버스에서 빈자리 때문에 사람들이 싸움을 벌인다면 그 사회는 화합하는 사회와 거리가 멀다. 모든 사람이 자기 생각만 하면서 각자 자기 집 앞의 눈만 쓸고 남의 집 기와의 서리는 신경 쓰지 않는다면 사람과 사람 사이의 '화합'은 어려워진다.

이것은 우리의 잘못이 아닐 수도 있다. 그러나 우리가 스스로 냉담해지면 인간의 중요한 본성인 관심과 신뢰를 잃게 된다. 물론 우리가 착한 일을 하지 않더라도 나쁜 짓을 하지 않는 이상 누구도 우리를 나쁜 사람이라고 생각하지 않는다. 하지만 그렇다고 해서 우리 스스로 슬픔을 느끼지 못할까? 질병에 시달리는 노인이 바닥에 웅크려 있고 불쌍한 아이가 흐느껴 우는 모습을 보았을 때, 우리는 정말로 아무것도 느끼지 못할까? 많은 사람들이 속으로 아픔을 느낄 것이다. 사람의 본성은 선하기 때문이다. 우리는 단지 여러 가지 제약 때문에 나약하게 변했을 뿐이다. 이런 상태를 변화시키기 위해서는 사회 전체의 노력이 필요하다.

그렇다. 우리 각자가 모두 변해야 한다. 나약함은 정의로운 용기로, 냉담함은 다정한 인정으로 바꿔야 한다. 사회의 모든 사람이 이렇게 행동한다면 착한 일을 할 때 더 이상 망설이지 않을 것이다. 이와 반대로 냉담함이 계속된다면 사람과 사람 사이의 가장 소중한 정은 더 이상 존재하지 않고 사회 전체가 타락할 것이다. 우리 중 누구도 이런 사회 분위기 속에서 살기를 원하지 않는다. 이것은 의심할 여지없는 사실이다.

우리는 역지사지(易地思之)의 마음을 가져야 한다. 다른 사람이 자신과 자신의 부모님, 자신의 아이에게 잘하기를 바란다면 우리가 먼저 모범을 보여야 한다. 무심결에 뿌린 착한 씨앗이 생각지도 못한 착한 열매를 가져올 수도 있다. 남을 돕는 건 자기 자신을 돕는 일이다. 다른 사람을 위해 등불을 밝히면 우리 주변도 밝아진다. 다른 사람에게 장미꽃을 선물하면 우리 손에도 향기가 남는다.

우리가 남을 대하는 방식으로 남들도 우리를 대한다. 우리가 삶을 대하는 방식으로 삶도 우리에게 되돌아온다. 다른 사람이 어려운 문제를 푸는 걸 도와주면 우리도 그 문제를 더욱 제대로 이해할 수 있다. 자발적으로 거리의 지저분한 낙서나 게시물을 청소하면 도시가 깨끗해질 뿐만 아니라 우리의 시야 또한 밝아진다. 이와 같은 예는 수없이 많다.

그러니 일상에서 선행을 베푸는데 인색하지 말라. 길에서 구걸하는 거지에게 빵을 주고, 길을 잃은 사람에게 방향을 알려 주고, 낙담한 사람의 하소연을 들어 주어라. 이런 평범한 행동들은 소박한 사랑에서 번져 나와 영혼 깊은 곳에 있는 빛을 반사한다. 그리고 타인뿐 아니라 우리 자신을 비춰 준다.

내가 하고 싶지 않은 일을 남에게 시키지 말라

콩 심은 데 콩 나고 팥 심은 데 팥 난다. 다른 사람에게 오물을 던지면 자기 자신이 가장 더러워진다.

"자기가 원하는 일이 아니면 남에게 행하지 말아야 한다"(己所不欲勿施於人)는 말은 『논어』의 「위영공」 편에 나오는 말이다. 자공이 공자에게 물었다. "한 마디의 말로 평생토록 실행할 만한 것이 있습니까?" 공자가 대답했다. "그것은 '서'(恕)일 것이다. 자기가 원하는 일이 아니면 남에게 행하지 말아야 한다." 이 말은 2천 년 동안 전해져 내려온 유교 문화의 정수이자, 예로부터 도덕적 수양이 높은 사람들이 실천해 온 격언이다.

공자는 "자기가 원하는 일이 아니면 남에게 행하지 말아야 한다"는 말을 평생의 좌우명으로 삼고 제자에게도 알려 주었다. 그렇다. 자신이 원하지 않는 것을 왜 억지로 남에게 주려 하는가? 사람은 마땅히 타인에게 관대해야 한다. 이것이 바로 인의(仁義)의 표현이다. 공자의 말은 인간관계에서 중요한 원칙을 보여 준다. 우리가 자기 자신을 대하는 행동을 기준으로 삼아 타인을 대한다면 다른 사람의 존경을 받을 수 있다.

그러나 안타까운 건 세상 인심이 종종 사리사욕의 질곡에서 벗어나지 못한다는 사실이다. 많은 사람들이 습관적으로 자신이 하고 싶지 않은 일을 다른 사람에게 미루고, 자신이 갖고 싶지 않은 물건을 다른 사람 손에 떠넘긴다. 그리고 반대로 자신이 좋아하는 건 절대로 다른 사람과 공유하지 않는다. 이렇게 '자신이 원하는 일은 남에게 인색한' 현상이 보편적으로 존재하는 이유도 결국은 이기적인 본성 때문이다.

우리는 반드시 "자기가 원하는 일이 아니면 남에게 행하지 말아야 한다"라는 말을 인간의 기본적 소양으로 인식해야 한다. 남들이 자신에게 하지 말았으면 하는 일은 자신도 다른 사람에게 해서는 안 된다. 남들에게 이용당하고 싶지 않다면 당신도 남들을 이용하지 말라. 남들이 당신에게 거짓말하는 게 싫다면 당신도 거짓말하지 말라. 남들이 당신을 푸대접하는 게 싫다면 당신도 남들을 푸대접하지 말라. "심은 대로 거둔다"라는 말이 있다. 당신의 일거수일투족은 결국 당신 자신에게 돌아온다. 남들에 대한 당신의 생각과 행동이 자기 암시를 통해서 하나도 빠짐없이 당신의 무의식에 기록되어 당신의 개성에 영향을 미치기 때문이다. 유유상종이라는 말처럼 당신의 개성은 하나의 자기장에 해당한다. 이 자기장은 같은 부류의 사람들을 당신 곁으로 끌어 모은다. 그렇게 되면 언젠가 당신도 주변 사람에게 불공평한 대우를 받는 날이 오게 된다.

따라서 "자기가 원하는 일이 아니면 남에게 행하지 말아야 한다"라는 말을 따르는 것은 다른 사람을 대접하는 일일 뿐 아니라 자기 자신을 대접하는 일이다. 우리 모두가 역지사지의 마음으로 문제를 해결한다면 대의와 신의를 중시하며 과거의 나쁜 감정은 잊고 사사로운 복수를 하지 않는 건강한 사회 분위기를 만들 수 있다. 그리고 불필요한 마찰과 오해를 줄이고 인간관계에서 진정한 화합을 이끌어낼 수 있다. 자신을 되돌아보고 다른 사람의 입장에서 생각하면 모두가 행복하다.

중국은 예로부터 지금까지 도덕을 숭상하는 예의지국이다. 중국 역사상 수많은 선현들이 역지사지의 정신을 실천했다. 우리에게 익숙한 '우임금의 치수(治水)' 신화 역시 "자기가 원하는 일이 아니면 남에게 행하지 말아야 한다"라는 말의 모범을 보여 준다.

그때 우왕과 도산씨는 이제 막 혼인을 마친 밀월 시기였다. 보통의 상식대로라면 우왕은 집에서 아내와 함께 지내야 했다. 그러나 우왕은 고통에 빠져 사는 백성들이 마음에 걸렸다. 누가 홍수에 빠져 죽는 생각만 하면 마치 가족이 화를 입은 것처럼 고통스러웠다. 그래서 그는 아쉬움을 뒤로한 채 아내에게 작별을 고하고 치수하는 사람들을 데리고 밤낮으로 고생하며 수로를 정비했다. 치수를 하는 동안 우왕은 집 앞을 세 번이나 지나면서도 한 번도 들르지 않았다. 그가 드디어 물난리 걱정을 없애고 집에 돌아왔을 때 그의 아들은 이미 소년으로 성장해 있었다.

전국 시대에 백규라는 사람과 맹자가 함께 '우임금의 치수'에 대한 이야기를 나눴다. 백규는 우임금의 방식이 미련하다고 생각했다. "내가 치수를 한다면 분명 우왕보다 잘 할 수 있을 거요. 물길을 열어 홍수가 이웃 나라로 흘러가게 하면 되니까 말이오. 그렇게 하면 인력과 물력을 크게 줄일 수 있지." 맹자는 거리낌 없이 그의 말을 반박했다. "자네의 생각은 틀렸네. 우왕은 사방의 바다를 큰 하수구로 삼고 물의 성질을 따라 물길을 터서 물이 자연스럽게 바다로 흐르도록 만들었어. 자신에게도 이익이 되고, 남에게도 해가 없는 방법이지. 그런데 자네의 방법은 이웃 나라를 하수구로 여기고 홍수를 모두 이웃 나라로 흘려보내는 것이니, 자신에게는 이롭지만 남에게는 해가 되네. 그런 치수 방법으로 어떻게 우왕에 견줄 수 있단 말인가? 게다가 자네가 그렇게 하면 남들도 그대로 따라할 테니 결국에는 홍수가 거꾸로 되돌아와 더 큰 재난을 만들게 될 걸세!"

'우왕의 치수'와 '백규의 치수' 두 가지 이야기를 통해서 우리는 백규가 기술은 뛰어나지만 인품은 부족하다는 사실을 알 수 있다. 그의 마음속은 오로지 자기 자신뿐이며 남들은 생각하지 않는다.

이런 식으로 '자기가 원하지 않는 일을 남에게 행하게 하는' 잘못된 생각은 결국 타인과 자기 자신을 해치게 된다. 우왕은 백규와 다르다. 그는 홍수를 바다로 흐르게 만들었다. 비록 시간과 노력이 많이 들었지만 자기 나라 백성의 재난을 막았을 뿐만 아니라 이웃 나라에도 피해를 주지 않았다. 이런 역지사지의 정신과 행동이야말로 사람이 세상을 살아가는 바른 길이다.

사실 자신의 마음에 비추어 다른 사람의 마음을 헤아리는 도덕적 정신은 중국뿐 아니라 전 세계에 폭넓은 영향을 미쳤다. 국제적십자회 본부에는 "자기가 원하는 일이 아니면 남에게 행하지 말아야 한다"라는 공자의 말이 걸려 있다고 한다. 이를 통해서 우리는 우호적이며 조화로운 인간관계를 만드는 일이 국적과 인종을 초월한 공통된 소망이라는 사실을 알 수 있다.

중국 속담에 "사람 간의 관계가 화목해야 모든 일이 잘 풀린다"라는 말이 있다. 그러나 현실에서는 사람과 사람 사이에 종종 피할 수 없는 갈등이 생긴다. 심지어 혈육 간에도 서로 노려보며 치고받고 싸우는 일들이 일어난다. 사실 상대방을 조금만 더 이해하고 너그럽게 대한다면 대부분의 갈등은 피할 수 있다. 자신이 받아들일 수 없는 일을 남에게 강요하지 말라. 그러면 세상은 훨씬 더 화목해질 것이다. '역지사지'의 도덕적 정신은 조화로운 사회를 실현하는 데 촉진제가 되어 준다. 전 세계 사람들이 언제 어디서나 자신의 마음에 비추어 다른 사람의 마음을 헤아린다면 분명히 전 세계가 화목하게 함께 번영하는 모습을 보게 될 것이다.

타인과 자신을 위해 등불을 켜라

사람과 세상은 선량함을 필요로 한다. 우리 자신도 선량함을 필요로 한다. 타인을 대접하는 일은 자기 자신을 대접하는 일이기 때문이다. 속담이 말하듯 남에게 장미꽃을 주면 자기 손에도 향기가 남는다.

어떤 사람은 다른 사람들에게 인기가 없고 심지어 사방이 적으로 가득하다. 사람들이 일부러 그를 괴롭히는 게 아니다. 그가 항상 독선적으로 멋대로 남들을 지적하고 까다롭게 굴면서 스스로 갈등을 만들기 때문이다. 언제 어디서나 남을 돕고 자신에게는 엄격하고 타인에게는 관대한 사람만이 화목한 인간관계의 기초를 쌓을 수 있다. 당신이 타인을 대하는 방식대로 타인도 당신을 대한다. 따라서 우리는 우리 자신을 대하듯 타인을 대해야 한다. 당신이 어려움에 처해 있을 때도 당신이 베푼 선행은 또 다른 선행으로 확장된다.

칠흑처럼 어두운 밤, 깨달음을 얻기 위해 먼 길을 떠나온 고행승(苦行僧)이 어떤 황량하고 외진 마을에 도착했다. 마을 사람들은 깜깜한 거리 위를 오가고 있었다.

고행승은 작은 골목으로 들어섰다. 그는 적막한 골목 저 멀리서 노란색 등불 하나가 천천히 다가오는 것을 보았다. 마을 사람 한 명이 말했다. "장님이 오고 있군."

장님이라고? 고행승은 어리둥절했다. 그는 옆에 있는 마을 사람에게 물었다. "등을 들고 있는 저 사람이 정말 장님입니까?"

마을 사람은 그렇다고 대답했다. 고행승은 아무리 생각해도 이해가 되지 않았다. 두 눈이 멀어버린 장님에게는 낮과 밤의 개념이 없다. 장님은 높은 산과 흐르는 물도, 붉은 복숭아꽃이나 푸른 버들잎도 보지 못한다. 그는 심지어 등불이 어떤 모습인지조차 모를 것이다. 그런데 그런 장님이 등을 들고 다닌다니 우스운 일이 아닌가?

등불이 점점 가까워졌다. 노란 빛은 깊은 골목에서 고행승의 발끝까지 다가왔다. 도무지 이해가 되지 않은 고행승이 물었다. "실례지만 시주께서는 맹인이십니까?"

등을 든 장님이 대답했다. "그렇소. 나는 세상에 태어날 때부터 두 눈이 멀어 있었다오."

고행승이 물었다. "아무것도 볼 수 없는데 왜 등을 들고 다니십니까?"

장님이 말했다. "지금은 어두운 밤이지 않소? 밤에 등불이 비추지 않으면 온 세상 사람들이 나처럼 아무것도 볼 수 없다고 들었소. 그래서 이렇게 등을 들고 다니는 것이오."

고행승은 뭔가 깨달음을 얻은 것 같았다. "당신은 남들을 위해 빛을 비추는 것이었군요!"

그런데 장님은 뜻밖에도 이렇게 말했다. "아니오. 나 자신을 위해서 하는 일이오!"

"당신 자신을 위해서라고요?" 고행승은 또다시 어리둥절해졌다.

장님은 느릿느릿 고행승을 향해 말했다. "당신은 어두운 밤길을 걷다가 다른 행인과 부딪힌 적이 있소?"

고행승이 대답했다. "있습니다. 방금 전에도 두 사람과 부딪혔죠."

장님은 낮은 목소리로 말했다. "하지만 나는 그런 적이 없소. 비록 내가 장님이라 아무것도 볼 수 없지만 이렇게 등을 들고 다니면 남들의 길을 비춰줄 뿐 아니라 남들이 나를 보게 할 수 있소. 남들이 앞이 보이지 않아서 나와 부딪힐 일이 없는 것이오."

고행승은 문득 깨달음을 얻었다. 그는 하늘을 우러러보며 길게 탄식했다. "깨달음을 얻기 위해 하늘 끝과 바다 끝까지 돌아다녔는데 알고 보니 깨달음은 바로 내 곁에 있었구나. 불성(佛性)은 등불처럼 내가 밝히기만 하면 되는 것이었어. 내가 부처님을 보지 못하면 부처님도 나를 보실 수가 없지."

사랑은 마음의 밝은 등이다. 이 등이 비추는 건 당신 자신만이 아니다. 장님에게 밤과 낮이 무슨 차이가 있겠는가? 그러나 등불 빛은 비록 미약하지만 다른 사람이 어둠 속에서 자신을 보도록 하기에는 충분하다. 장님의 선행은 다른 사람을 비추는 동시에 스스로를 비춘다. 상식에서 벗어나는 것처럼 보이는 이 행동 속에 인생의 큰 지혜가 담겨 있다.

무슨 일을 하든지 타인에게 좋은 일을 하는 게 가장 기본적인 출발점이 되어야 한다. 하지만 안타까운 건 조급한 성공과 눈앞의 이익에만 급급한 오늘날 선량함을 진부하고 어리석은 것으로 여기는 사람들이 있다는 사실이다. 그들은 스스로 똑똑하다고 생각하지만 사실은 고통 속에 살면서도 깨닫지 못하는 것이다. "고해(苦海)는 끝이 없지만 고개를 돌리면 바로 뭍이다"라는 말이 있다. 착하게 사는 건 사람으로서 지켜야 할 최소한의 선이다. 선한 품성이야말로 하늘이 우리에게 내려 준 가장 귀중한 선물이기 때문이다.

주는 것이 받는 것보다 더 행복하다

'주다'라는 단어가 생겼을 때 '받다'라는 단어도 따라서 생겨났다. 주는 것과 받는 것은 쌍둥이 형제나 다름없다. 세상에는 주는 게 있기 때문에 받는 것도 생긴다. 주는 게 없으면 받는 것도 존재하지 않는다.

사람은 누구나 뭔가를 받고 싶어 하면서도 줘야만 받을 수 있다는 진리를 간과한다. 받는 행위를 광활한 우주 속 찬란히 빛나는 하나의 별에 비유한다면 주는 행위는 하늘로 통하는 계단이다. 이 계단을 올라가야만 손을 뻗어 별을 딸 수 있는 것이다. "뿌린 대로 거둔다"라는 속담이 있다. 당신이 '주는 것'을 진정으로 이해했을 때, '받는 것'은 인색해 보이는 날개를 펴고 우리에게 날아온다.

신디라는 이름의 여자 아이가 있었다. 그녀의 집은 화목했고 형편도 괜찮았다. 그런데 이 집에는 처음부터 뭔가 하나가 부족했다. 다만 신디가 그 사실을 눈치 채지 못했을 뿐이었다.

아홉 살이 되던 해, 신디는 친구 더비의 집에 놀러갔다가 그곳에서 하룻밤을 자게 되었다. 잠자리에 들었을 때 더비의 엄마는 두 아이에게 이불을 덮어주고 입맞춤하며 잘 자라고 인사했다.

"사랑해." 더비의 엄마가 말했다. "저도 사랑해요, 엄마." 더

비가 대답했다.

신디는 놀라서 잠이 오지 않았다. 그전까지는 아무도 자신에게 입맞춤을 해주거나 사랑한다고 말했던 적이 없었기 때문이다. 그녀는 자신의 집도 더비의 집을 닮아야 한다고 생각했다. 이튿날 신디는 집으로 돌아왔다. 엄마 아빠는 그녀를 보고 굉장히 기뻐했다. "더비 집에서 재미있었니?" 엄마가 물었다.

신디는 아무 말 없이 자신의 방으로 뛰어 들어갔다. 그녀는 엄마 아빠가 너무 미웠다. "엄마 아빠는 왜 한 번도 나한테 입을 맞추거나 안아주거나 사랑한다고 말해 주지 않은 걸까?"

그날 저녁 잠자리에 들기 전, 신디는 일부러 엄마 아빠에게 가서 "안녕히 주무세요"라고 인사했다. 엄마는 손에 든 바느질감을 내려놓고 미소 지으며 대답했다. "잘 자렴, 신디." 그리고 더 이상 다른 표현은 하지 않았다.

신디는 더 이상 참을 수가 없었다. "엄마 아빠는 왜 나한테 입맞춤을 하지 않아요?" 그녀가 물었다. 엄마는 당황한 것처럼 보였다. "그건, 그러니까 ……" 엄마는 말을 더듬었다. "엄마가 어렸을 때도 엄마한테 입맞춤해 준 사람이 없었단다. 그래서 원래 다 그런 건 줄 알았어."

신디는 울면서 잠자리에 들었다. 며칠 동안이나 그녀는 계속 화가 나 있었다. 결국 그녀는 집을 나가 더비 집에 가서 살기로 결심했다.

그녀는 짐을 챙겨서 한 마디 말도 없이 집을 나왔다. 그러나 더비의 집 앞에 도착했을 때 그녀는 차마 안으로 들어갈 수 없었다.

신디는 공원 벤치에 앉아 날이 저물 때까지 생각에 잠겼다. 문득 그녀에게 좋은 방법이 떠올랐다. 이 방법을 쓰면 분명히 효과가 있을 것 같았다.

그녀가 집에 들어섰을 때 아빠는 통화 중이었다. 엄마는 신디를 향해 소리 질렀다. "도대체 어딜 갔었니? 엄마 아빠가 걱정했잖아!" 신디는 대답하지 않았다. 그녀는 엄마에게 걸어가 엄마의 오른뺨에 입 맞추며 말했다. "엄마, 사랑해요." 신디는 다시 아빠에게 가서 아빠를 껴안고 "안녕히 주무세요, 아빠"라고 말했다. 그리고 또 다시 "사랑해요"라고 말한 후 엄마 아빠를 주방에 남겨둔 채 잠을 자러 들어갔다. 이튿날 아침, 신디는 또다시 엄마 아빠에게 입맞춤했다. 버스 정류장에서도 신디는 까치발을 하고 엄마에게 입 맞추며 말했다. "이따 봐요, 엄마. 사랑해요."

매일, 매주, 매달, 신디는 계속해서 이렇게 행동했다. 하지만 엄마 아빠는 단 한 번도 신디에게 입맞춤을 하지 않았다. 그래도 신디는 포기하지 않았다. 그녀는 자신의 계획을 계속 밀고 나가기로 결심했다.

어느 날 저녁, 신디는 자기 전에 엄마에게 입맞춤하는 걸 깜

빡했다. 잠시 후 신디의 방문이 열리더니 엄마가 들어왔다. 엄마는 화난 목소리로 신디에게 물었다. "내 입맞춤은 어디 있지? 응?"

"앗, 깜박했어요." 신디는 자리에서 일어나 엄마에게 입맞춤했다. "안녕히 주무세요. 엄마, 사랑해요."

신디는 다시 침대에 누워 두 눈을 감았다. 하지만 엄마는 자리를 떠나지 않았다. 드디어 엄마가 입을 열었다. "나도 사랑한단다." 엄마는 허리를 숙여 신디의 오른뺨에 입 맞추며 말했다. "앞으로는 내 입맞춤 잊으면 안 돼."

시간이 흘러 신디는 성인이 되어 자신의 아이를 낳았다. 그녀는 언제나 아기의 분홍색 뺨에 입맞춤을 해 주었다.

신디가 부모님 집에 갈 때마다 엄마는 항상 "내 입맞춤은 어디 있지?"라고 질문했다. 그리고 그녀가 떠날 때면 엄마는 항상 "사랑해. 신디 너도 알지?"라고 말했다.

"네, 엄마. 잘 알아요." 신디는 대답했다.

"내 입맞춤은 어디 있지?"라고 질문할 때 우리는 자신이 누구에게 입맞춤했었는지 생각해 보아야 한다. 얻고 싶은 게 있다면 자신이 먼저 주어야 한다. 감정도 마찬가지다. 다른 사람이 당신에게 잘 대해 주기를 바란다면 당신이 먼저 다른 사람에게 잘 대해 주어야 한다. 타인을 사랑하라. 당신의 가족과 친구를 사랑하라.

틀림없이 사랑으로 충만한 세상을 얻게 될 것이다.

가슴속에 타인을 위한 사랑을 가져라

신앙심이 깊은 목사 한 명이 하느님의 허락을 받고 천국과 지옥을 참관하게 되었다.

천사는 먼저 그를 어떤 방으로 데려가 말했다. "이곳은 지옥입니다."

목사가 안을 들여다보니 수많은 사람들이 김이 모락모락 나는 큰 솥 주변에 둘러앉아 있었다. 그들은 굶주림에 안색이 누렇고 몸이 수척했다. 입에서는 끊임없이 침이 흐르고 두 눈은 탐욕으로 가득했지만 그 누구도 밥을 먹을 수 없었다. 사람들의 손에는 숟가락이 하나씩 들려 있었지만 손잡이가 너무 길어서 밥을 입으로 넣을 수 없었던 것이다.

목사는 길게 한 숨을 내쉬고는 또다시 천사를 따라 천국으로 갔다.

목사는 크게 놀랐다. 천국과 지옥의 모습이 똑같았기 때문이다. 많은 사람들이 김이 모락모락 나는 큰 솥 주변에 둘러앉아 있었고, 사람들의 손에는 역시 손잡이가 긴 숟가락이 들려 있었다. 다른 게 있다면 이곳 사람들은 모두 원기왕성하고 얼굴 혈색이 좋아 보인다는 점이었다. 그들은 배불리 먹고 이야기로 웃음꽃을 피우면서 아주 즐거워 보였다.

목사는 도통 이해가 되지 않아서 천사에게 물었다. "똑같은 조건인데 이곳 사람들은 즐겁고 저쪽 사람들은 괴롭다니. 이게 어떻게 된 일이죠?"

천사는 미소 지으며 말했다. "눈치 채지 못했나요? 저쪽 사람들은 자기밖에 몰라서 굶어 죽는 한이 있어도 서로 협력하지 않아요. 하지만 이곳 사람들은 긴 숟가락으로 서로에게 밥을 먹여 주지요."

천국과 지옥은 단지 종이 한 장 차이다. 마음에 타인을 품으면 천국에 몸담을 수 있다. 이기심을 버리지 않으면 지옥에 빠질 수밖에 없다.

사람의 인생은 사회와 타인으로부터 완전히 고립될 수 없다. 우리는 타인의 관심과 도움이 필요하다. 이와 동시에 우리도 타인을 위해 우리의 사랑을 내주어야 한다. 타인을 생각하는 건 자기 자신을 생각하는 것이다. 내가 세상 사람들을 생각하고 위해 주면 세상 사람들도 나를 생각하고 위해 준다. 꿀벌처럼 다른 사람을 쏘아서 스스로 목숨을 잃지 말라.

평소에 타인을 생각하는 마음을 지니고 살아가면 마음속 광채가 모든 장애물을 극복하고 사랑의 빛을 맞이할 수 있도록 우리를 도와준다. 위대한 사람이 될 필요는 없다. 장미꽃 한 송이를 선물하는 것처럼 작은 일이라도 좋다. 꽃을 주는 사람과 받는 사람의 마음에 따스한 향기가 솟아올라 퍼져나갈 것이다. 그리고 그 향기는 주는 사람과 받는 사람 곁을 오랫동안 맴돌 것이다.

중국 서부의 한 성(省)에서 이런 일이 있었다.

어떤 탄광에서 새벽에 갑자기 정전이 됐다. 아홉 명의 광부들은 작업을 멈추고 깜깜한 갱도에서 그저 기다리는 수밖에 없었다. 그런데 기다림 끝에 그들을 찾아온 건 빛이 아니라 정전보다 무서운 토석류(土石流)였다.

진흙과 돌은 물과 섞여 그들을 향해 우르르 밀려왔다. 그들은 살기 위해 필사적으로 주갱도를 향해 뛰었다. 정신없는 와중에 광부 한 명이 실수로 광차에 몸이 끼어 옴짝달싹 못하게 되었다. 또 다른 광부는 진흙 구덩이에 빠졌다. 나머지 광부 일곱 명은 도망가던 발걸음을 멈추고 약속이나 한 듯 동시에 외쳤다. "그만 도망가고 사람부터 구하세!" 그들은 있는 힘껏 두 사람을 끌어냈다. 그들은 이렇게 첫 번째 위기에서 벗어났다.

주갱도 50미터쯤에서 그들은 또다시 죽음의 위기를 맞이했다. 토석류가 언제라도 그들을 집어삼킬 듯이 세차게 몰려왔다. 한참을 도망치던 그들은 힘과 마음을 모아 석탄과 돌, 광차를 쌓아서 토석류를 막을 수 있는 벽을 만들었다. 그리고 다시 주갱도 110미터까지 물러서서 통풍갱도를 찾아냈다.

이토록 열악한 상황 속에서 산소만 가지고는 생존이 불가능했다. 먹고 마시는 일이 그들의 또 다른 큰 문제가 되었다. 갱도에는 먹을 만한 게 아무것도 없었다. 그들은 살길을 궁리하다가 나무껍질을 먹는 방법을 생각해 냈다. 언제까지 이렇게 기다리고 있을 수만은 없었다. 하지만 다들 지친 상태에서 함께 나무껍질을 찾아 나섰다가는 얼마 남지 않은 에너지마저 낭비하게 될 터였다. 가장 나이가 많은 광부 한 사람이 사람들을 세 조로 나눴다. 그들은 번갈아가면서 가까운 곳에 있는 탄광을 받치는 버드나무 껍질을 벗기기로 했다. 버드나무 껍질만 있고 마실 물이 없자, 젊은 광부 하나가 위험을 무릅쓰고 통풍갱도 근처에서 한참동안 마실 수 있는 물웅덩이를 찾아냈다. 이 기쁜 소식은 그들에게 살 수 있다는 믿음을 더욱 강하게 심어주었다. 먹고 마실 때 그들은 자기 자신만 생각하지 않았다. 나무껍질을 벗기는 일은 힘이 많이 들었기 때문에 젊은 광부들이 나무껍질을 벗겨서 나이 많은 광부들에게 가져다주었다. 나이 많은 광부들은 모자로 물을 퍼서 젊은이에게 가져다주었다. 굶주림과 어둠이 맹수처럼 그들을 위협했고 그들의 몸은 점점 더 약해졌다. 어둠 속에서 누군가 괴로워하면 나이 많은 광부들은 살면서 자신들이 겪었던 시련을 말해 주었다. 나이든 광부 한 명이 말했다. "나는 살면서 이것보다 더한 위험을 겪었는데도 이렇게 살아있지 않은가? 인생은 길어. 눈앞의 위험은 아무것도 아니야. 계속 견디다 보면 분명 누군가가 우리를 구하러 올 거야. 희망이 있는 한 절대로 포기하면 안 돼!" 그의 격려로 나약했던 광부들의 믿음이 한순간에 강해졌다. 그들은 또다시 새로운 투쟁을 시작했다.

그들이 어둠속에서 죽음과 사투를 벌이고 있을 때, 바깥에서는 구조대원들이 분초를 다투며 그들을 구출하기 위해 백방으로 노력하고 있었다. 8박 8일이 지나고 그들은 드디어 구조됐다. 그들이 생명의 기적을 만들어낸 것이다.

만약 서로 사랑하고 돕지 않았더라면 이 이야기는 완전히 다른 결말을 맞이했을 것이다. 이기적인 마음으로 자기 자신만 생각했다면 광부들은 전부 죽었을지도 모른다. 하지만 그들은 단체정신을 발휘해서 생명의 존엄과 희망을 만들어 냈다. 이 이야기에서 빛나는 인간 본성의 빛은 바로 사랑이다. 자신을 사랑하고 타인도 사랑하라. 마음속에 타인을 품으면 영혼의 반짝이는 빛이 속세의 모든 어둠을 뚫고 지나간다. 마음속에 자기 자신밖에 없으면 설사 빛에 머무르더라도 영혼은 결국 어둠에 파묻힌다.

당신의 정신적인 욕구가 말한다. 타인이 당신으로 인해 행복을 느낄 때 인생은 더 큰 기쁨과 의미를 갖는다고. 그러니 다른 사람을 도울 여유가 있을 때 "장미꽃을 선물하면 손에 향기가 남는다"

라는 사실을 기억하라. 망설이지 말고 당신의 손을 내밀어 동정심을 보여 주어라.

나누면 행복이 두 배로 돌아온다

햇빛이 맑고 아름다운 어느 날이었다. 중국 산시성의 한 외지고 가난한 시골 마을에서, 바다 건너편에서 온 마리아라는 이름의 금발 여성은 고된 생활에 한숨을 쉬고 있었다.

바로 그때, 백 년이 넘은 늙은 나무 아래 있는 백발의 노부인이 그녀의 시선을 사로잡았다. 노부인의 옷차림은 수수했다. 그녀는 눈을 가늘게 뜬 채 자애로운 얼굴로 한 남자아이와 이야기를 나누고 있었다. 마리아는 호기심에 발걸음을 멈추고 멀지 않은 곳에서 그들의 모습을 바라봤다. 노부인은 남자아이에게 수수께끼를 하나 내고 있었다. "왕 씨 성을 가진 사람이 가슴에 사탕 두 개를 품은 것은?" 아이는 예전에 그 수수께끼를 들어본 적이 있는 모양이었다. 그는 재빨리 대답했다. "금(金)이에요!" 노부인은 만족스럽게 웃었다. 그녀는 가슴에 있는 주머니에서 사탕 두 개를 꺼내서 하나는 남자아이에게 주고 나머지 하나는 자신의 입속에 넣었다. 두 사람은 달콤하게 사탕을 빨면서 끝없는 행복을 누리고 있었다.

마리아는 기쁨으로 둘러싸인 두 사람을 부러운 눈으로 바라봤다. 그러다가 문득 큰 화원이 있던 할머니의 아름다운 별장이 생각났다. 그리고 아이들을 집으로 초대해 사탕을 주고 옛날이야기를 들려주던 할머니의 모습이 떠올랐다. 할머니의 웃음소리는 아이처럼 순수하고 해맑았다.

그녀는 기쁨과 행복이 햇빛처럼 어디에나 존재한다는 사실을 깨달았다. 어떤 상황에 처해 있든, 부유하든 가난하든 상관없이 가슴에 사탕 두 개만 있으면 하나는 다른 사람에게, 또 하나는 자신의 입에 넣고 천천히 음미하면 된다. 그러면 진실한 즐거움이 샘물처럼 솟아오르고 끝없는 행복이 삶 곳곳으로 퍼져 나간다.

평범한 사탕과 순박한 두 사람의 얼굴은 마리아가 평생을 자랑스러워 할 선택을 하게 해 주었다. 바로 중국 서부에 남아 가난하고 어려운 사람들을 돕는 봉사자가 되어 더 많은 기쁨과 행복을 뿌리는 일이었다.

그후 마리아는 마을 사람들과 함께 노동하며 아이들에게 공부를 가르쳐 주었다. 그리고 마을에 기업 투자를 유치하고 토산물 가공 공장을 차려서 마을 사람들이 하루하루 부유해질 수 있도록 만들었다. 마을 사람들은 감사의 마음을 담아 그녀를 '행복의 천사'라고 불렀다. 하지만 그녀는 오히려 웃으며 이렇게 말했다. "저는 그저 주머니 속 사탕 두 개를 여러분과 나누었을 뿐인 걸요. 저야말로 여러분께 감사하지요." 그녀는 마을 사람들과 함께 노력하면서 자신이 할 수 있는 일이 아주 많다는 사실을 깨달았다. 그리고 그전까지 경험하지 못했던 달콤한 즐거움을 맛볼 수 있었다.

행복은 간단한 일이다. 애써 찾아다니거나 비교하며 따질 필요도 없다. 가슴에 있는 사탕 두 개를 아낌없이 타인과 나누면 즐거운 시간과 행복한 인생을 얻을 수 있다.

만약 당신과 내가 각자 사과를 한 개씩 가지고 있다면, 서로 사과를 교환했을 때 당신과 나는 여전히 사과 한 개씩을 갖게 된다. 하지만 만약 당신과 내가 어떤 생각을 하나씩 가지고 있다면, 서로 생각을 교환했을 때 우리는 각자 두 가지의 생각을 갖게 된다. 나눔의 행복은 그것이 우리에게 더 많은 것을 가져다준다는 데 있다. 자신의 것을 남들과 나누는 순간, 우리는 나눔의 기쁨뿐 아니라 더 큰 만족감을 경험하게 된다. 행복은 나누면 두 배, 심지어 그 이상으로 커져서 돌아오기 때문이다. 나눔은 우리에게 행복을 가져다준다. 조용히 자리에 앉아 행복이 우리 곁에 머물게 하라.

주변 사람들을 사랑하며 위하는 사람은 마음속에 가장 큰 행복을 가지고 있다. 남들이 행복하게 웃는 미소를 볼 때 우리의 마음도 행복과 기쁨을 느끼기 때문이다.

세상에서 가장 부유한 사람은 마음에 타인을 품은 사람이다

사람들은 성공을 매우 중요하게 생각한다. 그런데 우리는 성공과 재물의 관계를 제대로 알아야 한다. 재물이 많은 건 성공으로 보일 수 있다. 그러나 진정한 성공은 재물과 비례하지 않는다. 성공은 훌륭함을 의미한다.

훌륭함이 없다면 성공은 그저 빛 좋은 개살구에 불과하다. 갑자기 큰 부자가 된 사람들이 있다. 하지만 그들은 부당한 방법으로 재물을 모았기 때문에 부유하지만 고귀하지 않다. 누가 그들의 성공을 인정하겠는가? 이런 '성공'은 반드시 오래 가지 못한다. 재물은 사람이 살아가는 데 확실히 도움이 된다. 성공에도 어느 정도까지는 도움이 된다. 하지만 교양이 없으면 재물은 쉽게 사라진다. 따라서 어떤 사람의 성공을 측정할 때는 그가 선량한 사람인지, 감정이 풍부한 사람인지, 고귀한 사람인지가 기본 조건이 되어야 한다. 선량하고 고귀한 품성, 동정심, 존엄성을 갖춘 사람만 진정으로 다른 사람들의 인정을 받을 수 있다.

풀러의 이야기를 한번 읽어 보자. 이번에는 요한 풀러가 아닌 밀러드 풀러의 이야기다.

수많은 미국인들과 마찬가지로 밀러드 풀러 역시 꿈을 위해 분투하고 있었다. 그의 꿈은 바로 맨손으로 시작해서 커다한 부와 재산을 손에 넣는 것이었다. 서른 살이 되었을 때 밀러드 풀러는 이미 백만 달러가 넘은 재산을 모았다. 그는 천만장자가 되려는 야심을 불태웠다. 그에게는 그럴 만한 능력이 있었다.

그런데 문제가 생겼다. 그는 열심히 일하면서 자주 가슴에 통증을 느꼈다. 그리고 일이 바쁘다는 핑계로 아내와 두 아이에게 소홀했다. 그의 재산은 끊임없이 늘어났지만 그의 건강과 가정은 아슬아슬했다.

어느 날 사무실에 있던 밀러드 풀러는 갑자기 심장발작을 일으켰다. 그의 아내가 그를 떠나겠다고 선포한 뒤에 생긴 일이었다. 그는 자신이 재물을 좇느라 정말로 소중한 것을 잃었다는 사실을 깨달았다. 그는 아내에게 전화를 걸어 만나자고 말했다. 두 사람은 서로의 얼굴을 마주보며 함께 눈물을 흘렸다. 그는 자신의 삶을 망가뜨린 것들을 없애기로 결심했다. 그것은 바로 그의 사업과 재산이었다. 그는 회사와 집, 요트 등 가진 것을 전부 팔아 버렸다. 그리고 모든 재산을 교회와 학교, 자선단체에 기부했다. 친구들은 모두 그가 미쳤다고 생각했다. 하지만 밀러드 풀러는 자신이 과거 어느 때보다도 정신이 맑다고 생각했다.

그후 밀러드 풀러와 그의 아내는 위대한 사업에 뛰어들었다. 집이 없는 사람들을 위해 사랑의 집, '해비타트'(*Habitat for

Humanity, 열악한 주거환경과 막대한 주거비용으로 어려움을 겪는 무주택 가정의 서민들에게 자원봉사자들이 무보수로 설계와 노동을 제공하여 집을 지어 주는 전 세계적인 공동체 운동)를 지어 주기로 한 것이다. 그들의 생각은 매우 단순했다. "매일 저녁 피곤에 지친 사람들은 떳떳하게 자신의 돈을 지불하고 쉴 수 있는 공간이 필요합니다." 카터 전 미국 대통령 부부 또한 열정적으로 그들을 지지했다. 그들은 직접 작업복을 입고 '해비타트'에 힘을 보태 주었다.

한때 밀러드 풀러의 목표는 천만 달러의 재산을 소유하는 것이었다. 그러나 지금 그의 목표는 천만 명이 넘는 사람들에게 집을 지어 주는 것으로 변했다. '해비타트'는 현재까지 전 세계에 6만 채가 넘는 집을 지었으며 삼천만 명이 넘는 사람들에게 살 집을 마련해 주었다.

한때 재물의 노예가 되어 하마터면 아내와 건강을 잃을 뻔 했던 사람이 지금은 재물의 주인이 되었다. 물욕을 버리고 인류의 행복을 위해 일하기 시작한 그 순간부터 그는 세상에서 가장 훌륭한 사람들 중 한 명이 된 것이다.

현대 사회에서 더 많은 재물을 소유하는 건 대부분의 사람들이 추구하는 목표가 되었다. 재물의 많고 적음 또한 자연스럽게 사람의 능력과 가치를 측정하는 기준이 되었다. 한동안 대중매체에는 이런 표어가 나돌았다. "부유한 사람은 명예로운 사람이고, 가난한 사람은 무능한 사람이다." 이 표어는 부를 갈망하는 사람들의 절박한 심정을 똑똑히 보여준다. 하지만 표어의 서술방식은 어색하며 심지어 귀에 거슬린다. 돈이 있으면 가난한 사람을 무시해도 된다는 말인가? 가난한 사람들은 열등감을 느껴야 한다는 말인가?

사실 부자는 적절한 때와 장소, 분야에서 기회를 잡아 부자가 된 것에 지나지 않는다. 재물을 위해 모질게 굴고 사람을 가진 돈으로 판단하는 건 빈곤함의 또 다른 모습이다. 이런 모습은 그 누구도 좋아하지 않는다. 빈부로 사람의 가치를 논하는 건 좁은 의미의 빈부관이다.

가난하든 부유하든 모두 자신의 위치에서 바른 길을 걸어야 한다. 누구에게나 자신만의 무대가 있다. 이 사실을 직시하면 우리 모두 부유한 사람이 될 수 있다. 이것이야말로 우리가 재물에 대해서 지녀야 할 올바른 태도다.

모든 사람은 사회에 의무를 다해야 한다

"우리의 돈은 사회로부터 오는 것이므로 사회를 위해 써야 합니다. 저는 더 이상 돈이 필요하지 않습니다. 제가 돈을 버는 건 저 자신을 위해서가 아닙니다. 회사와 주주를 위해서, 그리고 사회를 대신해 공공사업을 하고 남은 돈은 필요한 사람에게 나눠 주기 위해서입니다." 리쟈청은 종종 이렇게 말한다.

1993년 10월 4일 베이징 신화통신은 이런 보도를 내놓았다. "중국 장애인복지기금회는 홍콩 창쟝실업그룹 회장 리쟈청 선생과 그의 회사가 중국 장애인복지기금회에 1억 홍콩 달러를 기부했다고 밝혔습니다." 그리고 덧붙였다. "이 소식은 2년이 지나서야 알려졌습니다."

이 일의 경과는 이러하다.

1991년 8월 10일 중국 장애인연합회 위원장 덩푸팡은 홍콩에서 리쟈청과 만났다. 덩푸방은 리쟈청에게 말했다. "우리는 기부금을 씨앗으로 생각합니다. 1위안을 기부 받을 때마다 다양한 방면에서 일곱 배 이상의 부응 기금을 운용하여 장애인들이 가장 필요로 하는 프로젝트에 자금을 투입하죠." 리쟈청은 크게 감동했다. 중국 대륙 장애인들의 어려운 처지는 그의 동정심을 건드렸고 기금회가 기부금을 사용하는 방식은 그의 마음을 움직였다. 그는 중국 장애인에게 오랫동안 가슴속에 담아뒀던 마음을 표현하고 싶었다.

8월 16일 리쟈청과 덩푸방이 다시 만났다. 리쟈청은 덩푸팡에게 말했다. "저와 두 아이는 1억 홍콩 달러를 기부하기로 했습니다. 이 돈을 씨앗으로 삼아 여러 방면에서 노력한다면 5

년 내로 중국 대륙에 있는 490만 명의 백내장 환자를 전부 치료할 수 있을 겁니다."

사업가의 본문은 돈을 버는 것, 즉 '이익을 꾀하는 것'이다. 그러나 돈과 재물에만 눈이 먼다고 해서 진정으로 돈을 벌 수 있는 건 아니다. 사람은 이 사회에 살면서 사회에 대한 의무를 다해야 한다. 만약 사회의 경멸을 받는다면 돈이 산처럼 쌓여 있는 게 무슨 의미가 있을까? 폭리를 취하는 사람은 이미 더 이상 사업가라고 할 수 없다. '불량배'라고 불러야 마땅하다.

사업을 하든 회사에 다니든, 아니면 장사를 하든, 각각의 방식은 생활비를 버는 동시에 사회에 서비스를 제공한다.

상인이 열심히 장사를 하는 건 좋은 일이다. 하지만 '사회에 대한 봉사'를 무시하고 경시한다면 결국 돈과 명예를 잃게 될 것이다. 상인은 열심히 장사해서 돈을 버는 동시에 이 점을 기억해야 한다. 만약 '사회에 대한 봉사' 의식이 부족하다면 차라리 장사를 하지 않는 것이 낫다.

돈을 버는 건 기업의 사명이고 상인의 목적은 이윤을 얻는 것이다. 그러나 사회 공헌의 책임을 지는 건 사업을 경영하는 첫 번째 요건이다. 사회는 어떻게 발전하는가? 이익 추구와 사회 공헌 사이의 모순은 어렵지 않게 해결할 수 있다. 어려운 건 사회에 봉사하고 공헌하고자 하는 신념을 수립하고 이 신념을 행동으로 실천하는 일이다.

사람은 어려서 부모님과 사회의 보살핌을 받으며 성장한다. 그러므로 이에 보답할 의무가 있다. 기업 역시 마찬가지다. 기업을 경영하는 건 본질적으로는 인생을 경영하는 것과 같다. 규모가 작은 회사는 사회에 공헌하는 게 힘들지라도 최소한 사회에 해가 되어서는 안 된다. 이것이 그 회사의 가장 기본적인 존재 이유다. 만일 회사가 성장해서 수백, 수천 명의 직원들을 고용한다면 사회에 해가 되지 않는 건 회사의 유일한 존재 이유가 아니다. 회사는 사회에 해가 되지 않을 뿐 아니라 여러 방면에서 사회의 존중과 환영을 받아야 한다. 회사는 바로 이 점을 기본 경험 방침으로 삼아야 한다. 회사가 수만 명의 직원을 고용할 정도로 커지면 회사의 일거수일투족이 사회에 매우 큰 영향을 미친다. 회사는 이에 발맞춰 사회에 공헌하고 경영 방식도 영혼이 있는 경영 방식으로 바뀌어야 한다. 이유는 간단하다. 기업의 존재와 발전은 모두 사회에 의존하기 때문이다.

사회에 아무런 보답도 하지 않는 이기적인 사람이 어떻게 사회에서 존재하고 발전할 수 있을까? 사람들은 왜 다들 기업가가 되고 싶어 할까? 그것은 기업가가 높은 곳에서 '생사'의 권한을 쥔 위엄 있는 사람이기 때문이다. 그리고 기업가가 되면 재물 운이 트여서 돈이 굴러들어 온다고 생각하기 때문이다.

그러나 돈이 있고 권력이 있으면 무엇 하는가? 일과 돈만 아는 기업가는 남들 대신 돈을 벌어다 주는 기계에 불과하다. 그들은 절대로 진정한 기업가라 할 수 없다. 진정한 기업가는 자신의 생활을 풍부하고 아름답고 의미 있게 만드는 사람이다.

어떤 기업가는 호화롭고 사치스런 생활에 빠져 산다. 그들은 명품 옷을 입고, 명품 차를 타고, 명품 술을 마시며 명품 담배를 핀다. 또한 고급 식당에 가고, 고급 호텔에 묵고, 고급 사우나에 출입하며 젊고 예쁜 여성을 만난다. 그리고 매일 밤 클럽에 가고 도박을 하면서 끝없는 쾌락을 즐긴다. 그들은 마흔 살이 넘으면 이미 체력과 정신이 쇠약해진다. 수천 개의 건강보조식품도 아무런 도움이 되지 않는다. 몸이 망가졌는데 어떻게 진정한 기쁨을 누릴 수 있겠는가?

어떤 기업가는 산해진미를 즐기고 밖에서는 승용차만 타고 다닌다. 그리고 거동할 때마다 앞뒤로 수행원의 호위를 받는다. 몸을 쓰지 않고 세상 물정을 모르는 그들은 살이 피둥피둥 쪄서 한없이 비대해진다. 결국 근육은 쇠퇴하고 지방이 혈관을 막아 심장이 제 기능을 못해 각종 질병이 한꺼번에 찾아온다. 온몸이 질병에 시달리는데 어디서 즐거움을 찾을 수 있겠는가?

오늘날 세상에는 아직도 수많은 사람들이 빈곤하게 살아간다. 그들은 하루 세 끼 식사와 잠자리조차 해결하기가 어렵다. 세상에는 선량한 사람들이 많이 있다. 만약 부자들이 자신의 재산을 뽐내거나 개인의 쾌락을 위해 쓰는 대신 자선사업에 사용한다면 세상의 가난하고 불행한 사람들에게 큰 위로가 될 것이다.

아이의 마음에 사랑의 씨앗을 심어라

딸이 아빠에게 물었다. "우리 집은 돈이 많아요?"

아빠가 말했다. "우리 집은 돈이 없단다."

딸이 또 물었다. "우리 집은 가난해요?"

아빠가 말했다. "우리 집은 가난하지 않단다."

여섯 살짜리 딸은 알 것 같기도 하고 모를 것 같기도 했다.

아빠 회사에서는 '겨울철 의류 기부' 행사를 주최했다. 저녁에 아빠는 집에서 안 입는 겨울옷들을 정리했다. 딸이 물었다. "누구 주려고요?"

아빠가 말했다. "가난한 사람들에게."

딸이 또 물었다. "왜요?"

아빠가 말했다. "그 사람들은 겨울옷이 없어서 겨울을 지내기가 힘들거든."

딸은 이해한 듯 고개를 끄덕였다. 잠시 후 딸은 솜저고리 한 벌과 목도리 한 개, 모자 한 개를 가져와서 기증하겠다고 말했다. 아빠가 딸을 칭찬하려는 그 순간, 딸은 아빠가 쓰고 있던 모자를 벗기며 이렇게 말했다. "아빠, 부탁이에요. 이 모자도 가난한 사람한테 줘요!"

아빠는 딸의 이 작은 행동에 무척 감동했다. 아빠는 항상 자신에게 동정심이 있다고 생각해 왔다. 하지만 그전까지 단 한 번도 자신에게 필요한 물건을 남에게 줄 생각은 하지 못했다.

이튿날 아빠는 딸을 학교 앞까지 데려다 주었다. 딸이 깡충깡충 학교로 뛰어 들어가는 모습을 바라보며 아빠의 눈이 촉촉해졌다. 아빠는 기뻤다. 딸이 자신보다 더 부유했기 때문이다.

이야기 속의 아빠가 말한 딸의 '부유함'은 정신적인 것을 뜻한다. 이것이 바로 박애정신이다.

『싼마오 작품집』에 이런 이야기가 나온다. 사하라 사막 깊은 곳한 작은 마을에 빨간 머리 소년이 살고 있었다. 그는 어려서부터약한 몸을 이끌고 혼자서 가난하고 병든 부모님을 보살폈다. 사람들은 이 열 살 남짓한 소년을 통해 사랑이 얼마나 큰 힘과 지혜를 주는지 깨달았다.

이 짧고 평범한 이야기는 단지 부모님에 대한 사랑만을 보여준다. 그러나 아이에게 있어서 어려서부터 부모님과 어른을 사랑하고, 가정과 선생님, 친구들과 학교를 사랑하는 마음을 갖는 것은 굉장히 중요하다. 이런 마음을 가진 아이는 용돈을 모아 어려운 사람들을 돕고, 퇴직 간부 휴양소나 정류장, 노인정을 찾아가 봉사활동을 한다. 그리고 자신이 받은 상을 가정 형편이 어려운 친구에게 나눠주고, 자신이 받은 장학금으로 학업을 중단한 아이들을 돕는다. 나중에 이 아이가 자랐을 때, 사람들은 모두 그가 박애정신이 넘치는 사람이라고 말할 것이다.

수호믈린스키는 그의 실험학교 정문 벽에 "자기 엄마를 사랑하라!"라는 표어를 걸어 두었다. 어떤 사람이 그에게 왜 '조국을 사랑하라', '인민을 사랑하라'라고 쓰지 않았는지 물었다. 그는 이렇게 대답했다. "일곱 살짜리 아이에게는 그렇게 추상적인 개념을 말하면 안 됩니다. 자신의 엄마조차 사랑하지 않는 아이가 타인이나 고향, 조국을 사랑할 수 있을까요?" "자기 엄마를 사랑하라!"는 이 말은 이해하기도 쉽고, 실천하기도 쉽다. 게다가 앞으로 배워야 할 조국사랑에 대한 기초를 다져 준다. 그는 또 말했다. "아이들은 아버지와 어머니, 할아버지 할머니에게 기쁨을 줄 수 있도록 노력하는 법을 배워야 합니다. 그렇지 않으면 나중에 커서 냉정한 사람이 됩니다. 가슴속에 아들로서의 효심이나 아버지로서의 사랑이 없다면 인민을 위해 일하겠다는 위대한 이상은 더욱 있을 수 없습니다. 셀 수 없이 많은 동포 중에 친한 사람이 없는 사람은 인민을 사랑할 수 없습니다. 사랑하는 사람에게 충실하지 않은 사람은 숭고한 이상을 실현할 수 없습니다."

우리가 사랑을 전할 때마다 영혼은 성장한다

물질적인 팽창과 갖가지 사회 요소는 경쟁을 심화시키는 동시에 사람들에게 한 가지 환상을 심어 준다. 성공해야만 살아있음을 느낄 수 있다는 것이다. 사람들은 성공을 위해 수단과 방법을 가리지 않는다. 그렇다면 사랑은 어떠한가? 사랑은 버려도 되는 걸까? 성공을 위해서라면 친구를 배신해도 되는 걸까? 형제간에 반목해도 되는 걸까? 물론 그렇지 않다. 인류가 사회를 구성한 맨 처음 의도는 서로 돕고 함께 공존하며 사랑을 전하는 것이지 적대감과 상처를 만드는 것이 아니다.

물론 당신이 사랑을 뿌리지 않는다고 해서 남들이 당신을 어떻게 하는 건 아니다. 하지만 사랑을 뿌리지 않는 건 영혼에게 있어서 죄악이다. 이런 죄악이 성행하는 이유는 우리가 습관적으로 죄악에 대한 핑계를 대기 때문이다. 스스로도 믿지 않는 핑계를 말이다. 당신은 연못가의 '가장 아름다운 임산부'를 기억하는가?

그녀는 임신해서 거동이 불편했지만 연못에 빠진 여자아이를 보자마자 조금도 주저하지 않고 물에 뛰어들어 아이를 구했다. 평소 소심한 성격의 평범한 여인이 어떻게 그런 용감한 행동을 할 수 있었을까? 그것은 그녀에게 꿋꿋이 '사랑'을 지키는 마음이 있었기 때문이다.

나중에 어떤 사람들은 안타까워하며 '가장 아름다운 임산부' 평웨이핑을 질책했다. 그녀가 뱃속의 아이를 생각하지 않았다고 말이다. 그러나 사실 그녀는 스스로 어머니이기 때문에 자식을 잃는 어머니의 고통을 더욱 잘 이해할 수 있었다. 그래서 위험한 순간에 목숨을 걸고 아이를 구할 수 있었던 것이다. 만약 그녀에게 사랑과 선량함을 지키려는 마음이 없었다면 어떻게 그런 아름다운 행동을 할 수 있었을까? 사실 사람의 본성은 선하다. 단지 많은 사람들이 펑웨이핑처럼 자신의 바탕색을 지키지 못했을 뿐이다.

'사랑'은 멀리 있지 않다. 당신이 사랑을 붙들기를 원한다면 말이다. 당신이 따뜻한 손을 내밀어 타인을 위해 문을 열어 줄 때, 하느님도 당신에게 창문을 열어 주어 햇빛이 당신의 방을 채우고 당신의 영혼을 비추게 할 것이다.

　　미국 텍사스 주의 눈보라가 휘몰아치던 어느 날 밤, 마셜이라는 젊은이는 자동차가 고장 나는 바람에 교외에 발이 묶이고 말았다. 그가 쩔쩔매고 있을 때 마침 말을 탄 남자 한 명이 그곳을 지나갔다. 남자는 두말없이 자신의 말을 이용해 마셜의 자동차를 마을까지 끌고 가주었다. 마셜은 너무 고마워서 그에게 두둑한 사례금을 주려고 했다. 하지만 남자는 이렇게 말했다. "제게 보답하실 필요 없습니다. 대신 저와 약속해 주세요. 어려움에 빠진 사람을 보면 당신도 꼭 그를 도와주겠다고요." 그후 마셜은 적극적으로 수많은 사람들을 도와주었다.

그리고 그 남자가 했던 말을 그대로 들려주었다.

　세월이 흐른 어느 날, 마셜은 갑자기 발생한 홍수 때문에 외딴 섬에 갇히게 되었다. 그때 용감한 소년 한 명이 위험을 무릅쓰고 마셜을 구해 주었다. 마셜이 소년에게 고맙다고 말했을 때, 소년은 뜻밖에도 그가 수없이 해 왔던 그 말을 꺼냈다. "제게 보답하실 필요 없어요. 대신 저와 약속해 주세요 …… " 순간 마셜의 가슴속에 뜨거운 감정이 솟아올랐다. "내가 엮은 사랑의 체인이 수많은 사람들을 거쳐서 결국 이 소년을 통해 내게 돌아왔구나. 내가 평생 해 온 좋은 일들은 결국 나 자신을 위한 일이었어!"

당신이 씨앗을 심고 애지중지 보살펴서 꽃을 피우면 꽃은 당신에게 아름다움과 향기뿐 아니라 왕성한 생기로 보답한다. 이와 마찬가지로 우리는 사랑을 전할 때마다 감사의 말이나 보답뿐 아니라 영혼의 성장을 얻을 수 있다.

Chapter 08
타인과 자신 사이

용감하고 진실한 영혼은 자신의 눈으로 보고 자신
의 마음으로 사랑하며 자신의 이성으로 판단한다.
그림자가 아니라 사람으로 사는 것이다.

무슨 일이 있어도 우선 당신의 영혼을 사랑하라

자신을 사랑하지 않는 사람에게는 항상 한 보따리의 이유가 있다. 나는 너무 못생겼어, 나는 여드름이 있어, 나는 사람들과 잘 어울리지 못해, 나는 지식이 없어, 우리 집은 가난해, 우리 부모님이 부끄러워 등등 ……

한편 자신을 사랑하는 사람에게는 번지르르한 이유가 없다. 그렇다고 해서 그들이 맹목적인 자기애에 빠진 것은 아니다. 그들은 스스로 완벽하다고 생각하지 않는다. 오히려 자신도 남들과 마찬가지로 많은 단점이 있다는 사실을 분명히 인식하고 있다. 그들은 단지 자신의 장점과 단점을 모두 받아들이고 일부러 감추거나 바꾸려 하지 않을 뿐이다. 물론 어리석게 남들을 부러워하지도 않는다.

자기 자신을 사랑하는 것은 기쁨의 시작이다.

사람은 태어날 때부터 평등하지 않다. 예쁜 사람도 있고 못생긴 사람도 있고, 뚱뚱한 사람도 있고 마른 사람도 있다. 키가 큰 사람도 있고 작은 사람도 있고, 가난한 사람도 있고 부유한 사람도 있다. 하지만 공평한 면도 있다. 모든 좋은 조건이나 나쁜 조건이 한 사람에게 동시에 집중되지는 않는다는 것이다. 곰곰이 생각해 보면 예쁜 사람은 게으른 성격 때문에 성공하지 못할 수도 있다. 능력 있는 사람은 너무 무리하는 바람에 몸이 상할 수도 있다. 부유한 사람은 예쁜 여자들에게 둘러싸여서도 행복한 가정은 꾸리지 못할 수도 있다. 지식이 있는 사람은 자신에 대한 기준이 엄격해서 돈 벌 기회를 놓칠 수도 있다. 이렇게 생각하면 사람들은 뭔가를 얻는 동시에 자신도 모르게 뭔가를 잃는다.

자신을 사랑하는 사람은 기쁨의 비결이 더 많은 것을 소유하는 게 아니라 이미 가진 것을 소중히 여기는 것이라는 사실을 잘 안다. 자신이 가진 행복을 깊이 생각해 보면 사람은 누구나 커다란 은총과 행운을 받았다는 사실을 깨달을 수 있다.

그 누구도 남들이 정말로 자신을 좋아하는지는 알 수 없다. 하지만 누구나 가슴에 손을 얹고 이렇게 물어볼 수 있다. "나는 나 자신을 좋아하는가?"

심리학자 케이트는 타인이 진정으로 자신을 좋아하게 만들기 위해서는 자신만의 개성을 가꿔야 한다는 사실을 발견했다. 당신은 이 사실에 놀랄 수도 있다. 왜냐하면 보통 사람들은 자신의 개성이 아니라 아름다운 외모나 매력, 뛰어난 인간관계 기술이 다른 사람을 끌어당긴다고 생각하기 때문이다.

세상에는 아름다움이나 부유함을 타고나지 않았지만 친구들에게 사랑받는 사람들이 많이 있다. 그들의 중요한 특징 중 하나는 그들이 자기 자신을 진심으로 사랑한다는 점이다.

심리학자 케이트의 제안을 받아들인다면 당신은 좀 더 쉽게 자기 자신을 사랑하게 될 것이다.

사실 자신을 사랑하는 건 간단한 일이다. 예쁜 옷을 걸칠 필요는 없다. 남들이 좋아하는 얼굴로 고치거나 남들의 비위를 맞출 필요도 없다. 그저 차분하게 타인과 자신을 존중하며 독립적인 개성을 가꾸다 보면 '자신을 사랑하기'라는 목표에 가까워질 수 있다.

지금 자신에게 한번 물어보라. "이 세상에서 가장 중요한 사람은 누구인가?"

정답은 바로 나 자신이다.

남들의 인정을 받으려고 애쓰기 전에 우선 가장 중요한 사람,

즉 자기 자신의 호감을 사라. 자기 자신을 사랑하고 받아들여라.

자기 자신을 사랑하는 것은 행복의 시작이다

근사한 삶은 타인에게 칭찬과 인정을 받는다. 하지만 애써 남들의 인정을 받는 것만으로는 부족하다. 잊지 말라. 자신의 삶은 자기 자신이 가장 사랑해야 한다.

남들이 당신을 어떻게 보는지는 중요하지 않다. 남들의 눈치를 보면서 살 필요는 없다. 남들의 눈치를 보는 건 스스로 스트레스만 보태는 일이다.

가장 중요한 건 스스로 자신을 어떻게 생각하느냐이다. 자신을 사랑하는 사람은 자기 자신을 한 폭의 그림으로 그려낸다. 푸른 풀과 붉은 꽃을 그릴 수도 있고, 흐르는 물과 깊은 숲을 그려 넣을 수도 있다. 그리고 따사로운 햇살이 이 아름다운 풍경을 비추게 만들 수도 있다. 자신의 정신세계에서 자유로운 사람은 자신의 조건과 상관없이 현실에서 즐겁고 자신감 있게 살아간다.

바람은 온화하고 햇볕은 따사로운 어느 날, 한 흑인 소녀가
공원 벤치에 앉아 날아다니는 새와 나비를 구경하고 있었다.
소녀는 자유롭게 움직이는 동물들이 부러웠다. 그녀의 다리가

남들과 달랐기 때문이다. 그녀가 이곳에 온 것도 엄마가 도와주었기 때문에 가능한 일이었다.

놀다 지친 한 백인 모녀가 소녀가 앉아 있는 벤치로 다가왔다. 예쁘게 생긴 백인 소녀는 흑인 소녀와 나이가 비슷해 보였다. 백인 소녀는 흑인 소녀를 힐끗 보더니 예의 없게 큰 소리로 엄마에게 물었다. "엄마, 저 애는 다리가 왜 저래?" 엄마는 딸을 노려보면서 작은 목소리로 말했다. "조용히 해. 그런 말 하면 안 돼. 저 아이 자존심이 상하잖아."

백인 엄마는 낮은 목소리로 말했지만 흑인 소녀는 다 들을 수 있었다. 그녀는 조금도 거북해하지 않고 나이에 맞지 않는 성숙한 미소를 지으며 "괜찮아요"라고 말했다. 그리고 자신의 다리를 가리켰다. "엄마가 말씀해 주셨어요. 모든 사람은 하느님이 한 입 베어 문 사과이기 때문에 누구나 결함이 있다고요. 어떤 사람은 남들보다 큰 결함이 있는데, 그건 하느님이 그 사람의 향기를 좋아하기 때문이래요. 저는 남들과 달라요. 그래서 엄마는 제가 남들의 시선을 의식하지 말고 더 즐겁게 살아야 한다고 하셨어요."

이 흑인 소녀의 이름은 윌마 루돌프다. 미국의 평범한 흑인 가정에서 태어난 그녀는 태어날 당시 고작 2킬로그램밖에 되지 않았다. 나중에 그녀는 폐렴과 성홍열, 소아마비에 걸리는 바람에 목숨을 잃을 뻔 했다. 가난한 가정 형편 때문에 제때 치료를 받지 못한 그녀는 두 다리의 근육이 점점 위축되었고, 네 살이 되자 왼쪽 다리를 전혀 움직일 수 없게 되었다. 어린 루돌프는 마음에 큰 상처를 받았지만 그녀의 엄마는 그녀가 하느님이 특별히 좋아하시는 사과라고 말해 주었다.

열한 살이 되었을 때 루돌프는 여전히 정상적으로 걸을 수 없었다. 엄마는 그녀의 근력을 강화하기 위해 그녀에게 농구를 시켰다. 루돌프는 비틀거리며 농구를 시작했다. 남들의 비웃음을 참고 신체의 어려움을 극복하며 이를 악물고 끊임없이 몸을 단련했다. 그러자 기적이 일어났다! 몸이 강해졌을 뿐 아니라 정상적으로 걸을 수 있게 된 것이다. 그녀는 심지어 농구 시합에도 정상적으로 참가할 수 있게 되었다.

어느 날 길거리에서 농구를 하던 루돌프는 우연히 E·스풀러라는 육상 감독의 눈에 띄었다. 루돌프에게 비범한 탄력성과 스피드가 있다고 생각한 그는 그녀에게 단거리 달리기로 종목을 바꾸는 게 어떠냐고 제안했다. 그는 열정적으로 그녀를 격려했다. "너는 작은 영양(羚羊)이란다. 너는 나중에 반드시 세계 단거리 달리기 기록을 깨고 올림픽 금메달을 딸 수 있을 거야."

스풀러의 열성적인 지도 아래서 루돌프는 급속도로 성장했다. 그녀는 곧 테네시 주의 단거리 달리기 스타가 되었으며 미국 육상계에서도 두각을 나타내기 시작했다. 1995년, 시카고에서 열린 제3회 팬 아메리칸 경기 대회에서 루돌프는 동료와 함께 미국 팀에게 400미터 계주 금메달을 안겨 주었다.

　로마 올림픽에서 루돌프는 미국 팀을 대표해 시합에 참가했다. 그녀는 차례로 세계 타이 기록과 세계 신기록을 세우며 혼자서 금빛 찬란한 금메달을 세 개나 획득했다. 그리고 미국 육상 역사에 또 다른 전설로 남았다.

　자신을 사랑하는 법을 배워야만 삶을 고귀하게 변화시킬 수 있다. 지금 당장은 보잘것없지만 당신은 앞으로 삶을 새로 쓰고 세상에 기적을 만들어 낼 수 있다.

　매일 자신을 사랑하다 보면 포기하지 않고 용감하게 앞으로 나아가는 게 진정으로 아름다운 인생이라는 사실을 당신도 깨닫게 될 것이다.

당신은 모든 사람을 만족시킬 수 없다

　사람은 누구나 본능적으로 타인의 칭찬과 인정을 받고 싶어 한다. 특히 부모님이나 선생님, 상사, 유명인사 등 권위를 가진 사람들의 칭찬과 인정은 더욱 중요하다. 남들의 비위를 맞추면서 인정을 받은 사람은 그 일을 그만두지 못한다. 이유는 간단하다. 자신에게 유쾌한 경험을 주었던 일을 계속함으로써 기분 좋은 감정을 계속 유지하려는 것이다.

그러나 우리가 얻은 이 감정은 결코 바람직하지 않다.

유명 연예인 쑹단단은 타인을 기쁘게 하는 일과 자신을 기쁘게 하는 일을 통해 부정적인 경험과 긍정적인 경험을 했다. 그녀는 이렇게 말했다. "예전에 저는 있는 힘을 다해서 저 자신을 남자의 기준에 맞추려고 했어요. '내가 충분히 잘 하고 있나?'가 제 말버릇이 되었죠. 그때 저는 종종 무시당하는 기분이 들었어요. 하지만 지금 저는 '나는 나야!'라고 말해요. 그러자 전에 없던 존중을 받게 되었죠. 자존감이야말로 가장 매력적인 품성이랍니다."

타인의 비위를 맞추며 살다보면 결국 진정한 자신을 잃는다. 먼저 자신을 즐겁게 해야만 타인의 사랑과 존경을 받을 수 있다.

한 시인이 있었다. 그는 수많은 시를 발표했으며 어느 정도 명성도 있었다. 하지만 그에게는 아직 발표하지 못한 시가 많이 있었다. 그 시들을 감상해 주는 사람은 아무도 없었다. 시인은 이 일로 무척 괴로웠다.

시인에게는 스님 친구가 한 명 있었다. 하루는 시인이 그 친구에게 자신의 고민을 털어놓았다. 친구는 웃으면서 손가락으로 창밖의 무성한 식물을 가리켰다. "저걸 봐. 저게 무슨 꽃 같나?" 시인은 식물을 힐끗 보고는 대답했다. "달맞이꽃이군." 친구가 말했다. "맞아. 달맞이꽃은 밤에만 피기 때문에 사람들이 달맞이꽃이라고 부르지. 그런데 달맞이꽃이 왜 낮에는 안 피고 밤에만 피는 줄 아나?" 시인은 스님 친구를 바라보며 고개를 가로저었다.

친구는 웃으며 말했다. "밤에 꽃을 피우면 아무도 주의를 기울이지 않아. 달맞이꽃은 오직 자기 자신을 기쁘게 하려고 꽃을 피우는 거야!" 시인은 깜짝 놀랐다. "자기 자신을 기쁘게 한다고?" 친구는 웃었다. "낮에 피는 꽃은 사람들의 주목과 칭송을 받지. 하지만 달맞이꽃은 아무도 알아주지 않는 밤에 꽃을 피우고 향기를 내뿜어. 오직 자신의 즐거움을 위해서 말이야. 사람이 식물만도 못해서 되겠나?"

친구는 시인을 바라보며 말을 이었다. "많은 사람들이 자신의 기쁨의 열쇠를 타인에게 맡긴다네. 자신이 한 일을 다른 사람에게 보여주고 칭찬을 받아야만 기쁨을 얻을 수 있는 거지. 하지만 우리는 자기 자신을 위해서 일해야 한다네." 시인은 웃으며 말했다. "이제 알겠네. 사람은 남들에게 보여 주기 위해 사는 게 아니라 자기 자신을 위해 사는 거야. 스스로 의미 있는 삶을 살아야지."

친구는 웃으며 고개를 끄덕였다. "자신을 기쁘게 하는 사람만이 인생을 포기하지 않고 스스로를 향상시키며 타인에게 영향을 줄 수 있어. 달맞이꽃이 밤에 피기 때문에 많은 사람들이 달맞이꽃의 향기를 베고 잠들 수 있는 거야."

남들의 비위를 맞추고 남들의 기대에 맞춰 살다보면 자신의 삶을 등한시하게 된다. 자신이 무엇을 좋아하고 무엇을 하고 싶은지, 무엇을 필요로 하는지 소홀히 여기는 것이다. 그러다 보면 결국 점점 자신의 존재를 무시하게 된다. 당신은 당신의 인생에 대한 권리를 가지고 있다. 왜 당신의 권리를 포기하려 하는가? 자신을 포기해서 얻을 수 있는 것이라고는 멸시와 경멸뿐이다.

그러니 더 이상 남들의 비위를 맞추려고 노력하지 말라. 남들을 신경 쓸수록 스스로 더 비천해진다. 당신 자신을 즐겁게 만들고, 남들이 당신을 즐겁게 만들도록 하라. 그래야 당신의 가치가 높아진다. 남들의 시선은 신경 쓰지 말라. 인생에 정해진 궤도는 없다. 자신이 하고 싶은 일을 해야 근사한 인생을 살 수 있다.

자신이 아름다운 존재라는 사실을 믿어라

당신은 자신이 아름다운 존재라는 사실을 믿어야 한다. 당신은 유일무이한 존재이기 때문이다. 다른 이유는 더 이상 필요하지 않다.

본질적으로 아름다운 사람은 외부 세계나 물질의 영향을 받지 않는다. 그리고 이 아름다운 본질에 가까워지는 방법은 당신 자신이 되는 것이다. 좋아하는 일을 하고 좋아하는 사람과 어울려라. 그리고 솔직하게 마음속 생각을 표현하라.

한 소녀가 있었다. 어려서부터 집이 가난했던 그녀는 열등 감에 자신의 마음을 굳게 닫았다. 그녀는 자신이 모든 면에서 남들보다 못하다고 생각했다. 그녀는 남들과 이야기하거나 상 대방의 눈을 마주 보지 못했다. 가난하다고 놀림당할까 봐 두 려웠던 것이다. 그러던 어느 해 설날, 엄마는 그녀에게 5위안 을 주면서 밖에 나가 마음에 드는 물건을 사도 좋다고 말했다. 그녀는 상점가로 나갔다. 그곳에서 그녀는 세련된 옷차림의 아가씨들을 부러운 눈으로 바라봤다. 그러다 문득 잘생긴 소 년이 그녀의 눈에 들어왔다. 그녀는 가슴이 두근거렸다. 하지 만 그가 평범한 자신의 모습을 좋아할 리 없었다. 그녀는 남들 의 눈에 띄지 않으려고 길 가장자리를 따라 걸었다.

그녀는 자신도 모르는 사이에 머리 장식을 파는 가게 앞에 도착했다. 가게 주인은 친절하게 그녀를 맞이하면서 다양한 머리 장식을 보여주었다. 가게 주인은 그녀의 머리에 파란색 바탕에 황금색 테두리가 있는 꽃모양 머리 장식을 꽂아 주었 다. 그리고 거울을 건네며 말했다. "보세요. 이 머리 장식을 하 니까 무척 예쁘죠? 아가씨는 세상에서 이 머리 장식이 가장 잘 어울리는 사람이에요." 소녀는 거울 속 아름다운 자신의 모습 을 바라보며 말할 수 없는 기쁨을 느꼈다. 그녀는 가게 주인에 게 5위안을 지불하고 기쁜 마음으로 가게를 나섰다.

소녀는 무척 행복했다. 그녀는 모든 사람들에게 자신의 예쁜 머리 장식을 자랑하고 싶었다. 그 순간 많은 사람들의 이목이 그녀에게 집중되었다. 그들은 이렇게 수군댔다. "어느 집 여자애가 저렇게 예쁘지?" 방금 전 그녀의 마음을 두근거리게 만들었던 그 소년도 그녀에게 다가와 말을 걸었다. "너랑 친구가 될 수 있을까?" 소녀는 매우 흥분했다. 그녀는 가볍게 머리를 매만지다가 파란색 머리 장식이 없어졌다는 사실을 깨달았다. 그녀가 길을 걸어오는 동안 머리 장식이 바닥에 떨어졌던 것이다.

현실 속 많은 일들이 이 이야기와 같다. 우리는 맹목적으로 열등감을 느끼며 스스로 마음의 문을 닫는다. 자신이 보잘것없고 아무것도 할 수 없다고 여기는 것이다. 그러나 만약 당신이 오랫동안 닫혀 있던 마음의 문을 열고 영혼의 목소리에 귀 기울인다면 자신에게 그동안 알아채지 못했던 훌륭한 장점이 많이 있다는 사실을 깨닫게 될 것이다. 이 장점들은 항상 우리와 함께 했다. 단지 우리가 스스로를 너무 오래 가두느라 제대로 이용하지 못했을 뿐이다. 이제 우리는 이 장점들을 가지고 즐겁게 살아갈 수 있다.

자신의 영혼을 자유롭게 놓아주어라. 가끔은 성공을 자신의 공으로, 실패를 외부적 요인으로 돌리는 것도 괜찮다. 남들이 이러쿵저러쿵하는 말은 신경 쓰지 말고 기쁘게 자기 자신을 받아들여라.

열등감이 당신의 행복을 방해하지 않도록 하라. 당신보다 낫다고 생각했던 사람과 친해져 보면 그 사람도 사실 별것 없다는 사실을 발견하게 될 것이다. 당신이 감히 도전하지 못했던 일을 해 보면 당신이 얼마나 우수한지 깨닫게 될 것이다. 긍정적인 방식으로 자신의 삶을 변화시켜라. 과거의 자신이 얼마나 어리석고 우스웠는지 알게 될 것이다.

언제나 자신의 의견을 가져야 한다

성공하고 싶다면 무턱대고 남들을 따라 해서는 안 된다. 영혼의 완전성을 침범당하지 말라. 자신의 입장을 버리고 남들의 생각대로 행동하는 건 큰 잘못이다. 올바른 입장과 관점을 가진 사람만이 남들의 평가에 구애받지 않고 용감하게 나아갈 수 있다.

어떤 젊은이가 상업의 귀재에게 성공의 비결을 물었다.

"만약 넓은 강 맞은편에 금광이 있다면 자네는 어떻게 하겠나?" 상인은 이렇게 반문했다.

"당연히 금광을 개발해야죠." 젊은이는 깊이 생각하지 않고 대다수 사람들과 똑같은 답을 내놓았다.

상인은 뜻밖에도 웃음을 터뜨렸다. "나라면 다리를 놓고 요금소를 세운 다음 통행료를 받겠네."

젊은이는 그제야 꿈에서 깨어난 것처럼 머리가 맑아졌다.

이것이 바로 독립적인 사고방식이다. 사람은 언제 어디서나 맹목적으로 대중을 따르는 대신 자신의 의견을 가져야 한다. 주관이 없으면 어떤 일도 제대로 해낼 수 없다. 설사 우리가 남들의 의견을 따르고 싶어도 사람마다 생각이 다르기 때문에 누구를 따라야 할지 알 수 없다. 가장 현명한 방법은 남들의 의견은 참고만 하고 자신의 관점과 주장을 밀고 나가는 것이다. 그래야 무슨 일이든 두려움 없이 태연하게 마주할 수 있다.

1960년대, 육상 코치들은 높이뛰기 선수들을 지도할 때 가로대를 향해 뛰다가 얼굴을 앞으로 향하게 해서 뛰어넘으라고 가르쳤다. 이론적으로 이 방법에는 아무런 문제가 없었다. 달리는 방향을 봐야 단숨에 온힘을 다해 뛰어넘을 수 있을 테니 말이다. 그런데 딕 포스버리라는 미국 육상 선수는 도움닫기 전에 몸을 회전하며 동작에 변화를 주었다. 그는 가로대에 도착할 때쯤 오른발로 땅을 딛고 몸을 180도 회전시키면서 가로대를 등지고 넘었다. 『타임스』는 그의 방법을 "역사상 가장 비정상적인 높이뛰기 기술"이라고 칭했다. 사람들은 그를 비웃으며 그의 기술을 '포스버리 플롭'(배면뛰기)라고 불렀다. 어떤 사람은 '그런 기술이 경기에 적합한지' 의문을 제기하기도 했다. 전문가들은 골치가 아팠다. 딕이 자신의 기술을 고수했을 뿐 아니라 올림픽에서 금메달을 획득했기 때문이다. 오늘날 배면뛰기는 이미 전 세계에서 보편적으로 사용하는 높이뛰기 기술이 되었다.

남들이 인정해 주지 않는 원칙을 고수하거나 보편적으로 받아들여지는 원칙을 따르지 않는 건 결코 쉬운 일이 아니다. 그러나 이 일을 해낸다면 자신의 가치를 증명하고 타인의 존중을 받을 수 있다.

오늘날 우리는 전문가로 가득한 시대에 살고 있다. 사람들은 전문가의 권위 있는 의견에 의존하는 데 익숙해져서 점차 자신의 믿음을 잃어간다. 심지어 수많은 일들에 대해서 자신의 의견을 내세우거나 소신을 지키지 못한다. 전문가들이 사회적 지위를 차지한 것은 우리가 그들에게 그런 권한을 주었기 때문이다.

우리는 이런 상황을 변화시켜야 한다. 남들이 당신의 인생을 가지고 이래라저래라 하게 내버려 두지 말라. 자신을 하늘의 천사라고 상상하고 스스로 인생과 세계를 설계해 보자. 무슨 일이 생길까? 아마 많은 문제가 생길 것이다. 남들은 그러면 안 된다고, 현재 조건으로는 해결할 수 없다고 말할 것이다. 하지만 그게 바로 우리 삶의 전환점이 될 수도 있다. 당신은 높은 곳에서 당신의 인생 영역을 내려다 봐야 한다.

시간이 우리가 자신만의 판단 기준을 갖도록 해 줄 것이다. 예를 들어 우리는 정직함이 가장 좋은 지침이라는 사실을 깨닫는다. 사람들이 우리를 그렇게 가르쳤기 때문만은 아니다. 우리 스스로 관찰과 모색, 사고를 통해서 그런 결론을 얻게 된 것이다. 대부분의 사람들이 삶의 기본 원칙을 인정한다는 점은 매우 다행스러운 일이다. 그렇지 않다면 우리는 혼란 속에 빠지게 될 것이다. 독립적인 생각을 유지하고 시대의 조류에 휩쓸리지 않는 건 어려운 일이다. 적어도 쉬운 일은 아니다. 어떤 때는 위험할 수도 있다. 사람들은 안전함을 느끼기 위해 환경에 순응하다가 결국 환경의 노예가 된다. 그러나 수많은 일들이 우리에게 말해 준다. 진정한 자유는 삶의 갖가지 도전을 받아들이고 끊임없이 투쟁하며 노력해야만 얻을 수 있다는 사실을 말이다.

진정으로 성숙해지면 더 이상 비겁하게 도망치며 환경에 순응할 필요가 없다. 사람들 속에 숨어서 자신의 개성을 감추거나 맹목적으로 타인의 생각에 순종할 필요도 없다. 무슨 일이든 자신의 생각과 주장을 가지고 살아야 한다.

이렇게 이해하면 된다. "최대한 타인의 관점에서 사물을 바라보라. 그러나 그로 인해 자신의 관점을 잃어서는 안 된다."

우리는 남의 비위를 맞추려고 사는 게 아니다

남들의 의견을 존중하고 귀담아 듣는 건 물론 중요하다. 그러나 주관 없이 남들의 꼭두각시가 되어서는 안 된다. 안 그러면 이리저리 휘둘리며 갈팡질팡하다가 몸과 마음이 지치고 소중한 기회를 놓치게 된다. 뿐만 아니라 자기 자신마저 잃어버릴 수 있다.

출세해서 돈 벌 생각뿐인 남자가 있었다. 그런데 그는 젊어서부터 백발이 될 때까지 여전히 말단 직원을 벗어나지 못했다. 그는 몹시 불행했으며 자신의 처지를 생각할 때마다 눈물이 흘렀다.

새로운 동료는 그를 이해할 수 없었다. 그래서 그에게 그토록 괴로워하는 이유를 물었다. 그가 대답했다. "내가 어떻게 괴롭지 않을 수 있겠나? 젊었을 때 내 상사는 문학을 좋아하는 사람이었어. 그래서 나도 그를 따라 시도 쓰고 글도 썼지. 그런데 효과가 좀 있나 싶었더니 상사가 과학을 좋아하는 사람으로 바뀐 거야. 나는 또 얼른 수학을 배우고 물리를 공부했어. 하지만 상사는 내가 학력이 낮고 너무 젊다는 이유로 나를 중용하지 않았지. 지금의 상사가 부임했을 때 나는 내가 문무를 겸비하고 노련해졌다고 자신했어. 그런데 이번 상사는 또 젊은 직원들을 좋아하는 거야. 나는 이제 나이가 들어 퇴직을

앞두고 있는데도 아무것도 이룬 게 없으니, 어떻게 괴롭지 않
을 수 있겠나?"

우리가 사는 건 자기 자신에게 충실하기 위해서지 남들의 뜻을
따르기 위해서가 아니다. 자아가 없는 사람은 항상 남들의 의견
에 신경 쓴다. 그들은 남을 위해 살기 때문에 삶이 피곤하다. 물
론 우리는 이 세상에서 고립되어 살 수 없다. 대부분의 지식과 정
보는 타인의 교육이나 환경의 영향으로 얻는 것이기 때문이다. 하
지만 이 지식과 정보를 어떻게 받아들이고 이해하며 가공하고 조
합할지는 당신 개인이 독립적으로 판단하고 선택해야 한다. 세상
에서 가장 높은 중재자는 누구일까? 바로 당신 자신이다. 괴테는
이렇게 말했다. "모든 사람은 마땅히 자신이 개척한 길을 걸어가
야 한다. 터무니없는 소문에 놀라거나 타인의 생각에 끌려 다니
지 마라." 모든 사람을 만족시키는 건 현실에 맞지 않는, 마땅히
버려야 할 바람이다.

우리 주변 세계는 매우 복잡하게 얽혀있다. 우리는 언제나 다방
면, 다각도, 다단계의 사람과 사건을 마주한다. 우리는 모두 자신
이 느끼고 경험하는 현실 속에서 살아간다. 당신을 비추는 타인
의 거울은 나름의 일리가 있다. 그러나 타인의 거울이 당신의 본
모습을 완벽하게 비추지는 못한다. 당신을 비추는 타인의 거울은
삼각 프리즘일 수도 있고, 심지어 당신을 왜곡되게 변형시키는 요

술거울일 수도 있다. 그런데 당신이 어떻게 모든 사람을 만족시킬 수 있겠는가?

만약 당신이 모든 사람을 만족시키고 모든 사람의 눈에 들고자 한다면, 분명 자신에 대한 요구가 높아질 것이다. 당신이 아무리 노력해서 타인에게 맞추려 해도 완벽하게 모든 사람을 만족시키는 건 불가능하다. 이런 비현실적인 바람은 당신에게 무거운 짐을 지우고 걱정을 늘려서 삶을 피곤하게 만들 뿐이다.

우리는 남들의 생각을 바꿀 수 없다. 바꿀 수 있는 건 오직 우리 자신뿐이다. 사람은 누구나 자신의 생각과 의견이 있기 때문에 억지로 통일을 강요해서는 안 된다. 남들의 생각을 바꾸는 건 어렵다. 하지만 자기 자신을 바꾸는 건 쉽다.

스스로 변화하면 타인의 생각을 바꾸는 것도 가능해진다. 남들의 평가에만 신경 쓰고 스스로 강해지지 않으면 인생의 고통은 끊이지 않는다.

타인에게 결정권을 넘기지 말라

많은 사람들이 어려서부터 부모님이 만든 새장 속에 갇혀 산다. 부모님은 항상 우리에게 이렇게 말한다. "남자라면 출세해서 당당하게 금의환향해야 하고, 여자라면 좋은 배필을 만나 현모양처가 되어야 한다." 부모님 말씀이 틀린 건 아니다. 그러나 부모의 명을 따르는 게 습관이 되어서 대학원서 작성부터 일자리를 구하고 연애해서 결혼하는 것까지 전부 부모님 눈치를 살피며 선택하는 건 옳지 않다. 그렇게 되면 당신은 좋아하지 않는 일을 하면서 무미건조한 삶을 살고, 결혼하고 싶지 않은 사람과 결혼해서 동상이몽해야 한다. 어떤 사람들은 습관적으로 타인에게 결정권을 넘긴다. 부모님, 배우자, 상사, 동료, 친구, 심지어 자녀에게까지 결정권을 넘긴다. 하지만 인생은 당신 자신의 것이다. 인생의 길을 어떻게 걸어갈지는 당신의 일이다. 결정권을 타인에게 넘기는 건 자기 인생에 대한 권리를 포기하는 것과 마찬가지다. 이는 매우 어리석을 뿐 아니라 위험하다.

그녀가 아직 어렸을 때, 하루는 엄마가 그녀를 데리고 함께 신발장을 정리했다. 신발장은 몹시 더럽고 지저분했다. 어떤 신발들은 변형되고 찢어져서 보기 흉했는데, 특히 아빠의 신발은 지독한 땀 냄새까지 진동했다. 그녀는 엄마에게 그 신발들을 버리자고 말했다. 하지만 엄마는 그녀의 머리를 쓰다듬으며 이렇게 말했다. "바보 같긴. 이건 특별한 의미가 있는 신발이란다." 그러고 나서 엄마는 빨간색 펌프스를 손에 들고 행복이 가득한 얼굴로 아빠와의 추억을 말해 주었다.

"나는 열일곱 살에 네 아빠를 만났단다. 내가 네 아빠와 결혼해야 할지 말아야 할지 망설이고 있을 때 네 외할머니가 '신발을 한 켤레 사 달라고 해 보렴. 어떤 신발을 사는지 보면 그 남자가 어떤 사람인지 알 수 있단다'라고 말씀하셨어. 네 아빠가 이 빨간색 펌프스를 선물하기 전까지 나는 그 말을 믿지 않았지. 네 외할머니는 이렇게 말씀하셨어. '빨간색은 열정을, 부드러운 가죽은 편안함을, 낮은 굽은 신중함을, 귀한 악어가죽은 진심을 뜻하지. 걱정하지 말거라. 그 남자는 너를 진심으로 사랑한단다.'"

그때부터 그녀는 부모님이 자신에게 선물한 모든 신발을 소중히 여겼다. 나중에 라플라타대학교 법학과에 입학했을 때 그녀는 이미 다양한 스타일의 하이힐을 가지고 있었다. 어느 날 남쪽에서 온 잘생기고 말솜씨가 뛰어난 법학과 남학생 한 명이 조용히 그녀의 마음속에 들어왔다. 3학년이 되었을 때 두 사람은 서로를 가로막던 벽을 허물고 같은 과 친구에서 연인 사이로 발전했다. 그녀는 달콤한 사랑에 빠져 불처럼 타오르는 감정에 한껏 고무되어 부모님에게 그를 소개했다. 하지만 그녀의 엄마는 이 우체국 직원의 아들이 딸에게 행복을 가져다 줄 수 있을지 확신이 들지 않았다. 엄마는 그녀에게 귓속말로 속삭였다. "남자친구한테 신발을 한 켤레 사 달라고 해 보렴!" 그녀는 좋은 방법이라고 생각했다.

그런데 멍청한 남자친구는 그게 테스트인 줄도 모르고 그녀의 신발은 그녀가 직접 골라야 한다며 억지로 그녀를 상점에 데려가려 했다. 할 수 없이 함께 신발을 사러 나간 날, 평소 재잘재잘 말 많던 그녀는 한마디도 하지 않았다. 두 사람은 하루 종일 상점을 돌아다녔지만 아무런 소득을 얻지 못했다. 나중에 두 사람은 유럽 브랜드 신발 가게에 들어갔다. 그곳에는 괜찮은 흰색 구두 두 켤레가 있었다. 그녀가 흰색을 좋아한다는 걸 잘 아는 남자친구가 그녀에게 부드럽게 물었다. "굽이 높은 걸로 할래, 낮은 걸로 할래?" 그녀는 건성으로 대답했다. "난 잘 모르겠어. 넌 어떤 게 좋은데?" 그는 잠시 생각해 보더니 이렇게 말했다. "나중에 네가 마음을 정하면 그때 다시 오자!" 그는 불만에 가득 찬 그녀를 데리고 가게를 나섰다.

며칠 후 그가 진지하게 물었다. "어떤 신발 살지 결정했어?" 그녀는 여전히 무관심하게 "아니"라고 대답했다. 그녀가 계속 버티자 이 '둔한' 남자친구도 마침내 그녀가 그토록 듣고 싶어 했던 그 말을 꺼냈다. "그럼 할 수 없지. 내가 대신 결정할게!" 그녀는 몹시 흥분했다. 사흘 뒤 그는 드디어 선물을 건네면서 나중에 혼자 열어보라고 일렀다.

그녀는 신발 상자를 들고 집에 돌아왔다. 그녀는 엄마와 함께 떨리는 마음으로 선물을 열어 보았다. 그런데 눈앞에 나타난 건 높은 굽 한 짝과 낮은 굽 한 짝이었다. 그녀는 화가 나서 얼굴이 잿빛으로 변했다. 그녀는 이를 꽉 악문 채 쾅 소리를 내며 방문을 닫고 이불 속에서 큰소리로 울기 시작했다. 그녀의 아버지도 크게 화를 냈다. "내일 그 녀석을 저녁식사에 데려 와라. 무슨 말을 하는지 한번 들어 보자. 내 딸은 절름발이가 아니라고!"

이튿날 그녀의 집을 방문한 그는 매서운 질문에 마주해야 했다. 그는 침착하게 대답했다. "저는 제가 사랑하는 사람에게 자기 일은 자기가 선택해야 한다는 걸 알려 주고 싶었어요. 남들이 잘못된 선택을 했을 때 손해 보는 건 자기 자신이니까요!" 그는 가방에서 또 다른 높은 굽 한 짝과 낮은 굽 한 짝을 꺼내며 말했다. "앞으로 축구할 때는 낮은 굽을 신고 영화 볼 때는 높은 굽을 신으면 될 거야." 아버지는 딸의 귀에 대고 감격한 목소리로 말했다. "저 녀석과 결혼해라!"

이 '둔한' 남자친구는 2003년 아르헨티나 대통령으로 당선된 네스토르 키르치네르다. 그리고 나중에 영부인이 된 그녀의 이름은 크리스티나 페르난데스다. 2007년 12월 10일 크리스티나는 대통령에서 물러난 남편에게서 대통령의 권력을 상징하는 지휘봉을 넘겨받아 아르헨티나 역사상 최초의 민선 여성 대통령이 되었다. 이 두 사람은 세계 최초로 부부가 연속으로 대통령 선거에 당선되는 진기록을 남겼다.

부모님을 포함한 타인에게 당신의 결정권을 넘기지 말라. 남들의 생각대로 움직이는 순간 당신은 남들의 노예로 전락한다. 스스로 자기 삶의 주인이 되어야만 자신을 사랑하고 아낄 수 있다.

현실이 당신의 지혜를 시험하려 할 때 이 사실을 기억하라. 반드시 당신이 시도해 보고 싶었던 일을 해야 한다. 자신의 직감을 믿고 남들의 답안이 당신의 계획을 방해하지 않도록 하라. 당신이 생각하기에 괜찮다면 그 느낌을 따라 가라. 해 보지 않고서는 결과가 어떨지 영원히 알 수 없다. 내면의 목소리와 생각, 직감이 남들의 왈가왈부에 침몰당하지 않도록 하라. 그것들은 이미 당신의 꿈이 무엇인지 잘 알고 있다. 나머지는 전부 부차적인 것에 불과하다.

타인의 꼭두각시가 되지 말라

한 독일 소대가 훈련을 받고 있었다. 대장은 "발맞추어 가!"라고 외쳤다. 그런데 뭔가 문제가 생기는 바람에 대장은 그만 "제자리에 서!"라는 명령을 하지 못했다. 병사들이 행진하는 방향에는 하필이면 큰 강이 하나 있었다. 대장이 자신의 실수를 깨달았을 때 그의 병사들은 이미 전부 강에 빠진 뒤였다.

독일인의 규율 준수성은 세계적으로 유명하다. 물론 군대에서는 규율에 대한 절대적인 복종이 필요하다. 하지만 그렇다고 해서 순종이 정답은 아니다.

어떤 중문과 학생이 심혈을 기울여 소설 한 편을 완성하고 작가에게 가르침을 구했다. 마침 작가가 눈병에 걸리는 바람에 학생은 직접 작가에게 자신의 작품을 읽어 주었다. 학생은 마지막 글자까지 다 읽고 나서 가만히 있었다. 작가가 물었다. "끝난 건가?" 마치 뒷내용을 좀 더 듣고 싶다는 말투였다. 작가의 질문은 학생의 열정에 불을 붙였다. 학생은 문득 영감이 떠올라서 뒷이야기를 계속해 나갔다. "아닙니다. 뒷내용은 더 재밌어요." 그는 스스로도 믿을 수 없는 구상력으로 이야기를 이어갔다.

이야기가 마무리 되었을 때 작가는 또다시 아쉽다는 듯이 물었다. "끝난 건가?"

소설이 작가의 심금을 울린 것이 분명했다. 학생은 더욱 흥분하고 격앙되어 창작열에 불타올랐다. 그는 멈추지 않고 계속해서 이야기를 이어 나갔다. 그런데 갑자기 전화벨이 울리면서 그의 생각을 중단시켰다. 작가는 급한 일이 생겼다며 외출을 서둘렀다.

"그럼 아직 안 끝난 소설은 어떡하죠?" 학생이 물었다.

"사실 자네 소설은 진작 마무리를 지었어야 해. 내가 맨 처음 끝났냐고 물었을 때 벌써 끝났어야 마땅하지. 뭐 하러 사족을 달고 형편없는 내용을 보냈나? 끝내야 할 때 끝내지 못한 걸 보니 자네는 아직 줄거리 맥락을 파악할 줄 모르는군. 특히 결단력이 부족해. 결단력은 작가의 근본이라네. 제때 이야기를 맺지 않으면 이야기가 늘어지고 끝이 흐려지는데 어떻게 독자에게 감동을 줄 수 있겠나?"

학생은 크게 후회했다. 그는 자신이 외부의 영향을 쉽게 받고 스스로 작품을 파악하는 능력이 부족하기 때문에 작가로서의 자질이 없다고 생각했다.

시간이 흘러 이 학생은 또 다른 작가를 만나게 되었다. 그는 부끄러워하며 과거에 있었던 일을 털어놓았다. 그런데 뜻밖에도 작가는 깜짝 놀라며 이렇게 말했다. "그렇게 빠른 속도로 생각하고 반응하며 이야기를 만들어 내다니. 그거야말로 작가에게 필요한 재능이지! 그 재능을 제대로 활용한다면 뛰어난 작품을 쓸 수 있을 걸세."

두 작가 중 누구의 말이 옳을까? 사실 무슨 일이든 단정 지어 말할 수는 없다. 다른 사람의 '의견'을 참고하는 건 괜찮다. 그러나 절대로 자신의 '주견'을 잃지 말라. 남들의 말이 당신의 앞을 가로막는 걸림돌이 되어서는 안 된다.

만약 어른들이 살아온 길을 그대로 걸었다면 조르주 상드는 커다란 장원에서 조용히 자라 아버지와 비슷한 남작과 결혼해서 평탄한 삶을 살았을 것이다. 만약 그랬다면 프랑스는 최초로 승마용 바지를 입고 장화를 신은 채 문학 살롱을 드나들며 자기 자신을 부양했던 비범한 여류 작가를 얻지 못했을 것이다.

만약 아버지의 의견에 순종하여 선을 보고 시집을 갔다면 비비안 리는 그저 유명한 변호사 호프만의 아름다운 아내로 남았을 것이다. 그녀는 애틀랜타의 이글이글 타오르는 불길 속에서 스칼렛의 녹색 눈을 빛내지도 않았을 것이고, 오스카 아카데미 여우주연상을 수상하지도 못했을 것이다.

만약 가족들의 뜻을 따랐다면 홍콩 유명 배우 유덕화는 여전히 류푸롱으로, 저우룬파는 '시거우'(*그레이하운드)로 불렸을 것이다. 게다가 지금쯤 둘 다 홍콩의 번화하고 좁은 길을 오가는 귀밑이 하얗게 센 일반인으로 살고 있었을지도 모른다.

많은 사람들이 자기 자신의 의견을 받아들였기 때문에 남들과 다른 길을 걸을 수 있었다. 비록 평탄한 길은 아닐지라도 자신의 방식으로 독립적으로 사고한다면 미래에는 놀라운 기쁨과 성장으로 가득한 또 다른 세상을 만나게 될 것이다.

오래전 일본 후쿠오카의 한 현립(縣立) 중학교 교실에서 그림 대회가 열렸다. 학생들은 모두 진지하게 미술 선생님이 요구한 대로 그림을 그렸다. 오직 한 학생만이 교실 맨 뒤에 앉아 움츠리고 있었다. 그는 선생님이 정한 주제가 마음에 들지 않았다. 그래서 손 가는대로 낙서를 하기 시작했다.

어느새 작품을 제출해야 하는 시간이 되었다. 선생님은 작품을 하나씩 살펴보며 연신 고개를 끄덕였다. 그는 자신의 교육이 거둔 성과에 크게 만족했다. 작품 속에는 학생들이 스스로 터득한 깨달음이 들어 있었다. 학생들의 작품은 일본 전통 회화를 계승하고 발전시킨 것이라 할 수 있었다.

그런데 한 장의 그림이 선생님을 깜짝 놀라게 만들었다. 우스이라는 학생이 그린 그림이었다. 선생님은 그림을 보던 시선을 맨 뒷줄로 옮겼다. 평상시 눈에 잘 띄지 않고 혼자 다니는 걸 좋아하는 특이한 학생이 그를 바라보며 웃고 있었다.

선생님은 화를 내며 그를 꾸짖었다. "우스이, 도대체 뭘 그린 거야? 이건 예술에 대한 모독이야!"

우스이는 선생님의 말씀을 듣고 놀라서 고개를 푹 숙였다. 선생님은 빨간색 펜으로 그림 뒷면에 수십 개의 'X' 표시를 했다. 굉장히 형편없는 작품이라는 뜻이었다. 그러고 나서 그는 학생들에게 우스이의 그림을 돌려가며 보라고 지시했다.

우스이가 그린 것은 한 사내가 지평선에 서서 오줌을 누고 있는 만화였다. 몹시 부적절하고 이도저도 아닌 그림이었다.

우스이는 하룻밤 사이에 악명이 자자해졌다. 학생들은 모두 그의 '영광스런 사건'에 대해 알게 되었다.

이 일로 우스이는 그림에 대한 흥미를 잃게 되었다. 그는 원래부터 규칙을 따르는 전통적인 작품을 좋아하지 않았다. 그는 손 가는 대로 제멋대로 단숨에 그리는 걸 좋아했다. 사람들은 그의 그림을 이해할 수 없었지만 그렇다고 함부로 그를 지적할 수도 없었다.

선생님의 통제 아래서 우스이는 정통적인 길을 따르기 시작했다. 하지만 그는 그쪽으로는 전혀 재능이 없었다.

기말고사 때, 그의 미술 성적은 뒤에서 일등이었다. 그가 학급의 발목을 잡는다고 생각한 선생님은 우스이의 부모님에게 자퇴를 요구했다. 결국 그는 학교를 중퇴했다. 가장 기본적인 교육을 받을 권리마저 빼앗긴 것이다. 그는 방랑 생활을 시작했다. 구속되는 걸 싫어했던 그는 매일 푸른 산과 지평선을 친구 삼아 시간을 보냈다. 뭔가에 얽매이기 싫어하는 그의 성향은 더욱 강해졌다.

어느 해 봄, 「만화 ACTION」 잡지에 『다라쿠야 스토어 이야기』라는 만화가 발표되었다. 만화 속 인물의 자유분방한 모습은 사람들에게 큰 웃음을 안겨 주었다. 작품은 발표되자마자 커다란 반향을 불러일으키며 오랫동안 규칙에 얽매여 있던 일본인의 생활 방식에 새로운 자극을 주었다. 사람들은 그의 작품을 마음에 들어 했다.

몇 년 후, 『크레용 신짱』(*짱구는 못 말려)이라는 만화가 전국을 휩쓸었다. 만화 속 말썽꾸러기 신짱은 수많은 아이들이 하고 싶었지만 차마 할 수 없었던 행동들을 보여 주었다. 이 제멋대로인 캐릭터는 생각지도 못한 결과를 가져왔다. 만화는 애니메이션으로 제작되어 사람들에게 신짱이라는 캐릭터를 각인시켰고, 제작사는 속편을 제작하지 않을 수 없었다.

우스이 요시토. 이 독특한 성향을 타고난 만화가는 전통적인 낡은 길을 걸을 운명이 아니었다. 만약 그가 계속 미술 선생님의 가르침대로 발전해 나갔다면 아마 신짱은 이 세상에 태어나지 못했을 것이다.

당신의 미래는 당신만 알 수 있다. 설명하기 어렵다면 설명하지 말라. 누구도 당신의 청춘에 신경 쓰지 않는다. 남들이 당신의 청춘을 좌지우지하게 만들지 말라. 참된 자신이 되고 싶다면 무턱대고 남들을 따르지 말라. 당신 영혼의 완전성을 침범 당해서는 안 된다. 우리가 자신의 입장을 포기하고 남들의 관점으로 사물을 바라보는 순간 문제가 생기기 시작한다. 자신의 입장과 관점이 옳다는 생각이 들면 용감하게 지속해 나가라. 남들이 어떻게 평가할지는 신경 쓰지 말라.

우리가 진정으로 성숙해지면 더 이상 비겁하게 도망치며 환경에 순응할 필요가 없다. 사람들 속에 숨어서 자신의 개성을 감추거나 맹목적으로 타인의 생각에 순종할 필요도 없다. 무슨 일이든 자신의 생각과 주장을 가지고 살아야 한다. 사람들의 지지를 받지 못하는 원칙을 고수하고, 일반 사람들이 고수하는 원칙에 끌려 다니지 말라. 물론 쉬운 일은 아니다. 그러나 당신이 해낸다면 다른 사람들의 존중을 받고 자신의 가치를 드러낼 수 있다.

타인의 소망 속에서 살지 말라

양샤오옌은 원래 노래하고 춤추는 걸 좋아하는 활발하고 명랑한 여자아이였다. 그녀는 대학에서 유아교육을 전공했다. 하지만 졸업 후, 부모님은 인맥을 통해 그녀에게 한 기관의 일자리를 알아봐 주었다.

그녀의 일은 남들이 보기에는 훌륭했다. 수입도 높고 복지도 좋았다. 그러나 양샤오옌은 기관 업무가 지루하게만 느껴졌다. 하루 종일 사무실에 갇혀 있으려니 미칠 것 같았다. 그녀는 매일 퇴근 시간만 기다렸지만 퇴근하고 집에 가서도 기분이 좋지 않았다. 그녀는 무슨 일이든 짜증이 났다. 그녀는 남자친구가 자신을 위로해 주길 바랐지만 그는 말재주가 없는 사람이었다. 그에게 하소연해 봤자 돌아오는 대답은 하나였다. "부모님이 힘들게 구해주신 좋은 직장이잖아. 일단 열심히 해 봐."

양샤오옌은 가슴이 답답했다. 그녀는 일을 시작한지 얼마 안 되어 침울한 성격으로 변했다. 이렇게 한 해 한 해가 지나면서 그녀는 점점 자신의 인생이 아무런 의미가 없다고 생각하게 되었다. 그녀는 때때로 자신에게 질문했다. "나는 도대체 왜 사는 걸까?" 그녀에게는 이상도, 목표도 없었다. 그녀는 자신이 진심으로 웃어 본 게 언제인지 기억조차 나지 않았다.

사람은 왜 사는 걸까? 부모님을 위해서? 재물을 위해서? 아니면 사랑을 위해서? 사실 사람은 자기 자신을 위해 살아야 한다. 사람에게 주어진 시간은 한계가 있다. 따라서 무턱대고 남들을 위해 살면 안 된다. 죽은 원칙에 얽매여 타인의 관념 속에 살거나 타인의 의견이 자기 내면의 목소리를 지배하게 만들지 말라. 가장 중요한 건 용감하게 자신의 영혼과 직감을 따르는 것이다. 자신의 영혼과 직감만이 자신의 진짜 생각을 알고 있다. 나머지는 전부 부차적인 것에 불과하다.

만약 자아를 상실한다면 삶은 말할 수 없이 고통스러워진다. 자아가 없는 인생은 무미건조할 수밖에 없다. 자아를 잃으면 사람으로서의 존엄도 사라진다. 다른 사람의 존중을 얻는 건 더더욱 힘들다. 사람은 자신의 가치를 실현하기 위해 살아야 한다. 남들의 의견에 영합하지 말고 자신의 소망대로 살아라. 누구나 마땅히 자신이 개척한 길을 걸어가야 한다. 터무니없는 소문에 놀라거나 타인의 생각에 끌려 다니지 말라.

물론 이는 어려운 일이다. 당신은 매일 당신을 괴롭히는 주변의 압력에서 완전히 벗어날 수 없다. 사람과 사람 사이의 영향은 확실히 존재하기 때문이다. 하지만 그렇다고 해서 굴복하고 타인의 소망 속에서 살면 안 된다. 주변의 압력은 당신의 '한계'가 끝났음을 의미하지 않는다. 스스로 한계를 좁힐 필요도 없다. 어쩌면 당신 마음속 깊은 곳에서 동면하는 에너지가 적당한 시기에 당신에게 발견되기를 기다리고 있을지도 모른다.

맹목적으로 타인을 따르는 건 자신을 존중하지 않는 것이다

쟈리는 다른 단점은 없었지만 천성적으로 귀가 얇았다. 그녀가 항상 남들이 하자는 대로 행동했기 때문에 다들 뒤에서 그녀를 '응성충'(應聲蟲)이라고 불렀다. 점심시간에 동료들이 쟈리에게 무엇을 먹을지 물으면 그녀는 머뭇거리다가 "양저우 볶음밥(*양저우 지역에서 유래한 중국식 볶음밥) 먹어요!"라고 대답했다. 동료가 "양저우 볶음밥 별론데. 그냥 위샹러우쓰(*가늘게 썬 돼지고기에 위샹이라는 소스를 올린 요리) 덮밥 먹자!"라고 말하면 쟈리는 얼른 고개를 끄덕이며 "좋아요, 좋아요!"라고 대답하는 식이었다. 그녀는 일상생활뿐 아니라 업무에서도 자신의 주장이 없었다. 그녀는 그럴듯한 의견을 내놓은 적이 없었고 무슨 일이든 다른 사람들이 말하는 대로 처리했다. 회의 시간이면 쟈리는 구석에 멍하니 앉아 있었다. 그녀 같은 직원이 사장의 신임을 얻는 건 당연히 불가능했다.

일을 처리하는 데 원칙이 없으면 맹목적으로 남들을 따르게 된다. 그리고 자신의 입장이 없기 때문에 쉽게 남들의 유혹에 빠지거나 이용당한다. 타인의 의견을 따르는 건 겉으로는 착해 보이지만 사실은 나약함의 증거다. 나약함의 정도가 심해지면 점차 자신감을 잃게 되고, 자신감을 잃으면 어떤 큰일도 해내지 못한다. 열등감이 있고 나약한 사람은 자신의 입장이나 관점이 없다. 열등감은 자신이 모든 면에서 남들보다 못하다고 생각하는 것이다. 이런 열등감은 종종 나약함 때문에 생겨난다. 항상 남들의 눈치를 보면서 어떻게 자신의 길을 제대로 걸어갈 수 있겠는가? 우리는 절대 그럴 필요가 없다.

무슨 일이든 선이 있어야 하며 그 선을 넘어서는 안 된다. 그렇지 않다면 원칙이 없는 것이다. 원칙 없는 행동은 나쁜 결과만 초래하고 결코 좋은 결과를 가져다주지 않는다.

한 남자가 여행을 가려고 길을 나섰다. 그런데 계속 걷다보니 발에 물집이 생겼다. 발은 큰 소리로 주인에게 항의하기 시작했다. "멈춰! 왜 나만 이렇게 힘들어야 해? 왜 손으로 땅을

짚고 걷지 않는 거야?" "하지만 손은 걷기 위해 있는 게 아니
잖아?" 남자는 난감했다. 하지만 발이 계속 우기자 어쩔 수 없
이 땅에 엎드려서 힘들게 앞으로 기어 나갔다. 얼마 후 손은
살갗이 벗겨졌다. 손도 주인에게 크게 화를 내기 시작했다. 이
때 뒤에서 말을 탄 사람이 다가왔다. 그는 남자의 난처한 상황
을 보고 말에 태워 주겠다고 말했다. 하지만 조건이 있었다.
남자의 한 쪽 다리를 자신에게 달라는 것이었다. 남자는 한사
코 동의하지 않았지만 결국 손과 발의 설득을 이기지 못하고
한 쪽 다리를 잘라 주고 말았다. 그후 남자는 두 번 다시 말에
서 내려 길을 걸을 수 없었다.

사람은 언제나 자신의 원칙과 입장이 있어야 한다. 아무런 주관
없이 맹목적으로 남들을 따르면 안 된다. 여기서 말하는 원칙은
일상생활과 업무에서의 입장과 원칙을 모두 포함한다. 이 중 하
나라도 없어진다면 당신은 곤란한 상황에 처하게 될 것이다.
대만의 유명 만화가 차이즈중은 이런 말을 했다. "모든 목재는
부처님이다. 불필요한 부분을 깎아내기만 하면 된다. 모든 사람
은 완벽하다. 단점과 결함을 없애기만 하면 된다." 그의 말대로 누
구나 자신만의 장점을 갖고 있다. 그런데 왜 남들의 입맛에 자신
을 맞춰야 한단 말인가?
자신의 일상과 업무를 지배하고 싶다면 행동하기 전에 우선 생

각을 하라. 경솔하게 남들의 의견에 순종하지 말고 자신만의 원칙을 가져라. 그러면 당신이 생각지도 못한 효과를 거두게 될 것이다.

남을 부러워하느니 내가 더 잘하는 게 낫다

인간 본성의 질투심은 눈에 보이지 않는 칼과 같다. 사람의 눈을 멀게 할 뿐만 아니라 마음까지 다치게 만들기 때문이다. 만약 인류가 이런 악순환을 계속해 나간다면 모든 아름다운 사물은 질투의 부장품(副葬品)이 되고 말 것이다. 편협함과 이기심 때문에 생겨난 질투심은 명백히 부정적인 감정이다.

왕웨이와 리난은 예술대학교 3학년 학생으로 같은 숙소에서 생활하고 있었다. 두 사람은 대학에 입학한 후로 줄곧 늘 함께 붙어 다니는 단짝 친구였다. 왕웨이는 성격이 활발하며 명랑했고 리난은 내성적이며 말수가 적었다. 리난은 점차 자신은 미운 오리 새끼이고 왕웨이는 예쁜 공주라는 생각에 서글퍼졌다. 그녀는 왕웨이가 항상 남들의 주목을 독차지한다고 생각했다. 그래서 몰래 마음속으로 왕웨이를 미워했다.

4학년이 되었을 때 왕웨이는 학교에서 주최한 패션 디자인

대회에 나가서 1등상을 받았다. 리난은 이 소식을 듣자 참을 수 없이 괴로웠다. 그래서 왕웨이가 숙소에 없는 틈을 타 그녀의 참가 작품을 갈기갈기 찢어 침대에 던져 버렸다. 숙소에 돌아온 왕웨이는 그 광경을 보고 어떻게 리난을 대해야 할지 알 수 없었다. 그녀는 어떻게 하다가 일이 이 지경까지 되었는지 이해할 수가 없었다.

왕웨이와 리난은 단짝에서 원수로 변했다. 그들의 이러한 관계 변화는 매우 안타까운 일이었다. 이런 비극을 가져온 근본 원인은 바로 '질투'였다.

객관적으로 말해서 질투심이 아예 없는 사람은 없다. 질투는 사람의 본성이며 합리적인 범위 안에서는 정상적인 반응이라고 볼 수 있다. 그러나 마음속이 질투로 가득 차면 뒷일을 생각하지 않고 경솔하게 행동하게 된다. 셰익스피어는 이렇게 말했다. "질투를 조심해라. 질투는 녹색 눈을 가진 괴물이다." 그의 말대로 현실에서 질투는 일종의 병적 심리로 사람에게 큰 위해를 가한다. 질투하는 사람은 종종 수단과 방법을 가리지 않고 질투의 대상을 공격한다. 그러면서 타인과 자신의 정신 건강을 해친다.

오늘날 가장 대표적인 질투 심리는 바로 부자 혐오 현상이다. 중관춘의 한 남성이 몇 년간의 노력 끝에 재산을 모아 뷰익(*미국산 고급차)을 한 대 장만했다. 그런데 회사 앞에 주차한지 며칠 만에 누군가 새 차를 긁는 일이 발생했다. 이 남성은 체념한 듯한 말투로 말했다. "만약 제가 자전거를 샀다면 이런 일은 없었겠죠."

　이런 현상은 드물지 않다. 실제로 오늘날 부자에 대한 가난한 사람들의 질투, 심지어 미움은 점점 더 심해지고 있다. 물론 이런 현상에는 부자들의 잘못도 있다. 어떤 사람들은 돈이 생기면 재물을 믿고 방탕하게 살면서 자신을 과시하고 거만하게 굴며, 심지어 돈벌이를 위해 나쁜 짓을 일삼고 약자를 괴롭힌다. 이런 일들이 하층계급 사람들의 분노와 적대감을 야기하는 것이다. 그러나 실제로 나쁜 짓으로 돈을 번 사람들은 소수에 불과하다. 그런데 왜 사람들은 부유층 전체에 대해 그렇게 많은 불만을 가지고 있는 걸까? 그 원인은 우리 자신에게 있다. 우리의 마음이 균형을 잃은 것이다.

　많은 사람들이 스스로 부자가 되지도 못하고 남들이 부자가 되는 꼴도 보지 못한다. 그래서 남을 해치는 방법으로 자기 자신을 위로한다. 하지만 이런 심리는 타인뿐만 아니라 자기 자신에게 더 큰 해가 된다. "자신의 일에 몰두하는 사람은 남을 질투할 시간이 없다. 질투는 사방을 떠돌아다니는 욕망이다. 이 욕망을 즐길 수 있는 건 한가한 사람뿐이다"라는 말이 있다. 이처럼 질투의 욕망에 사로잡힌 사람에게는 마음가짐을 바로 하고 자신의 인생을 경영할 만한 시간이 없다. 우리는 타인의 성공에 대해 인정하고 경쟁하는 마음가짐을 가져야 한다. 그리고 그들이 성공한 과정을 곰곰이 생각해 보아야 한다. 마음속으로 자신에게 물어 보라. "왜 저들은 해냈는데 나는 해내지 못했을까?" 자신의 부족한 점을 찾아내서 자신을 보완하고 강화하라. 질투심을 성공의 동력으로 바꾸고 부정적인 생각을 긍정적인 생각으로 변화시켜 남들을 뛰어넘어라! 남들을 질투하느니 자신이 더 잘하는 게 낫다. 스스로를 믿으면 반드시 성공할 수 있다.

타인의 인정을 갈구하지 말라

타인의 가치관 속에서 살다보면 허영심이 생긴다. 타인의 의견에 지나치게 신경 쓰다 보면 자아를 잃기 때문이다. 모든 사람은 자기 자신을 위해 살아야 한다. 그리고 자아 가치를 실현하며 자신의 이상과 목표를 추구해야 한다. 만약 당신이 추구하는 행복이 타인의 틀에 맞춰진 것이라면, 당신은 평생 비참하게 타인의 가치관 속에서 살아가야 한다.

이탈리아의 유명한 시인 단테는 이렇게 말했다. "너의 길을 걸어라. 그리고 사람들이 뭐라 하든 그대로 내버려 두어라!" 그렇다. 인생의 길에서 남들의 생각은 신경 쓰지 말라. 남들이 하는 말에도 신경 쓰지 말라. 스스로 옳다는 확신이 있으면 뒤돌아보지 말고 용감하게 나아가라.

어느 날 오후, 소피는 피아노를 치고 있었다. 그때 일곱 살 짜리 아들이 그녀에게 다가왔다. 아들은 그녀의 연주를 듣더니 이렇게 말했다. "엄마, 연주가 별론데요?"

아들의 말처럼 소피의 연주는 별로였다. 제대로 피아노를 배운 사람이라면 누구나 그녀의 연주를 듣고 싶어 하지 않을 것이다. 하지만 소피는 개의치 않았다. 소피는 몇 년 동안 자신만의 방식대로 즐겁게 피아노를 쳐 왔다.

소피는 음치였지만 노래 부르는 걸 좋아했고, 자유자재로 그림 그리는 걸 좋아했다. 그전에는 재봉에 빠져 지냈다. 처음에는 서툴렀지만 나중에는 꽤 잘하게 되었다. 소피는 이런 일들에 별로 재능이 없었지만 부끄러워하지 않았다. 왜냐하면 그녀는 남들의 가치관 속에서 살고 싶지 않았기 때문이다. 그녀는 자신도 한두 가지 잘 하는 게 있다고 생각했다.

"소피, 뜨개질을 시작했구나." 친구 한 명이 소피에게 말했다. "내가 나선형 뜨기하고 입체 뜨기로 독특한 카디건을 뜨는 방법을 알려 줄게. 사슴 열두 마리가 앞자락에서 뛰노는 무늬를 넣는 거야. 나는 벌써 딸애한테 한 벌 떠 줬어. 이 털실도 내가 직접 염색한 거야." 소피는 마음속으로 생각했다. "내가 뭐 하러 그렇게 번거로운 일을 해야 하지? 나는 남들에게 보여주거나 자랑하려고 뜨개질을 하는 게 아니야. 그저 나 자신의 즐거움을 위해 하는 거지." 지금까지도 소피는 자신이 짜고 있는 노란색 목도리가 매주 5, 6센티미터씩 길어지는 모습을 보면서 즐거움을 느낀다.

이 이야기에서 볼 수 있듯이 소피는 매우 행복한 삶을 살고 있다. 그녀가 행복할 수 있는 이유는 남들에게 자신이 잘났다는 걸 증명하거나 인정받으려고 애쓰지 않기 때문이다. 자신의 관점을 버리고 타인의 인정을 추구하면 결코 진정한 기쁨을 얻을 수 없다. 그런데 모든 사람들이 이 간단한 이치를 받아들이고 그대로 살아가는 건 아니다. 사람들은 언제나 세상의 인정을 받는 게 성공이자 행복이라고 생각하기 때문이다.

사실 행복을 얻는 가장 효과적인 방법은 타인을 위해 살지 않는 것이다. 타인의 가치관이 자신에게 영향을 미치지 않도록 하라. 타인의 가치관을 좇거나 타인의 인정을 갈구하지 말라. 당신 자신과 단단히 연결되어 긍정적인 자아 이미지를 스스로의 고문으로 삼아라. 그러면 자연스럽게 더 많은 인정을 받게 될 것이다.

자신만의 색으로 인생을 칠해 나가라

인생은 경기와 같다. 종점을 향해 달리는 과정에는 당신을 억누르는 사람도 있고 당신에게 야유를 보내는 사람도 있다. 당신은 성공하고 싶은가 아니면 그저 그렇게 살고 싶은가? 만약 누군가 당신에게 "그만 멈춰. 네 목표는 실현될 수 없어"라고 말한다면 당신은 어떻게 반응하겠는가?

두꺼비 몇 마리가 육상 경기를 진행하고 있었다. 종점은 높은 탑 꼭대기였다. 주변은 온통 시합을 구경하러 온 두꺼비들로 가득했다.

시합이 시작되자 관중들이 큰소리로 떠들기 시작했다. "도대체 무슨 생각을 하는 건지 모르겠어. 이렇게 비현실적인 일을 하다니 말이야. 자기들이 어떻게 탑 꼭대기까지 갈 수 있겠어? 정말 터무니없는 짓이지."

얼마 후 관중들은 두꺼비 선수들을 향해 야유를 보내기 시작했다. "이봐, 그냥 여기서 그만 둬! 이 시합은 어차피 말이 안 된다고. 절대로 할 수 없는 일이야!"

두꺼비 선수들은 차례로 관중들의 야유에 설득 당했다. 그들은 주눅이 들어 도전을 멈췄다. 그런데 오직 한 마리만은 전혀 동요하지 않고 용감히 앞을 향해 나아갔다.

다른 두꺼비 선수들은 모두 중간에 포기했다. 하지만 그 두꺼비만큼은 놀라운 의지로 끝까지 시합에 임해 종점에 도착했다. 다른 두꺼비들은 모두 이상하게 생각했다. "왜 저 두꺼비만 저렇게 의지가 강하지?" 알고 보니 그 두꺼비는 귀가 들리지 않았다.

남들의 평가를 자신의 행동 기준으로 삼지 말라. 안 그러면 자아를 잃게 된다. 때때로 우리는 차라리 '귀머거리 두꺼비'가 되는 게 낫다. 그러면 오히려 더 많은 것을 얻을 수 있다.

영국 케임브리지셔 주, 세계 최고의 여성 타악기 연주자 에블린 글레니는 말했다. "저는 처음부터 결심했어요. 남들의 생각 때문에 음악가가 되겠다는 제 열정을 포기하지 않겠다고 말이에요."

그녀는 스코틀랜드 동북부의 한 농장에서 태어나 여덟 살 때부터 피아노를 배우기 시작했다. 나이가 들면서 음악에 대한 그녀의 열정은 점점 더 커져갔다. 그러나 불행하게도 그녀의 청력은 점점 쇠퇴하고 있었다. 의사들은 회복될 수 없는 신경 손상 때문에 그녀가 열두 살이 되면 청력을 완전히 잃게 될 거라고 진단했다. 하지만 음악에 대한 그녀의 열정은 단 한 순간도 멈추지 않았다.

그녀의 목표는 타악기 연주자가 되는 것이었다. 비록 당시에는 그런 분야의 연주자가 없었지만 말이다. 그녀는 자신만의 독특한 방식으로 타인이 연주하는 음악을 느끼는 법을 터득했다. 그녀는 신발을 신지 않고 스타킹만 신은 채 연주했다.

그러면 자신의 몸과 상상력을 통해 음표 하나하나의 진동을 느낄 수 있었다. 그녀는 거의 모든 감각기관을 이용해서 자신의 음악 세계를 느꼈다.

그녀는 청각장애인 음악인이 아니라 음악가가 되기로 결심했다. 그래서 그녀는 런던의 그 유명한 왕립음악원에 입학 신청서를 제출했다.

청각장애가 있는 학생이 입학 신청을 한 건 처음이었기 때문에 몇몇 선생님들은 그녀의 입학을 반대했다. 하지만 그녀의 연주는 모든 선생님들을 감동시켰고, 그녀는 순조롭게 왕립음악원에 입학할 수 있었다. 그리고 최고 성적으로 왕립음악원을 졸업했다.

그후로 그녀는 뛰어난 전임 타악기 연주자가 되겠다는 목표를 향해 열심히 노력했다. 그리고 타악기 독주를 위해 수많은 악장을 창작하고 각색했다. 당시에는 타악기만을 위해 쓰인 악보가 없었기 때문이다.

오늘날 그녀는 훌륭한 전임 타악기 연주자가 되었다. 그녀는 일찍이 굳게 결심했다. 완전히 청력을 잃게 될 거란 의사의 진단 때문에 꿈과 목표를 포기하지는 않겠다고 말이다. 의사의 진단은 음악에 대한 그녀의 열정과 사랑을 결코 막을 수 없었다.

에블린 글레니의 선택은 옳았다. 만약 그녀가 나약해서 의사의 결론만 믿고 자신의 운명과 싸우지 않았다면 그녀의 음악적 재능이 소멸되었을 뿐 아니라 훌륭한 타악기 연주자 한 명이 인류 역사에서 사라졌을 것이다.

인생을 살다보면 주변 사람들이 당신에게 주관적인 평가를 내리고 자신들의 시각으로 당신의 인생을 판단하며 당신에게 불공평한 '판결'을 내리기도 한다. 하지만 그들의 생각에 개의치 말라. 자신의 본모습을 지키며 스스로 선택하라. 그리고 자신만의 색으로 인생을 칠해 나가라.

영혼은 왼쪽 이성은 오른쪽

초판 1쇄 인쇄 2018년 1월 3일 | 초판 출간 2018년 1월 9일 | 저자 쑨하오(孫浩) | 옮긴이 박정원 | 펴낸이 임용호 | 펴낸곳 도서출판 종문화사 | 기획·편집 곽인철 | 인쇄·제본 한 영문화사 | 출판등록 1997년 4월 1일 제22-392 | 주소 서울시 은평구 연서로34길2 3층 | 전화 (02)735-6891 팩스 (02)735-6892 | E-mail jongmhs@hanmail.net | 값 15,000원 | ⓒ 2018, Jong Munhwasa printed in Korea | ISBN 979-11-87141-31-0 03190 | 잘못된 책 은 바꾸어 드립니다.